我的
新闻传播学研究的
历史轨迹

吴庚振◎著

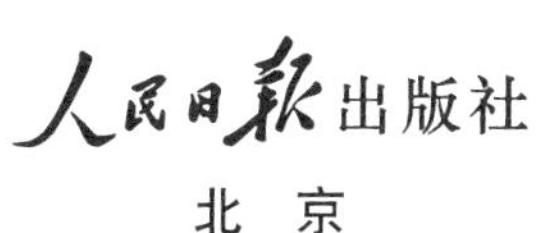

北　京

图书在版编目（CIP）数据

我的新闻传播学研究的历史轨迹 / 吴庚振著.
北京：人民日报出版社，2025. 4. -- ISBN 978-7-5115-8511-0

Ⅰ. G210-53

中国国家版本馆CIP数据核字第2024NM0591号

书　　名：我的新闻传播学研究的历史轨迹
WODE XINWEN CHUANBOXUE YANJIU DE LISHI GUIJI
著　　者：吴庚振

出 版 人：刘华新
责任编辑：梁雪云
封面设计：主语设计

出版发行：人民日报出版社
社　　址：北京金台西路2号
邮政编码：100733
发行热线：（010）65369527　65369846　65369509　65369512
邮购热线：（010）65369530
编辑热线：（010）65369526
网　　址：www.peopledailypress.com
经　　销：新华书店
印　　刷：三河市中晟雅豪印务有限公司
法律顾问：北京科宇律师事务所（010）83632312

开　　本：710mm ×1000mm　1/16
字　　数：326千字
印　　张：25.5
版次印次：2025年4月第1版　2025年4月第1次印刷

书　　号：ISBN 978-7-5115-8511-0
定　　价：88.00元

前言

PREFACE

说起出版这本书的动机，还需从我的一段思想历程谈起。

我于 2004 年 1 月退休，2007 年 7 月退出教学工作第一线。回想自己在河北大学长达 40 多年的工作历程（1962 年我于河北大学中文系毕业留校任教），总是忙、忙、忙，累、累、累。退休了，卸担子了，有大把的时间了，干点什么呢？当时我兴致勃勃地为自己规划了三件事：一是在博客上写自己的回忆录、学术随笔、杂文之类；二是每天拿出点时间写毛笔字，练练年轻时曾喜欢的书法；三是读点唐诗、宋词、古文之类，陶冶一下性情。我基本上实践了这个规划，并于 2019 年由人民日报出版社出版了我的 30 多万字的回忆录《人生如歌》，还在《中国社会科学报》《文艺报》等报刊上发表了几十篇学术随笔、书评、杂文之类的文章。

时间是个好东西，因为一切美好的事物、美好的感受，都藏在时间里，并可以用时间去度量；时间又是个很无情的东西，因为世界上的万事万物，包括人类本身，都会在时间中慢慢老化、蜕变或衰朽。难怪英国已故著名物理学家霍金写的《时间简史》被译为 40 多种文字，发行量高达 2500 多万册。

随着时间的推移，不知不觉中我变成了“80后”。此后，毛笔越来越拿不稳了，不能写毛笔字了；视力严重衰退，看书、写文章都很困难了。在这种情况下，干点什么呢？我又为自己规划了三件事：一是不忘老本行，每天在网络上浏览一下新闻；二是听听音乐，搞点艺术享受；三是翻阅一下自己过去出版、发表的那些论著和文章，搞点“聊以自慰”。没有想到，正是在这种“聊以自慰”的过程中，竟然擦出了“思想的火花”——觉得自己过去写的那些东西，特别是那些关于新闻传播学基础理论的研究，还有那些阐释新闻业务实践基本规律、方法技巧之类的东西，即便拿到今天来，也还是有参考价值的。

另外，20世纪八九十年代，正值我国改革开放初期，而这个时期正是我国政治、经济体制转型的关键时期，因而各个领域，包括学术领域的热点问题层出不穷。作为一门实践性很强的学科，新闻传播学研究当然不能脱离时代、脱离实际。我的这些学术论著所关注的大多是当时新闻传播实践中的一些热点问题，即便在思想方法、用词用语等方面，也明显带有那个时期的痕迹和印记，从这个角度考虑，也自有它的历史价值。我发表的那些专著和论文，可以说是我在学术研究道路上留下的一个个历史脚印。

我的学术研究主要分为两个阶段。第一阶段从1962年至1980年，我在中文系写作教研室任教，主要研究的是辞章学和文艺学。第二阶段从1981年河北大学建立新闻学专业之后，主要研究的是新闻传播学。这一阶段时间最长，出的成果也最多。在我的学术生涯中，共出版著作24部，其中独著5部，与人合著2部，主编10部，参编7部。在省部级以上报刊发表学术论文、学术随笔等文章200多篇。另外，还发表杂文、新闻性短论、文艺评论等数十篇。有9项学术成果获省部级以上奖励，其中中国新闻奖优秀论文奖1项，河北省哲学社会科学研究优秀成果二等奖3项、三等奖2项，河北省新闻奖优秀论文一等奖3项。另外，还获得河北省普通高校优秀教学成果一等奖1项（集体项目，本人为项目主持人）。有两篇文章分别入选2003年人民教育出版社出版的《高中语文》第二册和中等师范学校《阅读与写作》第五册教师教学用书。拙著《新闻评论学通论》（河北大学出版社2001年）由方汉奇先生作序，出版后在学术界产生较大影响，曾被《新闻战线》《采写编》《中国新闻出版报》等十几家报刊重点推介，并被多所院校选定为教材或教学参考书。

经过反复考虑，在我年届86岁之际，决定从我过去写的这些论著中挑选一部分“自我感觉良好”的篇章，辑印成册，出一本自选集之类的书，也就是摆在诸位面前的这本《我的新闻传播学研究的历史轨迹》。

全书分上、中、下三篇。上篇主要论述的是20世纪八九十年代新闻传播学基础理论研究中的一些热点和难点问题；中篇主要论述的是改革开放初期新闻改革中的一些重要问题；下篇主要论述的是新闻评论写作的基本要求和若干方法技巧问题，其中有许多是我在几十年的评论教学和研究中闪现出的一得之见和思想火花，虽然不敢说有什么创见，但自认为在内容和表现形式上还算是有独到之处的。我尝试改变学术论文写作一味正襟危坐、呆板僵化的表现形式，而从杂文、随笔中吸取一些表现手法，尽量使论文生动活泼一些。

这也是大致的分类，有几篇我觉得内容还可以，但放到哪一类似乎都不够妥当。好在这几篇文章也是我在学术研究中留下的“历史脚印”，只好先这样了。

在我的职业生涯中，所做的另一件事是在各级领导的关怀支持下，和老师们一起，主持创办了河北大学新闻传播学系。嗣后，在我卸任新闻系主任之前，通过系党政领导班子的共同努力和极力争取，几经周折，于

2000 年 10 月，报请学校党委批准，又建立起河北大学新闻传播学院。每当回忆起其中的艰辛，回忆起全系师生强大的凝聚力和团结奋斗的精神，总是激动不已，心潮难平。也正是在这种心情的驱使之下，我把《中国新闻传播教育年鉴》（2021 年）刊载的《吴庚振：河北大学新闻传播学系的创立》附在书后，供大家参考。

自己编选这本书时还是有一定信心的，但拿到广大读者面前，不免有些诚惶诚恐，还是请各位专家和读者朋友批评指正吧。

吴庚振

2024 年 9 月于北京

目录
CONTENTS

上篇

中　篇

下 篇

上篇

改革开放初期我国新闻传播学研究的历史轨迹

在我国，早在唐代就有邸报，可以说新闻传播历史悠久，而新闻学却是一门十分年轻的学科。将新闻学作为一门学科进行比较全面、系统的研究，肇始于1979年的思想解放运动，特别是党的十一届三中全会提出改革开放方针之后。

回顾十几年来新闻传播学研究所走过的道路，大体可分为三个阶段。

第一阶段（1979—1982）：正名与争名——把新闻学从单纯“阶级斗争工具论”中解放出来

在国外，新闻学早就是一门独立的学科，后来随着社会的发展，新闻学和传播学统称为“大众传播学”。而在我国，由于历史原因，新闻被认为是无学的。1980年代，国人甚至不知道“大众传播学”为何物。于是出现一种怪现象：在大学里，虽然设有新闻系或专业，毕业生却被授予“文学学士”或“法学学士”，因为社会科学的众多学科门类中没有新闻学的一席之地。事实上，那时的新闻学也不配是一门独立的学科。因为在建设新生活中，它依然受“阶级斗争工具论”的困扰，像墙头草一样，随着政治形势之风的变化而变化。基于这种现实，要建立中国的新闻学，就必须首先解决新闻学作为一门独立学科的地位问题；而要争得一席之地，就必须将它从单纯的“阶级斗争工具论”中解放出来。

于是，关于新闻事业究竟是不是“阶级斗争工具”的讨论便在1979年的思想解放运动中展开了。在讨论中，虽然还有人坚持将“阶级斗争工具”作为新闻事业的本质属性，但多数人认为，新闻事业是生产力发展到一定阶段为适应社会需要而产生的。如果说，在打破旧的国家机器的斗争中，新闻事业充当阶级斗争的工具是必要的，而在建设新生活中，还将新闻事业定义为单纯的“阶级斗争工具”就要起反作用了。它的特性是传播新闻和反映、引导舆论，作为阶级斗争的工具只是它的一种作用和任务，而不是它的本质。这次讨论，是粉碎“四人帮”之后新闻理论研究的一次重大突破。

中国人民大学新闻系教授甘惜分先生在1981年出版的《新闻理论基础》一书的绪论中，中国社会科学院新闻研究所的何光先等同志在1982年出版的《新闻学初探》一书的第一章中，许多同志在论文中，都对新闻学是一门科学给予充分的论证。结论是：同任何科学都具有的不以人的意志为转移的客观规律性一样，新闻传播也有其自身的客观规律性。以往的“放卫星”新闻、“事实为政治路线服务”新闻等，当时看起来十分成功，声势很大，事过之后却证明造成恶果，惨遭失败，其主要原因就是违背了新闻的客观规律。

在此基础上，对新闻学基本问题的研究，诸如对新闻定义、新闻起源、新闻价值、新闻事业的性质和作用，以及新闻的真实性、党性和群众性、新闻规律、新闻职业道德的研究等，也都活跃起来。

这一阶段的新闻学，生机勃勃，发生了显著的变化：新闻院系（专业）、新闻学术研究机构、学术团体、协作组织等，如雨后春笋般纷纷建立；公开或内部出版了一大批新闻学著作和新闻刊物；报纸布局也发生显著变化，以党报为核心的多类型、多层次的报业结构开始形成；广播电视系统则提出“走自己路”的方针，“扬独家之优势，汇天下之精华”。

现在看来，对于新闻有学还是无学的争论，绝不仅仅是一个学术争论，它实际上结束了一个时代——新闻充当单纯的“阶级斗争工具”的时代，开创出按新闻规律办新闻事业的新局面。到这个阶段的后期，虽然新闻学在名分上还没有得到最后承认，但作为一门独立学科的意识已深入人心，并取得了大多数人的共识。可以说，这场争名论争实际上已取得了决定性的胜利。

第二阶段（1983—1989）：继承与借鉴——由传统新闻学向现代新闻学的转变

在这一时期，我国农村改革取得巨大成功之后，以城市为中心的改革拉开了帷幕。改革开放的步子加快、程度加深的形势，给新闻学的研究和新闻改革注入了新的活性剂。这个阶段的新闻学研究，继承与借鉴并重，一方面继续对新闻学的基础理论进行研究，另一方面大量介绍国外与新闻学有关的理论。同时，新闻学研究开始走出书斋，加强了对新闻改革的宏观探索。所有这一切，都标志着由传统新闻学向现代新闻学的转变。

一、对传统新闻学的继承与创新

中国特色的新闻学研究必须以传统新闻学为基础——尽管这个基础相当薄弱。所要做的工作是：对原有的新闻学研究成果要重新审视，正确的要坚持，错误的要摒弃。因此，问题讨论在这个阶段非常活跃。关于新闻真实性的讨论，趋向于否定“本质真实论”；关于新闻指导性的讨论，结论是必须坚持指导性，但要改进指导形式和方法；关于新闻价值要素的认识趋于一致；关于党的新闻事业是党的喉舌的讨论，统一于既要当好党的喉舌，又要当好人民的喉舌，新闻工作者既要绝对服从党的领导，又要发挥好主观能动性。其他诸如关于报刊组织作用的讨论，关于新闻批评的讨论，关于增强新闻信息量的讨论，关于新闻与宣传关系的讨论，关于新闻工作职业道德的讨论等，都使人们的认识上了一级台阶。这里试举两例。

第一例，当时的许多新闻期刊，如《中国记者》《新闻战线》等，都开辟了专栏，对新闻与宣传的关系进行了广泛深入的探讨。通过这种探讨，广大新闻工作者逐步明确了新闻与宣传关系的动态观。1949 年以前，由于旧的上层建筑完全腐朽了，新闻事业的主要任务就是宣传引导打碎旧的国家机器。与这个时期的总任务相适应，新闻传播就必须将宣传放在首位，新闻与宣传等同是必要的；新中国成立后，特别是生产资料的社会主义改造完成以后，新闻事业的主要任务应放在经济建设上，那么新闻传播除了政治宣传之外，大量的工作是报道经济建设，传播各种有价值的信息，新闻与宣传就形成了交叉关系。经过充分讨论，绝大多数学者认为新闻和宣传既有区别，又有联系，但二者是两个不同性质的概念，不能把新闻等同于宣传。新闻的基本功能是传播信息，而宣传的主要任务是表达一定的政治立场和价值取向。但应该指出，从总体上看，新闻工作者在传播信息、选择和加工事实时也是有倾向的，纯客观报道是不存在的。应该说，这次大讨论对推动新闻事业的繁荣发展发挥了巨大作用。

第二例，通过对新闻自由的深入探讨，明确了新闻自由形式与内容的统一观。这种观点认为：应当承认，资产阶级在其 200 多年的统治中，不断完善了一套维护资产阶级统治的政治制度，包括较完善的新闻自由的形式。以前，对资产阶级新闻自由的批判，将重点放在那些自由形式上，完全是隔靴搔痒。资产阶级新闻自由的要害在于它不具备实现自由的条件——生产资料公有制。有产阶级由于“有产”，便享有充分自由；无产阶级由于“无产”，便只享有法律条文上的自由，而丧失了真正的自由。所以，西方资产阶级标榜的“大众的新闻自由”本质上是虚伪的，实际上它只是垄断资产阶级的自由。社会主义的新闻自由不仅不能完全拒绝新闻自由的形式，而且应该逐步完善这些形式。社会主义一旦完善了这些形式，加上它已具备了实现自由的条件，那么，它的新闻自由就比资产阶级的新闻自由先进得多，文明得多，也公平得多。

二、对国外新闻传播理论的吸收与借鉴

伴随着改革开放的深入发展，我国开始大量引进国外的先进技术、管理经验。与此同时，新闻界也引进了不少西方新闻传播理论，如“大众传播学”、“老三论”（系统论、信息论、控制论）、“公共关系学”等。

传播学与“老三论”几乎是同时被介绍到我国来的，它们的引进立即引起我国新闻界和教育界的广泛兴趣。尽管传播学脱胎于美国的政治、经济、社会环境，受到政治制度、商业利益以及研究中的实用主义和实证主义的很大影响，在理论上和方法上有很大局限性，但它的科学性没有被低估。将系统论、信息论、控制论运用于新闻学的研究，其意义更是显而易见的。中国人民大学出版社出版的《系统科学与新闻学专辑》一书，可以看作这方面的代表性成果。传播学与“老三论”给我国的新闻学研究带来了不小的震荡，甚至可以说使我国的新闻学研究进入了一个全新的阶段。其主要表现是：引进了一些新的观念，提供了新的思维方式，使新闻学上升到一个新的真正的理论层次。

引进稍晚一些的公共关系学，也在我国形成一股热浪。公共关系学与新闻学有密切关系。公共关系从业人员基本素质之一就是必须掌握新闻传

播的原理，熟悉各种新闻媒介的共性与个性，懂得新闻价值规律，善于同新闻界打交道，等等。因此，公共关系的职业教育与训练大多在新闻传播院校进行。

“传播”“系统”“信息”“控制”“公关”等名词，在1980年代以前，对中国人来说还很陌生，而今已经活跃在人们的口头上，成为一种“时代语汇”。

三、关于新闻改革的宏观研究

随着经济体制改革的深入，新闻改革的力度也逐步加大。越来越多的同志认识到，以前具体业务的小改小革已不能适应形势发展的需要，新闻的宏观改革势在必行。

新闻宏观改革首先是观念的变革。许多同志认为，应该破除单一的党报观念，确立以党报为核心的多类型、多层次的报业结构观念；破除单一的宣传价值观念，确立新闻与宣传的双重价值观念；破除单一的指导性观念，确立新闻的指导与服务观念；破除单一功能观念，确立多功能观念；破除单向灌输观念，确立双向交流观念；等等。

其次，宏观改革的重要方面是新闻体制的改革。有些同志通过考察国外新闻事业的体制，概括出三种新闻体制模式，即自由式、集权式和自治式，并对这三种模式的各自优劣加以分析。根据我国的国情，认为可以实行人民民主式体制。其特点是：它的所有制结构属于生产资料公有制；它的管理结构是在党的领导下，对新闻事业和新闻传播活动实行法治；它的体系结构是建立多种手段纵横结合的网络式新闻传播结构；它的运行结构是按照社会主义新闻自由原则，以社会责任和从人民利益出发以及必要的社会控制相结合的精神办事；它的经营结构是逐步实行企业化管理。

最后，研究宏观改革的新闻立法问题。1980年代中期，新闻法研究日趋活跃，许多同志认为，新闻只有实行真正的法治，才能保证始终按新闻规律办事。这方面的研究，一是从理论上阐述新闻立法的重要性和迫切性，二是广泛收集世界各国新闻立法资料，三是研究新闻立法的具体框架和条文。

以上三方面，构成了这一阶段理论新闻学的研究热点，它对于传统新闻学向现代新闻学的转变起到了重要作用。理论研究推动了新闻改革。仅在新闻写作手法上，就出现了“深度报道”“立体化新闻”“全息摄影作品”“散文式新闻”“新闻文学”等样式。那种报喜不报忧、非黑即白单一因果和万能因果、重结论和重结局而轻过程和轻变化、重典型而轻具体分析和整体把握，以及神化典型人物等报道模式和弊端，受到强烈冲击。可以说，新闻改革使新闻写作思维方式的变革站在了一个全新的起点上。

我国的新闻学研究，正由于通过继承与借鉴在独立反映研究对象和客观规律性上有重大进展，才实现了由传统新闻学向现代新闻学的转变，才得到了国家的正式承认。

国家科委1987年度统计汇报工作文件把新闻学正式列为我国哲学社会科学和人文科学中15个学科之一，居第11位。“新闻无学”的局面从此正式结束。这是我国马克思主义新闻学研究史上划时代的光辉一页。

第三阶段（1989—1991）：反思与审视——对新闻学研究中资产阶级自由化思潮的批判，迎接新闻传播学研究春天的到来

1989年春夏之交的政治风波，使我国的改革开放受到极大的冲击。这个时期的新闻学研究，主要是对资产阶级自由化思潮的批判。

前一阶段的新闻学研究，成绩是巨大的，但也暴露出不少资产阶级自由化思想。比如说，对“喉舌论”的否定，对西方新闻自由的盲目崇拜，对党性原则的怀疑，对“舆论监督”的片面强调，等等。不清除这些错误观点的侵扰，理论新闻学研究就有“离经叛道”的危险，在这样的理论指导下的新闻实践和新闻改革就会走到邪路上去。

北京风波之后，中央领导同志先后发表了《关于党的新闻工作的几个问题》的讲话提纲以及《坚持正面宣传为主的方针》等重要讲话，这些讲话成为这个阶段新闻理论研究的纲领性文件。

乍一看，这个阶段好像没有提出什么新的问题，但仔细一想，对前一阶段新闻学研究的审视，是使新闻学研究沿着正确方向发展的保证，其意义是不能低估的。

1992年春天，我国改革开放的总设计师邓小平同志重访深圳、珠海等经济特区，发表了进一步改革开放的纲领性意见。随后，中央政治局会议、全国人大七届五次会议、全国政协七届五次会议，以改革开放为主旋律，吹响了进一步改革开放的号角。理论新闻学研究的春天到来了。展望未来，建立具有中国特色的新闻传播学体系的重任落到了广大新闻学术界和从业人士的肩上。

第一，进一步解放思想，大胆探索。全国人大七届五次会议《政府工作报告》中指出：“在改革开放中，要解放思想，实事求是，大胆探索，敢于和善于吸收和借鉴人类社会创造的一切文明成果，吸收和借鉴当今世界各国包括西方发达国家的先进技术和一切反映现代社会化生产规律的先进经营方式、管理方法，为社会主义现代化建设服务。”十几年来的新闻学研究充分证明：没有1979年的思想解放运动，就不会有新闻学研究的春天；没有党的改革开放的方针，新闻学研究就不会如此活跃。当然，我们要十分警惕资产阶级自由化思想的侵蚀，保证新闻学研究始终沿着正确的方向前进。

第二，让新闻传播规律的研究真正进入学术范畴，从根本上回答新闻实践提出的种种课题。以往的新闻学研究，正如有些同志所说的那样，政治味太浓，学术性较差，和文学研究比较起来，就显得既零散又浅薄。有些文章虽然冠以“哲学思考”的帽子，但实际上只是运用哲学上的一些概念，做一些表面文章。中国特色的新闻学体系，必须从对新闻传播规律的深入研究中去寻找，从我国传统的新闻学和西方新闻学的结合中去寻找。研究新闻学，就要深入研究传播、信息、舆论，因为传播是它的运动方式，信息是它的主要内容，而舆论是新闻的哲学，即新闻的深层次规律。

第三，加强定量研究，使之更加精密化、科学化。过去的新闻学研究，基本上都是定性研究。这种定性研究可以对事物进行总体上的把握，但它的缺陷也是明显的。因为没有比较准确的数量关系，对事物本质的判断就只能是概括性的，至于事物更具体的情况则只能推断。马克思曾经说过：任何一个知识部门，只有在它的主要标准和基本规律性得到数量表现和数学表达之后，才是精密的。运用定量分析方法有其明显的优越性，因为它可以通过大量随机事件的研究来揭示事物之间的关系和规律。实际上，新闻学中的许多基本问题，诸如“新闻价值”“受众”“信息量”“舆论”等，都可以运用定量研究的方法来进行。根据所研究问题的实际情况，将定性与定量研究有机结合，恰当运用，才是科学有效的研究方法。

新闻界同行经过十几年的努力，已经争到了“新闻有学”的名分。我们应该再接再厉，建立起具有中国特色的新闻传播学理论体系，为改革开放和祖国的现代化建设事业做出新的更大贡献。

（选自吴庚振与李广增合著《新时期新闻学论稿》，河北教育出版社，1997 年）

论新闻工作者的大局意识

大局意识是坚持正确舆论导向的关键。改革开放以来的经验一再证明：我们的新闻宣传什么时候能够顾全大局，在大局下行动，就会得民心，顺民意，推动社会主义事业顺利发展，反之则会帮倒忙，甚至造成严重后果。所以研究一下什么是大局意识，以及怎样树立大局意识，是十分必要的。

一、大局和大局意识

大局，或曰全局，是指事物的整体或事物发展变化的基本规律。

大局之“局”，有实有虚。实体性大局或有具体形态，或可以量化，是看得见、摸得着的。如全国在一个时期的总形势、总任务等。虚体性大局指的是一种思想或路线，它是无形的，却是无时无处不在的。例如，“一个中心两个基本点”的基本路线，就是大局。根据这个基本路线制定的各项工作的具体政策就是局部。坚持马列主义、毛泽东思想和邓小平建设有中国特色的社会主义理论，这也是大局。

大局具有相对性。就一个国家来说，全国是大局，各个省区则是局部。而就某个省来说，全省是大局，各个地市则是局部。以此类推，可将大局分解为若干不同的层次。从这个意义上来说，任何事物都有全局和局部、大局和小局之分。不过，不同层次的大局，其地位和作用是不同的。大局的层次越高，其地位和作用就越加重要。

全局和局部是对立统一的一对范畴。全局是由它的各个局部构成的，没有局部，也就无所谓全局。正如毛泽东同志所指出的："全局性的东西，不能脱离局部而独立，全局是由它的一切局部构成的。"[①]构成全局的各个局部如果发生了变化，就会引起全局的变化。从这个意义上来说，我们不能忽视每一个局部，而应该把各个地区、各个部门、各个单位乃至每个人所从事的工作做好，为全局这座大厦增砖添瓦。

但是，全局和局部这一对矛盾又不是等同的。全局是矛盾的主要方面，对一个事物的性质及其发展起着决定性的、支配的作用。全局如果发生了变化，各个局部也必然随之发生变化。《红楼梦》第四回中所说的"一损俱损，一荣俱荣"，就是这个道理。在一个事物的整体中，各个局部虽然不可或缺，但它又是从属于全局的，只能在全局的框架内按照一定的逻辑各就其位。全局大于局部，高于局部，统率局部，这就是全局和局部这一对矛盾的基本性质。因此，要把我们的每一项工作做好，必须牢固树立全局观念，强化大局意识，反对一切形式的分散主义、本位主义和小团体主义。全局在胸，才能投下一着制胜的棋子；心中无"数"，就必然陷入盲目状态而归于失败。毛泽东同志在谈到战争中要把握战略全局时指出："战争的胜败的主要和首先的问题，是对于全局和各阶段的关照得好或关照得不好。如果全局和各阶段的关照有了重要的缺点和错误，那么战争是一定要失败的。"[②]"懂得了全局性的东西，就更会使用局部性的东西，因为局部性的东西是隶属于全局性的东西的。"[③]

---

① 毛泽东选集：第 1 卷［M］. 北京：人民出版社，1967：159.
② 毛泽东选集：第 1 卷［M］. 北京：人民出版社，1967：159.
③ 毛泽东选集：第 1 卷［M］. 北京：人民出版社，1967：159.

总之，大局意识是一种宏观意识，它是每一个新闻工作者都应该具备的政治意识和职业意识。我们在新闻工作中要坚持鲜明的党性原则，很好地实现“政治家办报”的要求，没有高度自觉的大局意识是不可能的。正如中宣部一位负责同志所指出的：“一个新闻工作者，如果不能认识大局、理解大局、把握大局，服从和服务于大局，在新闻工作中就会发噪音、帮倒忙，影响干扰大局，就会违逆中央关于‘以正确的舆论引导人’的原则要求。”[①]

从职业的角度来讲，记者、编辑采写每一条新闻，处理每一篇稿件，都会遇到局部和全局这一对矛盾。哪条新闻该发，哪条新闻不该发，该发的又怎样发，只有放在大局这个天平上称一称，才能做出正确的判断和处置。高度的新闻敏感，熟练地运用新闻价值规律的能力，当然来自丰富的新闻实践经验，但正确的指导思想和大局意识是其前提条件。很难设想，一个闭目塞听、视角狭窄、缺乏大局意识的记者，能够采写出具有重要典型意义的新闻作品来。

二、大局意识的结构层次

一般来说，一种成熟而健全的大局意识是由三部分构成的：对现实的宏观把握意识、历史意识和预见意识。这三种意识是相辅相成、有机统一的。大局意识既是一种历史唯物主义的思想方法，又是人们在社会实践中所形成的一种历史唯物主义的认知成果。

大局，当然首先指的是现实的大局，所以大局意识的首要内涵是对现

---

① 徐光春 . 把握大局是搞好舆论导向的关键［J］. 新闻战线，1994（6）：3–5.

实的宏观把握。它包括两方面内容：一方面是我们面临的总形势、总任务和当前的中心工作，以及工作中取得的主要成绩和经验、存在的主要问题和困难，等等；另一方面是群众的思想情绪，或者说“舆情”。从新闻宣传的中心任务是“以正确的舆论引导人”这个角度来看，了解这方面的情况更加重要。

新闻工作者在长期的实践中总结出这样一条经验：了解群众思想情绪的一个好办法，是善于捕捉社会上的“热点”和“难点”问题。热点和难点往往是舆论的中心或重心，是矛盾的焦点，是群众情绪的“晴雨表”。如果把社会舆论比作翻腾起伏的大海的话，那么热点和难点则是大海所涌起的一排排巨浪和一个个漩涡。所以，抓住了一个时期的热点和难点问题，也就在一定程度上掌握了群众情绪的全局。

构成大局意识的第二个层面是历史意识。一种深刻的而不是肤浅的、全面的而不是片面的、能动的而不是静止的大局意识，是以深厚的历史意识为根基的。历史唯物主义告诉我们：现实是历史的一个发展，是历史逻辑的一种结果。江泽民同志强调“以史为鉴，可以知兴替”①，就强调了了解历史对于把握现实的重要意义。例如，坚持党的基本路线一百年不动摇，这是全党工作的大局，是全国人民的根本利益之所在。但是，这条路线为什么动摇不得？我们只有把现实和历史联系起来看，把我党历史上各种“左”的和右的干扰所造成的严重后果，以及改革开放以来我国在各方面所取得的巨大成就联系起来看，才能全面深入地回答这个问题。如果就事论事，就基本路线看基本路线，就现实看现实，只知其一，不知其二，那就难免失之表面化和片面性，也就建立不起植根于深厚历史土壤之中的真正意义上的大局意识。所以毛泽东同志反复强调：“不要割断历史，不但

① 江泽民．努力建设高素质的干部队伍——在纪念中国共产党成立七十五周年座谈会上的讲话［J］．人民论坛，1996（7）：4-8.

要懂得中国的今天，还要懂得中国的昨天和前天。”[①]

构成大局意识的第三个层面是预见意识。大局不是凝固的、僵死的，而是发展的、变化的。今天的现实，就是明天的历史。因此，把握大局还应该把握大局的历史走向。只有对大局的历史走向、客观事物发展变化的前景进行科学的预判，才能使我们保持清醒的头脑，避免工作中的盲目和被动。正如孟子所云：“凡事预则立，不预则废。”毛泽东同志在《论持久战》中对抗日战争前景的分析，堪称科学预见的光辉典范。抗日战争爆发后，有些人只看到敌强我弱这一不利因素，得出“战必亡”的悲观结论；又有些人则相反，只看到对我有利的因素，得出“速胜论”的结论。毛泽东同志则运用辩证唯物主义和历史唯物主义观点，对中日双方政治经济军事力量的强与弱、国度的大与小、战争的正义与非正义、国际条件的多助与寡助等方面进行了精辟分析，并把中国的抗日战争放在世界反法西斯战争的全局中去考察，得出了抗日战争必然是持久战和最后胜利属于中国这个科学结论。历史证明，这个预见是完全正确的。正因为有了这个科学预见，才使我们在战争中胜不骄、败不馁，始终保持清醒的头脑，扎扎实实地去克服一个个困难，去夺取一个又一个胜利。

科学的预见意识是建立在对客观事物矛盾运动的深刻分析、对客观事物的历史和现状全面把握的基础上的。抗日战争胜利前夕，毛泽东同志对中国的前途和命运做了科学预见：抗战结束后，蒋介石一定会下山“摘桃子”，一定会挑起内战，中国仍然面临两种前途和两种命运。历史同样证明毛泽东的预见是完全正确的。这个预见是怎样产生的？或者说这个预见的根据是什么？毛泽东同志说：“国民党怎么样？看它的过去，就可以知道它的现在；看它的过去和现在，就可以知道它的将来。”[②]毛泽东同志在

① 毛泽东选集：第 3 卷［M］. 北京：人民出版社，1967：759.
② 毛泽东选集：第 4 卷［M］. 北京：人民出版社，1967：1070.

这里提出了一个历史唯物主义的认知范式："过去—现在—将来。"这就是说，科学的预见是以历史为根据、以现实为出发点进行合理推断的一种结果。这个认知范式也简洁明晰地揭示出一种能动的大局意识所包含的三个结构层次。

综上所述，大局意识是一种多层次的、能动的、历史的自觉意识。这种意识是一个政治家必须具备的，也是实践"政治家办报"的每一个新闻工作者必须具备的。有了这种意识，记者才能在重大事变面前，在一切复杂问题面前，头脑清醒，处变不惊，高屋建瓴，耳聪目明，高度自觉而又十分有效地做好"以正确的舆论引导人"的工作。

三、大局意识的培养

培养大局意识是一项系统工程，需要做多方面的工作，其中重要的是以下几点。

第一，要吃透"两头"，即学习好党的路线方针政策，深入实际，调查研究。

要树立大局意识，当然首先需要了解大局，而要了解大局，就须明了党和政府在当前一个时期的中心任务是什么，为完成这个中心任务所制定的路线方针政策是什么，目前全国总的形势如何，等等。总之，要了解党中央和国务院在想什么、做什么，关注的焦点是什么，要把"上头"的精神吃透；同时，还要深入实际，调查研究，了解工作中的经验、成绩、困难和问题，以及群众的思想情绪等，总之要吃透"下头"。"上头"和"下头"都吃透了，才能高瞻远瞩，心中有数，从而树立起大局意识。

吃透"两头"是我们党的新闻工作的一条基本经验，也是老一辈新闻工作者的一个优良传统。遗憾的是，这条基本经验，这个优良传统，近年来在一些新闻工作者身上不同程度地丧失了。有些记者平时不注意学习，下去采访热衷于住高档宾馆，坐豪华轿车，作风漂浮，脱离群众。这样的记者“上头”吃不透，“下头”摸不清，胸无全局，目光短浅，“闭着眼睛捉麻雀”，是很难把握正确的舆论导向的。有这样一个例子：正当全国上下贯彻党中央、国务院关于要实现国民经济增长方式的“两个转变”时，一家省报却在一版显著位置刊登的两条消息中，提出“‘九五’之战即为项目之争”“为官一任，项目一批，带富一方”的口号[①]，主张多铺摊子，多上项目，这显然是缺乏大局意识的表现。说严重点，这是离开主旋律发出的噪声。

第二，提高理论素养。

我们在前文说过，大局意识是一种能动意识，是一种认知成果，而不是对感性材料的外在形式的简单的排列组合。所谓“能动”，所谓“认知”，就需要理性的思辨，需要一种对客观事物内部联系的理性把握的能力。一句话，需要较高的理论素养。江泽民同志指出：“无论对党还是对党的干部来说，理论上成熟都是政治上成熟的基础。”[②]我们要实践“政治家办报”的要求，做一名胸怀大局、政治上成熟的新闻工作者，就必须打好坚实的马克思主义的理论基础。

现实中不乏这样的情况：有的同志往下边跑得并不少，材料掌握得也很多，但一写起稿子来还是缺乏高屋建瓴、举重若轻的气势，缺乏言简意赅、一语中的的凌厉风格，总之，缺乏一种登高望远的“大局感”。产生

---

① 吴华清．提高理论素养刻不容缓——坚持“政治家办报”的一个重要基础［J］．中国记者，1996（8）：15–16.

② 江泽民．努力建设高素质的干部队伍——在纪念中国共产党成立七十五周年座谈会上的讲话［J］．人民论坛，1996（7）：4–8.

这种情况的原因可能是多方面的，但理论素养比较低、分析问题的能力比较差是根本原因。从本质上看，大局意识是一种从宏观上把握客观事物内部联系和规律的意识，只有驾驶着理性之舟，才能进入认识大局、把握大局的“自由王国”。

要提高理论素养，就要学习马列主义、毛泽东思想，特别是邓小平建设有中国特色的社会主义理论。邓小平建设有中国特色的社会主义理论，是马克思主义和当代中国实践相结合的产物，是当代中国的马克思主义。我们国家十几年来发生的翻天覆地的巨大变化，是在这个理论的指导下取得的。可以这样说，坚持以邓小平建设有中国特色的社会主义理论为指导，是大局中之大局，只有认真学习，深刻领会这个理论的精神实质，才能正确地分析和认识改革开放中出现的各种复杂的矛盾和问题，也才能准确地把握大局。

学习要理论联系实际。江泽民同志指出：“马克思主义是从实际中来并被实践所证明了的科学理论，只有联系实际，才能真正学懂，也只有联系实际才能真正用好。”[①] 联系实际，学以致用，将理论转化成一种个人的素养，而不是储存在脑子里的本本主义，才能用以深刻地分析大局，理解大局。

第三，自觉地处理好个人行为与大局的关系。

对大局的认识是一方面，将对大局的正确认识转化成一种自觉的大局意识、全局观念，则是另一方面。我们要求的当然是马克思主义的知行统一观。

可以这样说：有些人办错事，甚至犯了严重错误，并不一定是缺乏对大局的认识造成的。有极少数党和国家的高级干部，对大局的了解比一般

---

① 江泽民 . 努力建设高素质的干部队伍——在纪念中国共产党成立七十五周年座谈会上的讲话［J］. 人民论坛，1996（7）：4-8.

同志不会少，但却干出了违逆大局、破坏大局的事情。可见，树立大局意识需要高度的政治觉悟。或者说，大局意识本身就是高度的思想政治觉悟的一种表现。

从个人行为与大局的关系来看，大局意识主要表现在：

心系大局。即无论在任何时候、任何情况下，心里都要想着大局、关注大局。要在大局下思考，在大局下谋划，在大局下分析认识一切问题。

服从大局。即当个人与集体、局部与全局发生矛盾时，要自觉地做到个人服从集体、局部服从全局，坚持党的民主集中制，而不应该以任何借口做出有损大局的事情。作为一个新闻工作者，则要自觉地执行党的宣传方针和宣传纪律，坚持新闻工作的党性原则。

服务大局。即主动支持大局、维护大局、为大局利益服务，用我们的实际工作推动矛盾的解决，实现大局的不断优化。在新闻宣传工作中，要根据大局的需要采写好每一篇稿件、处理好每一个版面、主持好每一个节目，就是为大局服务的最好的方式。

（原载《新闻与传播研究》1997年第1期。《新闻战线》杂志稍有删节，标题改为《新闻工作者要有大局意识》，于1997年第3期转载。本文获中国新闻奖优秀论文奖、河北省哲学社会科学研究优秀成果二等奖、河北省新闻奖一等奖。选入为纪念《新闻战线》创办40周年而编选的《新闻战线·文萃》理论卷。2002年被中共河北省委宣传部和省记协选定为对全省新闻工作者进行马克思主义新闻观教育的教材之一。）

社会主义初级阶段理论与舆论导向的宏观把握

社会主义初级阶段理论是邓小平理论的基石。这一理论是邓小平同志于1980年代初期提出的，党的十三大之后，成为党的基本路线、基本方针、基本政策的政治基础。在党的十五大报告中，社会主义初级阶段理论再一次得到进一步强调，其原因是：“面对改革攻坚和开创新局面的艰巨任务，我们解决种种矛盾，澄清种种疑惑，认识为什么必须实行现在这样的路线和政策而不能实行别样的路线和政策，关键还在于对所处社会主义初级阶段的基本国情要有统一认识和准确把握。”

基于同样的原因，新闻传播机构对舆论导向的宏观把握，也必须对我国正处于并将长期处于社会主义初级阶段有一个清醒的认识。有了这种认识，我们的新闻宣传工作才有“根”，才有“魂”，否则，就会犯过去曾经犯过的“左”的或右的舆论导向错误。

第一，牢记新闻宣传超越社会主义初级阶段的历史教训，为经济体制改革提供强有力的舆论引导和舆论支持。

一个人，一个组织，之所以会犯错误，其根本原因都是主观愿望与客观实际相脱离。从历史上看，新闻媒体舆论导向的第一次重大失误发生于1950年代后期。当时，第一个五年计划提前完成，生产资料私有制的社会主义改造也完成得相当顺利。面对大好形势，有些同志产生了错觉，以为社会主义建设不过尔尔，只要再来一次“大跃进”，就会从根本上改变中国贫穷落后的面貌。

“大跃进”运动发生于 1958 年，而实际上舆论机关对“大跃进”的舆论发动则始于 1957 年秋冬。这年 10 月，有的报纸社论中提出，我国各族人民农业生产要在五年内赶上并超过富裕中农的生产水平，这是一个“大跃进”。12 月，有一家报纸在社论中又提出：“立即用实际行动争取生产建设大跃进。”到 1958 年元旦，一家大报发表社论，提出“我们要在十五年左右的时间内，在钢铁和其他重要工业产品产量方面赶上和超过英国”，“再用二十年到三十年的时间在经济上赶上并且超过美国”。之后，“大跃进”的火越烧越旺，一个个神话被创造出来，粮食高产“卫星”越放越高，钢铁产量一再翻番。其结果是尽人皆知的。“大跃进”对我国的经济建设和社会发展造成巨大破坏，教训十分深刻。当然，“大跃进”属于全局性的错误，不能简单地归咎于新闻宣传，但新闻宣传超越社会主义初级阶段所犯的错误，也应该认真总结，吸取教训。

在社会主义初级阶段，社会的主要矛盾是人民日益增长的物质文化需要同落后的社会生产力之间的矛盾，因而必须把集中力量发展社会生产力摆在中心地位。而要完成发展社会生产力这个根本任务，就要把改革作为推进建设有中国特色社会主义事业各项工作的不竭动力。深化改革，解决体制转变中的深层次矛盾和关键问题，以此适应初级阶段生产力发展水平和实现现代化的历史要求。在这个问题上，如果不用社会主义初级阶段理论去认识，就会认为是倒退，从而导致思想感情上困惑；而不能用极大的热情去宣传改革，支持改革，又怎么能为改革创造良好的舆论环境呢？

现在，党的十五大已经把容易陷入误区的问题从理论上解决了，关键是我们的新闻工作者在理论上和思想上是否得到解决。

这些问题是：

实现西方发达国家业已实现的经济的市场化、现代化，是不是走资本主义道路？这个问题邓小平同志已经解决了，那就是市场经济不是资本主义的特有现象，社会主义也有市场，我们现在正致力于完善社会主义市场经济体制。

还有，如何认识公有制经济的含义？国有经济比重减少一些，会不会影响我国的社会主义性质？这个问题在党的十五大报告中已经讲清楚了。报告指出：混合所有制经济中的国有成分和集体成分也属于公有制经济。公有资产占优势，要有量的优势，更要注重质的提高。国有经济起主导作用，主要体现在控制力上。坚持公有制为主体，国家控制国民经济命脉，国有经济的控制力和竞争力得到增强，在这个前提下，国有经济比重减少一些，不会影响我国的社会主义性质。

再有，股份制经济是公有还是私有？要不要发展？党的十五大报告指出：股份制是现代企业的一种资本组织形式，有利于所有权和经营权的分离，有利于提高企业和资本的运作效率。股份制资本主义可以用，社会主义也可以用。不能笼统地说股份制是公有还是私有，关键看控股权掌握在谁手中。

……

总之，深刻认识社会主义初级阶段理论是宏观把握正确舆论导向、不致重犯“左”的错误的前提。

第二，牢记新闻宣传否定社会主义制度的历史教训，坚决抵制“全面西化”的错误主张，保持社会稳定，为推进政治体制改革营造良好的舆论环境。

如果说“初级阶段”是中国最大的实际、最大的国情，那么，“社会主义”同样是中国的社会现实。中国需要借鉴的是西方国家实现工业化和经济的社会化、市场化和现代化的先进技术和管理经验，不是要去补资本主义制度那一课。在这个根本问题上，我们的新闻宣传是有深刻的教训需要记取的。“文化大革命”以后，在对这场浩劫的矫枉过程中，出现了否定社会主义的错误思潮。由于邓小平同志的敏锐察觉，及时提出了“坚持四项基本原则”的主张，才使局面稳定下来。

在改革开放取得辉煌成就的今天，人们无疑增强了对社会主义的信心，但世界上资本主义势力还很强大，否定社会主义的右的危险依然存在，我们丝毫不能放松警惕。

党的十五大表明了推进政治体制改革的决心，而政治体制改革是成功与风险共存的。按照党的十五大报告提出的要求，我们的新闻机构主要应该在以下三方面为政治体制改革营造良好的舆论环境。

一是改革必须有利于增强党和国家的活力。这就必须着力宣传按照社会主义市场经济的要求转变政府职能；着力宣传严格控制机构膨胀，坚持裁减冗员的成功经验；着力宣传深化人事制度改革，建设高素质干部队伍的典型和经验。

二是改革必须保持和发挥社会主义制度的特点和优势。这些特点和优势最基本、最核心的是：共产党的领导，人民代表大会制度，多党合作和政治协商制度。其核心是在党的集中统一领导下所形成的“举国体制”。正反两方面的经验告诉我们：中国的国情和面临的形势不适合搬用西方的“多党制”和“三权分立”制度。新闻宣传在这些根本问题上必须坚持原则，毫不含糊，毫不动摇。

三是改革必须维护社会稳定。必须正确宣传改革、发展和稳定的关系。发展是硬道理，如果国民经济没有大的发展，人民群众的生活水平没有明显提高，即使将社会主义吹得天花乱坠，也无济于事。要发展，就需要解放思想，深化改革，破除一切不适应经济快速发展的旧体制、旧观念。要改革，就需要稳定的社会环境。人心不稳，社会动荡，动乱，内战，谈何改革和发展！改革、发展、稳定，既互为前提，又互为因果。我们必须把改革的力度、发展的速度和社会可以承受的程度统一起来，在社会政治稳定中推进改革发展，在改革发展中实现社会政治稳定。

总之，前面说的“初级阶段”，是社会主义的初级阶段，离开“社会主义”这个前提条件，所谓“初级阶段”便会酿成全局性的错误。党的十五大报告指出：“建设有中国特色社会主义的经济、政治、文化的基本目标和基本政策，有机统一，不可分割，构成党在社会主义初级阶段的基本纲领。”

第三，正确处理社会主义精神文明建设与社会主义初级阶段现行政策的关系，坚持用社会主义和共产主义思想指导当前的各项工作，任何时候都不降低宣传的思想水平。

社会主义是一种运动，又是一种较高级的社会制度。我们现在处于社会主义初级阶段，就是不发达的阶段，物质财富还不能完全满足人民的需要，这就决定了大多数人的思想水平不可能一下子提得很高。现行政策就是适应人们的这种思想状况而制定的行动准则。很明显，社会主义乃至共产主义和现行政策之间存在现在与将来、局部与全局、过程与目标的区别。例如，现行的分配政策是“按劳分配为主体、多种分配方式并存”，它基本上消灭了剥削，又打破了平均主义，但仍同社会主义其他阶段要实行的“按劳分配”和共产主义社会实行的“按需分配”有所区别。再如，社会主义最终要实现共同富裕，它同初级阶段允许一部分人通过诚实劳动和合法经营先富起来也有所区别。“大跃进”期间所宣传的“一平二调”“共产风”，“文化大革命”期间对“资产阶级法权”的批判，对“穷过渡”的提倡，都犯了超越社会主义初级阶段的错误，其结果都是以巨大的损失为代价。

由此可见，用社会主义高级阶段甚至共产主义宣传代替和否定社会主义初级阶段现行政策是荒谬的，其危害极大。

另外，既然目前的初级阶段是社会主义初级阶段，而社会主义又是共产主义的初级阶段，它们就必然存在不可分割的联系。没有当前，也就没有将来。没有局部，也就谈不上整体。没有过程，也就达不到目标。党和政府在初级阶段制定的各项政策，都是实现社会主义和共产主义远大目标的现实的、符合实际的有效手段。例如，新中国成立初期对资本主义工商业实行赎买的政策，顺利完成了对旧制度改造的任务。这一任务完成了，相应的政策就自然失去了存在的理由，我国的社会主义革命也就相应地向前推进了一步。再如，我国目前实行的“按劳分配为主体、多种分配方式并存”政策，是为了调动人们的劳动积极性，以创造丰富的物质财富，为将来实现“按劳分配”和“按需分配”创造条件。

实现共产主义是远大目标。这个目标必然要指导当前，指导局部，指导运动过程，就像盖楼房需要蓝图一样。如果忘记了这个指导思想，社会主义必然会走到邪路上去。对于这个问题，毛泽东同志在《对晋绥日报编辑人员的谈话》中曾做过生动的比喻。他说，在惊涛骇浪中，黄河上掌舵的老艄公，不管风吹浪打，眼睛总是注视着前方，如果老艄公不这样，而是两眼望着那脚下的浪花，就会手忙脚乱，把船弄翻。

在实践中，新闻宣传不仅犯过超越阶段的“左”的错误，也犯过忽视社会主义精神文明建设，迎合某些人的拜金主义、享乐主义和极端个人主义思想的右的错误。比如，一段时间里，我们曾着力宣传过所谓的“经济手段”，忽视了政治思想工作的作用，结果出现了不顾大局，不讲风格，利大大干，利小小干，无利不干，“一切向钱看”的错误倾向。

错误的舆论导向提醒我们：那种认为只要制定了好的政策，就能保证社会主义事业顺利发展的思想是幼稚的。再则，政策虽然具有广泛的指导性，但毕竟也有一定的局限性。人们的生活是极其复杂的，政策无法包揽无余。政策规定之内的东西要由社会主义和共产主义思想来指导。至于那些政策包括不了的东西，更要由共产主义思想来指导。比如，在困难面前谁上？在荣誉面前谁让？国家或集体甚或个人的财产蒙受损失的时候，是冒死抢救，还是睁一只眼闭一只眼？诸如此类问题，政策并没有一一做出明确规定。每当遇到这种关口，社会主义精神文明就显示出无穷的威力。但是，在一段时间里，我们的新闻宣传也曾出现过否定“大公无私”“一不怕苦，二不怕死”的口号的错误做法。所有这些降低思想水平的宣传，都是与社会主义精神文明建设的大目标背道而驰的，到头来，对贯彻落实社会主义初级阶段的现行政策也会产生不利的影响。

党的十五大吹响了迈向新世纪的进军号，广大新闻工作者一定要深刻领会十五大报告精神，坚持正确的舆论导向，在党的领导下，将我们的新闻宣传工作提高到一个新水平。

（原载《采写编》1997 年第 1 期）

试论新闻的真实性原则

真实是新闻的生命。那些假新闻、编造的新闻，人们只能对它嗤之以鼻。

真实是新闻的价值之所在。那些不真实的新闻、“客里空”新闻，连一文钱都不值。

真实是新闻的力量之所在。那些失真的新闻没有丝毫教育人、鼓舞人的力量；倘有力量，也是破坏性的。

一、新闻为什么要完全真实

新闻为什么要完全真实呢?

首先，事实是第一性的，新闻是第二性的。新闻是一种社会意识形态，是人的头脑反映客观事物的一种特殊形式。辩证唯物论的认识论告诉我们：存在决定意识，物质是第一性的，意识是第二性的。以此观之，事实是新闻的本源，新闻是由事实决定的，或者说，事实是第一性的，新闻是第二性的。承认不承认这一点，关系到我们是不是坚持马克思主义的思想路线，关系到我们是做一个辩证唯物主义的新闻工作者，还是做一个唯心主义的新闻工作者。陆定一同志在《我们对于新闻学的基本观点》一文中说：“辩证唯物主义，主张依照事物的本来面目去解释它，而不做任何歪曲和增减。通俗一点说：辩证唯物主义就是老老实实主义，这就是实事求是的主义，就是科学的主义。”① 我们搞新闻报道，必须坚持这种“科学的主义”。

其次，新闻是用事实说话的。用事实说话，这是新闻写作的一个基本要求。读者从报纸上读一篇新闻，不是看你这篇新闻塑造的形象是否典型，或者道理讲得是否漂亮，而主要是想从中了解新闻事实，并从你提供的新闻事实中，提高认识，受到启发，增长知识，开阔视野。所以，马克思对报纸工作提出的一个基本要求，就是“陈述事实”。② 毛泽东同志在《〈政治周报〉发刊理由》一文中也说：“我们反对敌人的方法，并不多用辩论，只是忠实地报告我们革命工作的事实。”“《政治周报》的体裁，十分之九是实际事实之叙述，只有十分之一是对于反革命派宣传的辩论。”③

写新闻主要是陈述事实，而所陈述的事实又必须是真实的。1871 年法国《高卢人报》编造了许多马克思和第一国际的故事。对此，马克思尖锐地加以嘲讽。他说：“看来这家报纸比任何时候都确信，酷爱新闻的公众会始终恪守‘我相信它，因为它荒唐’的原则。”④ 是的，如果认为读者和听众喜爱荒唐的捏造，那真是太荒唐了！

再次，真实与否关系到我们党的威信。我们的报纸、广播电台、电视台所发布的新闻是否真实，这当然首先会影响到新闻事业本身的威信，但同时也会影响到党的威信。这是因为我们的新闻事业是置于党的领导之下的，我们的党报常常被称为“党的喉舌”。如果这个“喉舌”整天说假话，人民群众就有理由怀疑它是否真正代表了人民的利益。

---

① 中国社会科学院新闻研究所．中国共产党新闻工作文件汇编：下册［M］．北京：新华出版社，1980：802.

② 马克思恩格斯全集：第 5 卷［M］．北京：人民出版社，1958：272.

③ 毛泽东新闻工作文选［M］．北京：新华出版社，1983：5.

④ 马克思恩格斯全集：第 17 卷［M］．北京：人民出版社，1963：318.

“四人帮”横行时期，许多舆论机关一味地强奸民意，炮制假新闻，其影响之恶劣，是尽人皆知的。直到现在，有些人一提到报纸、广播，还说“那是宣传”。言外之意，宣传是一回事，事实是另一回事。好像要宣传就不能讲真话，就不能实事求是。这对我们的新闻事业，对我们党的威信，造成了多么坏的影响啊！还有1958年对于所谓“大跃进”的宣传，也有许多“假雨村”“甄士隐”式的记者，制造了一个又一个“太虚幻境”。什么小麦亩产10万斤、水稻亩产20万斤，什么“徐水县跑步进入了共产主义”等，这对党报和党的威信，也产生了很不好的影响。由此可见，真实性是党性的一个重要体现。毛泽东同志在论述我们无论做什么工作，都必须采取实事求是的态度时指出：“这种态度，有实事求是之意，无哗众取宠之心。这种态度，就是党性的表现，就是理论和实际统一的马克思列宁主义的作风。”

最后，坚持新闻的真实性原则是新闻工作者的职业道德。各行各业都有职业道德。医生的职业道德是对患者实行革命的人道主义。工人的职业道德是为用户着想，保证产品的质量。而作为一个新闻工作者的职业道德的基本准则、基本要求是什么呢？是在任何时候、任何情况下，都要坚持新闻的真实性原则。一个新闻工作者，如果不调查，不研究，关起门来编造假新闻，并用这样的所谓“新闻”欺骗广大读者，以换取个人的名利，这应该被看作一种不道德的行为。如果为了迎合某种政治气候，不顾事实，去炮制假新闻，这在行为操守上也是“失德”。马克思在嘲笑英国资产阶级的喉舌《泰晤士报》一味炮制假新闻时说，它“在自己的字典里从来没有‘美德’一词”[①]。列宁指出：“吹牛撒谎是道义上的灭亡，它势必引向政治上的灭亡。”[②]

① 马克思恩格斯全集：第15卷［M］. 北京：人民出版社，1963：336.

② 列宁全集：第1卷［M］. 北京：人民出版社，1955：218.

在坚持新闻的真实性原则方面，马克思主义经典作家为我们做出了光辉榜样。这里让我们举一个有趣的例子。1884 年 6 月 23 日，巴黎爆发了工人阶级反对资产阶级的“六月起义”，这在当时是震动世界的重要新闻。马克思决定在刚创办不久的《新莱茵报》上报道这一新闻。但是，马克思在《新莱茵报》的所在地——德国科伦城，一直等到 24 日晚 10 时，也没有收到从巴黎寄来的关于“六月起义”情况的邮件。他又耐心地等了一天，还是没有收到。在这种情况下，马克思也没有为抢发这条重要新闻而放弃新闻的真实性原则。他经与恩格斯商量，于 1848 年 6 月 25 日，在《新莱茵报》号外上登出了这样一条简讯：

巴黎消息

科伦六月二十四日夜十时，二十三日的巴黎邮件没有收到。据到达这里的信差说，当他离开巴黎的时候，群众跟国民自卫军的厮杀已经开始了。在离城不远的地方他曾听到猛烈的炮声。①

马克思在信守新闻的真实性原则方面，是多么严格、多么坚定不移啊！

二、真实性原则的基本要求

真实性原则的基本要求，概括来说主要是这样两项。

第一，一切新闻报道（消息、通讯、报告文学等）的“五个 W”（何

① 马克思恩格斯全集：第 9 卷［M］. 北京：人民出版社，1961：129.

人、何事、何时、何地、何因）都必须准确无误，完全真实。也就是说，所报道的人物、事件，必须真有其人，实有其事，而且对事件发生的时间、地点、原因和结果，以至细枝末节，都不能有任何更移和变动。

第二，新闻报道应力求反映事物的本质和主流，反映时代的真相。

下边分别谈谈这两项要求。先谈第一项。

新闻报道的“五个 W”必须完全真实，这在理论上没有人怀疑，连资产阶级新闻学也是这样讲的。问题是在实际上，某些新闻记者往往自觉或不自觉地背离了这项基本要求。其主要表现是：

1. 合理想象，笔下生花。有些记者不做深入细致的采访，仅仅根据对事实的一些概况性的了解，便提起笔来做文章，写稿子。结果，写起来捉襟见肘，困难重重。于是，作者便展开想象的翅膀，随意添油加醋，张冠李戴，编造一些生动的细节，还美其名曰“合理想象”。这是造成新闻失真的一个重要原因。必须明确：新闻写作与文艺创作不同。在新闻写作中，根本不允许搞什么“想象”。“合理想象”合的是主观唯心主义之理，而与辩证唯物论的认识论是背道而驰、大相径庭的。他们这样做，据说是为了增强文章的典型性和生动性。不错，新闻报道应该力求典型和生动。但是，这种典型性和生动性必须是事实本身所具有的，而不是捏造出来的。“合理想象”论者是懒汉，不花气力去采访，怎么会不出乱子呢！

2. 乱拧角度，歪曲事实。有的记者为了紧跟新形势，适应新要求，把那项工作的经验说成这项工作的经验，把彼时彼地的事情说成此时此地的事情，乱拧角度，歪曲事实。比如，“四人帮”横行时期有这样一则丑闻：某单位一位同志身上长了个疖子，带病坚持了一段工作。记者在写“一不怕苦，二不怕死”的报道时举了这个例子。后来在写其他内容的报道时，又一连几次举了这个例子，而且每篇报道中这位长疖子同志的所思所想都不一样，群众戏称为“万能疖子”。像这样乱拧角度的做法是不能允许的。

角度可以选，但不能拧。“横看成岭侧成峰”，一件事情往往存在许多角度、许多侧面，写作时可以根据表现主题的需要，合理地加以选择。比如，某单位调整领导班子的经验很全面，很好。记者要报道这项经验，当然可以全面写，但也可以从老干部主动让贤、搞好新老交替的角度写；还可以从广大群众积极举贤荐能的角度写。选角度与拧角度的根本区别在于：前者尊重了客观事物本来的辩证法，后者却以主观代替了客观，歪曲了事物固有的面貌和性质。

3. 脱离实际，任意拔高。有的记者为了追求新思想、新观点、新角度、新语言，把群众本没有那样高的认识写成有那样高的认识，把现在才有的认识变为过去已有的认识，捉刀代笔，强加于人。有的甚至把采访对象说的一些话当成面团来揉搓，按照自己的意志改编成顺口溜、豪言壮语之类。为了把水搅浑，推卸责任，还在前边加上一些无从查考、虚无缥缈的说辞，如“有的深有体会地说”“广大群众普遍认为”等。这样“拔”的结果，“高”是“高”了，但不符合实际，群众看了也会摇头的。

以上三种做法，就其报道的基本事实来说，还是存在的，但都对事实进行了不同程度的歪曲。这样的做法，顶多算半拉唯物主义，而不是彻底唯物主义的。

再说第二项，即力求反映事物的本质和主流，反映时代的真相问题。

如果说，对新闻的“五个 W”必须真实，这在理论上没有什么不同意见的话，那么，在新闻要不要反映事物的本质和主流，要不要反映时代真相的问题上，争论就多了。争论的焦点，是如何看待所谓“本质真实论”的问题。

“本质真实论”这个命题，是在 1957 年极“左”路线开始危害全党之后提出来的。就其在历史上产生的影响来说，的确是消极的、有害的。特别是“四人帮”对这个提法做了歪曲的解释之后，其危害性就更大了。在他们看来，新闻事业在反映现实的时候，只能说好，不能说坏，只准歌颂，不准暴露，人饿死了也得说“形势大好”，否则，就是“歪曲了事物的本质”，就是“给社会主义抹黑”。“本质真实论”成了他们打人的棍子。

为了避免这个提法的消极后果，我们认为还是不用这个提法为好。但是，不用这个提法并不等于说这个提法是完全错误的。事实上，一切文字形式在表现客观事物的时候，都有一个力求反映事物的真相和本质的问题。拿新闻来说，客观事物是那样纷繁复杂，记者为什么选择这件事，而不选择那件事加以报道呢？即便是对同一件事的报道，为什么我们的记者从这个角度写，而西方资产阶级记者却从另一个相反的角度写呢？这里选择与取舍事实的标准是什么呢？当然是不同记者的世界观以及不同的新闻政策。我们社会主义新闻工作者的世界观，是辩证唯物主义与历史唯物主义的；我们党制定的新闻政策，也是建立在这两个“主义”基础之上的。我们在前边说过，辩证唯物主义就是实事求是的主义，就是科学的主义，就是教我们在观察和反映客观事物的时候，要把握住全局和本质。所以，力求反映事物的本质和时代的真相，这是我们社会主义新闻工作者不可或缺的责任。明乎此，我们在采写新闻的时候，就应该力求选择那些代表了事物的全局和本质的东西，而舍弃那些个别的、偶然的东西。

关于这个问题，列宁有一段名言：

如果从事实的全部总和、从事实的联系去掌握事实，那末，事实不仅是“胜于雄辩的东西”，而且是证据确凿的东西。如果不是从全部总和、不是从联系中去掌握事实，而是片断的和随便挑出来的，那末事实就只能是一种儿戏，或者甚至连儿戏也不如。①

---

① 列宁全集：第23卷［M］.北京：人民出版社，1958：279.

总之，新闻要力求反映事物的本质，反映时代的真相，作为一条原则，是不能动摇、不能否定的。但是，这是从新闻报道的整体来说的，并不是要求所有新闻都无一例外地要反映事物的本质，反映时代的真相。实际上，许多动态新闻，比如，关于地震情况的报道，关于日食、月食的报道，很难说一定要反映什么政治本质。但是，有些同志据此得出结论，说“报纸不可能也无必要报道该事物的本质”，而只能“采集和发布这些现象”（参见《新闻理论与实践》1981 年第 18 期、19 期合刊），则又不免失之偏颇了。因为除了动态新闻之外，还有所谓深度新闻、评述性新闻等，而这些新闻不仅应该，而且必须反映出事物的全局和本质。

还有的同志认为，要求新闻反映时代的真相，就是只准歌颂，不准暴露，只能说好，不能说坏，这种理解也是片面的。不错，我们社会主义事业的本质和主流是好的，但也有不好的东西，有蛀虫和官僚主义者。任何真相都是矛盾的对立统一，只讲矛盾的这一方面，不讲矛盾的另一方面，恰恰不能反映时代的真相。所以，我们的报纸以主要篇幅报道当今时代的主流和真相——亿万人民进行社会主义现代化建设的业绩，同时也以适当的篇幅揭露那些不好的东西、贪污腐败的东西，这正是反映了时代的真相。

此外，当前新闻界的少数同志，有这样一种糊涂认识：只要在新闻报道中讲什么党性、阶级性，就不会实事求是，就要产生假报道。因此，他们主张“为事实负责”，即只要是客观存在的事实，就可以报道。这种观点不仅违背了辩证唯物论的认识论，滑进了形而上学、机械唯物论的泥坑，也违背了人民新闻工作者的根本宗旨。一个人民的新闻工作者，党的新闻工作者，难道可以不管对人民、对党的事业是否有利，而不假思索地报道事实，只做事实的“传播工具”吗？毛主席曾把文章的作者比作医生。作为一个医生，难道只管开药方，而不管是否能治死人吗？我们必须明确：党和人民的利益是一致的，实事求是与坚持党性也是并行不悖的。因此，我们既反对弄虚作假的主观唯心主义，也反对“有闻必录”的客观主义。这也正是新闻真实性原则的基本要求。

三、努力维护新闻的真实性原则

坚持新闻的真实性原则，这是一件看似容易，而实际做起来又比较复杂的事情。我们党历来主张新闻报道要完全真实，反对弄虚作假。1945年3月23日，延安《解放日报》曾发表过《新闻必须完全真实》的社论。1947年，我们党又在解放区大张旗鼓地开展了反对“客里空”运动。新中国成立后，我们党为维护新闻的真实性原则又进行了不懈的努力和斗争。近年来，新闻战线广泛深入地批判了以强奸民意、弄虚作假为主要特征的“帮八股”，恢复并发展了实事求是的思想路线，推动了新闻改革的蓬勃发展。

从历史的经验来看，造成新闻失实的原因是很多的。从领导的角度说，有的主管新闻工作的同志不按新闻的客观规律办事。比如，党的某项政策今天刚传达下去，明天就要求在媒体上见效果；本地区、本单位本来没有那样的经验，为了表现自己的工作做得好，也要硬让记者、“秀才”去写，等等。这样就逼得记者不得不“先出题目，后凑材料”，甚至干脆“领导出题目，记者凑材料”。这种用“米不够，水来凑”的办法写出的报道，当然就难免失真了。

从记者本身来说，有的存在与新闻工作的职业道德不相容的名位主义。为了名位，为了光彩，有时就不顾事实，像“客里空”那样去编造假新闻。这种无中生有的假新闻，在资本主义国家是屡见不鲜的。例如，惯于发表轰动性报道和刺激性图片的西德《明星》画刊，于1983年4月22日宣布了一条震动西方世界的“新闻”，声称发现了所谓《希特勒日记》。据说这份日记共 62 大本，每本 60 页至 100 页。为此，“希特勒传记和纳粹党历史可能要重写”。可是经专家鉴定，这份日记的纸张、墨水都是战后的，因而纯系伪造。西德《时代》周刊在分析产生这桩丑闻的原因时指出：“新闻的尺度不是事实和能力，而是金钱。”[①] 我们社会主义国家的新闻工作者虽然以为人民服务为宗旨，但如果不警惕资产阶级思想的侵蚀，也会被名位主义的瘟神所驱赶去炮制假新闻。

我们的媒体上出现的假新闻，还有的是某些基层通讯员不懂得新闻学的基本知识所致。如有的认为写文章就是“编文章”，自己写不好只是因为“笔杆子不硬”“缺乏方法技巧”，等等。

明白了产生新闻失真的原因，纠正也就好办了。

首先，在新闻部门工作的同志，包括党委主管新闻工作的同志，都要按新闻的客观规律办事，再也不要办那种违背客观规律的蠢事了。

其次，从改革新闻管理入手，建立必要的规章制度。比如，对重要新闻稿件的核实制度、奖罚制度等。对造成极坏影响的假新闻，要追究其作者、编者的责任，严肃处理。不少资本主义国家对写假报道的人有惩治措施，而我们社会主义国家的记者写了假报道，如果还照常端着铁饭碗吃“大锅饭”，是不可能把假报道的门关严关死的。

最后，所有新闻工作者都应该牢固树立为人民服务、为社会主义服务的世界观，坚持辩证唯物主义的思想路线，注重调查研究，不为名，不为利，不“唯书”，要唯物，用自己千斤重的笔杆，推进社会主义现代化事业的发展。

［原载《河北大学学报》（哲学社会科学版）1984 年第 4 期。该文于 1985 年获河北省哲学社会科学研究优秀成果三等奖。本书收录时有删改。］

① 伪造《希特勒日记》的骗局被揭穿［N］. 光明日报，1983-5-18.

资产阶级新闻自由果真那么迷人吗?

什么是新闻自由？我们应该怎样认识它？

一、新闻自由是一个历史范畴

1644 年，英国资产阶级政论家、诗人约翰·弥尔顿在议会的一次演说中第一次提出了出版自由的口号。他说：“让我们有自由来认识、发抒己见，并根据良心做自由的讨论，这是一切自由中最重要的自由。”“书籍并不是绝对死的东西，它包藏着一种生命的活力。……如果不特别小心的话，误杀好人和误禁好书会同样容易。……如果我们竟致采取查禁制，那就非常可能是查禁了真理本身。”[①] 弥尔顿提出的出版自由（包括新闻自由）口号，在当时并没有多少人响应，后来，随着资本主义的发展，到了 18 世纪，才成为一个席卷欧洲和北美的政治口号。1789 年的法国《人权宣言》和 1791 年的美国《权利法案》，才正式写上了“出版自由”这一条款。《人权宣言》中写道：“自由传达思想和意见是人类最宝贵的权利之一；因此，各个公民都有言论、著述和出版自由。”《权利法案》则规定国会不得制定剥夺人民言论或出版自由的法律。

① ［英］约翰·弥尔顿．论出版自由［M］．北京：商务印书馆，1958：9.

弥尔顿提出出版自由的口号，是针对当时封建僧侣阶级的专制统治的。当时资本主义处于上升时期，而封建势力日趋没落。弥尔顿代表资产阶级的利益和政治愿望，喊出了争取言论自由的口号，是为资本主义的发展鸣锣开道的。正因为这样，封建势力对这个口号极为仇视。这个口号从17世纪提出，到18世纪得到确立，其间经过了一场又一场尖锐复杂的斗争，最后才以新兴资产阶级的胜利而告终。所以，争取出版自由在当时是有进步意义的。正如列宁所说："出版自由这个口号，从中世纪末直到十九世纪，在全世界成了伟大的口号。为什么呢？因为它反映了资产阶级的进步性，即反映了资产阶级反对僧侣、国王、封建主和地主的斗争。"[①] 但是应该指出，这个口号即便在当时也有其虚伪性的一面。资产阶级以本阶级的利益冒充全体人民的利益，给出版自由戴上了"全民"的桂冠。而实际上，出版自由在当时也只是资产阶级独享的特权。

到了20世纪，特别是第一次世界大战后，资本主义发展到帝国主义阶段。按照列宁的说法，帝国主义是"垄断的垂死的资本主义"。资产阶级为了维护其统治地位，防止无产阶级和广大人民的反抗，对一味地提倡新闻自由不感兴趣了，因而又提出了一种自由主义的新理论——社会责任理论。要求新闻工作者在行使自由权利时，要对社会负责，即对资本主义制度负责。这种理论对报刊规定了六项任务："（1）提供关于公共事物的消息、讨论和辩论，为政治制度服务；（2）启发公众使他们能够实行自治；（3）成为监督政府的一个哨兵，以保卫个人权利；（4）主要通过广告的媒介，沟通商品和买卖的双方，为经济制度服务；（5）供给娱乐；（6）维持财政的自给自足，使报刊能够不受特殊利益的压迫。"[②]

无产阶级在革命斗争中，也提出了争取新闻自由的口号，以便宣传自

① 列宁全集：第42卷［M］. 北京：人民出版社，1965：84–90.

② ［美］韦尔伯·施拉姆等 . 报刊的四种理论［M］. 北京：新华出版社，1980：85.

己的政治主张，推翻资产阶级的统治。列宁指出："不吸引群众来参加争取共产主义报刊出版自由的革命斗争，就不可能准备实行无产阶级专政。"（《列宁全集》第 31 卷第 172 页）无产阶级提出新闻自由的口号，是向掌权的资产阶级争自由，这就必然要遇到资产阶级的反对和镇压。比如，《新莱茵报》出版了不到一年即被查封。《火星报》被迫在国外出版。《真理报》先后被查封过八次。我们的重庆《新华日报》被国民党反动派严密监视……如果按照资产阶级的说法，新闻自由就是"谁愿意说什么就说什么，谁愿意干什么就干什么"，那么他们就不应该干涉无产阶级和人民大众的言论自由。但是，他们并不实践自己的诺言。可见，资产阶级的新闻自由是虚伪的，是以维护本阶级的利益为目的的。

无产阶级代表人民的利益，胸怀坦荡，从不隐瞒自己的观点，不像资产阶级那样，说自由是全民的，不属于某个阶级。恰恰相反，我们坦率地承认，自由是有阶级性的，是阶级独占的权利。所以，当无产阶级夺取政权之后，一方面给人民以充分的民主、自由权利，另一方面则剥夺敌人的言论自由。列宁说，在资产阶级比无产阶级还强大许多倍的情况下，如果给他们以自由，"就是为敌人开方便之门，就是帮助阶级敌人，我们不愿意自杀，因而决不会这样做。"[①] 他还说："我们从前就说过，我们一取得政权，就要封闭资产阶级报纸。容许这些报纸存在，我们就不成其为社会主义者了。"

以上我们对新闻自由这个口号的提出及发展，简括地做了一下历史的回顾，说明它是一个历史范畴。在这个基础上，便可以得出如下结论。

1. 新闻自由不是抽象的，而总是属于一定阶级的。在阶级社会中，只有具体的、阶级的，而没有抽象的、超阶级的新闻自由。自由是一种权利，

① 列宁全集：第 42 卷［M］. 北京：人民出版社，1965：84–90.

是一种上层建筑，它是由经济基础决定的。谁占有了新闻生产资料，谁就有新闻自由。正如马克思所说的："统治阶级的思想在每一时代都是占统治地位的思想。这就是说，一个阶级是社会上占统治地位的物质力量，同时也是社会上占统治地位的精神力量。支配着物质生产资料的阶级，同时也支配着精神生产的资料。因此那些没有精神生产资料的人的思想，一般地是受统治阶级支配的。"①

2. 新闻自由是相对的，而不是绝对的。它被经济基础所制约，同时又对经济基础产生一定的反作用；它和纪律是一对矛盾，没有纪律也就没有自由。因此，想做不受任何约束的"自由小鸟"，只是一种幻想。林黛玉在葬花时幻想漫天飞舞，但最后还是回到了地球："未若锦囊收艳骨，一抔净土掩风流。"里根竞选美国总统时，就新闻自由问题答《环球报》编辑温肖普说："新闻自由是我们民主制度的基石，是全体美国人的自由、公民权利和政治权利的基础。为了保持自由社会的永恒，在宪法规定的民主权利中新闻自由是具有头等重要意义的基础。"里根把美国的新闻自由吹得天花乱坠，但最后还是不能不加上"宪法规定"这样的限制。

3. 新闻自由归根结底是一种手段。在革命的一定阶段上，革命阶级总是把争取民主、自由作为要达到的一个目标，从这个意义上来说，它是目的。但从政治斗争的角度考虑，从夺取政权、巩固政权的角度考虑，它又是手段。而从历史的长河来看，归根结底它只是发展生产力的一种手段。

二、美西方的所谓"新闻自由"

我们承认，资产阶级确实有他们的新闻自由。美国联邦宪法曾规定过

① 马克思恩格斯选集：第一卷［M］. 北京：人民出版社，1995：98.

所谓“五大新闻自由”：采访自由、通讯自由、批评自由、出版自由、贩卖自由。但是，只要我们稍加分析，就会发现，他们的自由只不过是垄断资产阶级的自由。

1. 从所有制来看，新闻事业属于资本家私人所有，属于报团和报业托拉斯所有。因此，自由是属于垄断资产阶级的，两手空空的无产阶级对这种自由望尘莫及。即以“五大新闻自由”中的出版自由来说，没有钱能出版吗？能享受这种自由吗？美国每年耗费新闻纸 1000 万吨左右，用在新闻事业现代化上的钱约 1700 万美元。《纽约时报》《洛杉矶时报》等大报平日出二三百页，星期日版多达四百至五百页。此外，还有高昂的出版税。这一切没有钱能有自由吗？

2. 常言说：“吃谁家饭，唱谁家歌。”资本主义国家的新闻事业吃谁家饭呢？吃垄断资产阶级的饭。他们的所谓“维持财政的自给自足”“不受特殊利益的压迫”，只不过是掩耳盗铃。新闻事业与垄断资产阶级在经济命脉上是休戚与共的。“报团以财团做后盾，财团靠报团做宣传”，正是他们相互依赖、大发横财的简洁概括。报团既然靠财团来养活，那么他们就只能为财团抬轿子、吹喇叭。这就叫作经济基础决定上层建筑。在垄断资产阶级面前，如果说新闻工作者有什么自由的话，那么有的只不过是歌颂垄断资产阶级的自由。正如列宁所说：“在全世界上，凡是有资本的地方，出版自由就是收买报纸、收买作家的自由，就是暗中收买、公开收买和制造有利于资产阶级的‘舆论’的自由。”①

3. 新闻事业的垄断化，更便于政府的控制。据美国出版的《编者与出版者》1979 年 9 月公布的材料，美国现有报团 164 个，控制了全国 1082 家日报，占日报总数的 61%。其中最大的报团 13 个，控制着报纸总发行

① 列宁全集：第 42 卷［M］. 北京：人民出版社，1965：84-90.

量的一半左右，现在美国大约每年有 50 家报纸转售给报系。法国 1946 年有报纸 209 家，现在只有 90 家。英国四大报系控制了报纸总发行量的 80%。第二次世界大战后，日本有报纸 600 多种，现在只有 110 种左右。最大的报系是《读卖新闻》《朝日新闻》《每日新闻》《产经新闻》《日本经济新闻》，称为“五大宣传系统”。仅“读卖”一家就有 50 多座电视台。

以上说的是新闻事业的垄断化。此外，新闻稿件也日趋垄断化。美国大约 99% 的报纸采用美联社和合众社的消息。美联社日发稿量约 300 万字，合众社日发稿量多达 450 万字。

值得注意的是，各大报团、大通讯社的负责人，同时又多是中央政府或地方政府的要员。这就十分便于政府的控制，新闻事业的党派性和政治倾向性，也就不言而喻了。

4. 政府在舆论上的控制。资本主义新闻事业表面看来是不受政府控制的，是超脱于政治之外的所谓“大众媒介”，而实际上，是在资产阶级政府控制之下的喉舌。政府除了前边所说的从组织上控制外，还从言论上加以控制。其采取的手段有记者招待会、新闻发布会等。以美国为例，联邦政府设有新闻秘书，定期或随时举行这样的会议，向合众社、美联社等大通讯社发布新闻。然后，各报社、电台、电视台再转而采用各大通讯社的消息。这就起到了“统一口径”的作用。

5.“绝对自由”的假象是集团竞争的反映。资本主义的无政府状态和集团竞争的经济，反映到新闻事业上来，就出现了“绝对自由”的假象：这家报纸说总统应该连任，那家报纸又说总统必须下台；这家报纸说政府的政策很好，那家报纸又说政府的政策很糟；这家报纸主张扩充军备，那家报纸又提出必须削减军备……吵吵嚷嚷，好不热闹！表面看来，新闻部门真是一个可以自由驰骋的场所，但实际上，这只不过是集团竞争的一种反映。资本主义国家的报纸、电台和电视台，都代表着各自不同的财团的利益，都是某个财团的喉舌。当各财团之间由于利益冲突、矛盾激化的时候，他们便会对自己所控制的新闻工具颐指气使，让它们为自己多分得“一杯羹”而大喊大叫。

一般来说，资产阶级报纸批评政府有这样三种情况。

1. 在不危及资产阶级根本利益的前提下，指责政府的某些缺点。他们这样做，既可以充当资产阶级的“气阀门”，又可美化自己，戴上“为民请命”“仗义执言”的桂冠，但在关键时刻，他们便挺身而出，把资产阶级观点和盘托出。我国的旧《大公报》就是如此。这家报纸平时也批评国民党政府的缺点，但在国共两党一系列根本问题的分歧上，便公开站到国民党反动派一边了。

2. 各财团之间的斗争。各财团之间的矛盾，反映到报团上来，就形成了互揭阴私、互相攻击的斗争。例如，震动世界的美国“水门事件”，就是这种斗争的一个典型实例。民主党控告尼克松政府的要员于 1972 年竞选期间，利用安装窃听器等非法手段，盗窃了民主党总部所在地——水门公寓的机密材料。事件在《华盛顿邮报》披露后，以美国东部老财团为靠山的《纽约时报》、《新闻周刊》、《时代》杂志、《华尔街日报》等报刊，便一齐开足马力，向尼克松政府发起了猛烈攻击，迫使尼克松调整了白宫的班子，把来自西部和南部财团的白宫办公厅主任、国内事务顾问、司法部部长等都撤掉，换上东部老财团的代理人。这样，形势才暂告缓和。但是，尼克松是西部新财团的代理人，势力强大的东部财团决心搞掉他，因此，东部老财团操纵各大报刊再次向白宫发起了攻击，终于迫使尼克松下台。事情很清楚，《华盛顿邮报》等报刊掀起的“水门事件”的一个个浪涛，只不过是美国东西部财团明争暗斗的一场闹剧而已。

3. 竞选时的斗争。资本主义国家每当大选时，各种新闻工具便纷纷评论政府的政策，宣传竞选者的主张，吵吵嚷嚷，非常热闹。表面看来，这真是“绝对自由”了。但是，这种“绝对自由”与平民百姓毫无关系，它只不过是垄断资本家导演的一种换马斗争。卡特的上台就说明了这一点。卡特在当总统之前，只不过是美国东南部城市——亚特兰大的一个普通议员，他本人也只是一个中等资本家。但是，卡特其人不但对那些垄断寡头十分忠诚，而且其言谈举止很富于“民主作风”，具有一种所谓“诱人的力量”。所以，那些腰缠万贯的资本家一眼就看中了他。此后不久，他就成了其资本的触角伸向世界各地的庞大俱乐部——“三边委员会”的座上客。后来，他又与全国许多大报团取得了热线联系，才使他一举击败了福特，登上了总统的宝座。很显然，新闻机构在卡特竞选期间的大喊大叫，只不过是垄断资本家导演的换马斗争的一种表现形式。

总之，我们承认资本主义新闻事业有其新闻自由，但它绝非“全体人民的自由”，而是资产阶级独享的特权。正如美国新闻学家赫伯特·席勒所说：“要想使操纵最有效，就需留下最不操纵的假象。操纵需要一种假象，就是否认操纵的存在。至关重要的是说政府、新闻工具是中立的，是置身于社会冲突之外的。政府特别是中央政府，始终是制造这种神话的中心。”这段话道出了资产阶级新闻自由的要害。

三、社会主义新闻自由的主要特征

与资本主义新闻自由相比，社会主义新闻自由有以下几个主要特征。

1. 社会主义新闻自由是摆脱了资本控制的自由，因而是真正的自由。

我们知道，社会主义新闻事业是属于人民的。就其所有制来说，它是社会主义的公有制。这样，它就不受资本家钱袋的控制。社会主义新闻事业以为人民服务、为社会主义服务为宗旨。新闻工作者在采写和编发每一条新闻时，不像在资本主义国家那样，担心触犯了某个资本家的利益而受到迫害；也不必为了讨好资本家，而为资本家抹脂抹粉。正如列宁所说：“我们要创办自由的报刊而且我们一定会创办起来，这个自由不仅是指摆脱了警察的压迫，而且是指摆脱了资本，摆脱了名位主义，甚至它是指摆脱了资产阶级无政府主义的个人主义。”①

2. 社会主义新闻自由是大多数人的自由，因而也是最广泛的自由。

人民是社会主义新闻事业的主人，新闻自由也是属于广大人民的。在人民内部，我们实行“百花齐放，百家争鸣”的方针，保障人民发表不同意见的权利，欢迎人民对党和政府的工作进行监督……总之，在人民内部实行“舆论不一律”的政策。但对于敌人，我们又讲“舆论一律”，不允许他们有攻击社会主义的自由。因此，当无产阶级夺取政权之后，就立即宣布取缔一切反动报刊。十月革命刚刚胜利，苏维埃政府就颁布了《出版法令》，并根据这个法令封闭了那些刊登资产阶级临时政府反革命宣言的一切报刊。我国在人民解放军横渡长江时，就宣布取缔国民党反动派的一切报刊。这样做的目的，也正是保障人民的利益，保障人民的新闻自由。

3. 社会主义新闻自由是有领导的自由，而不是无政府状态的自由。

我们认为新闻自由归根结底是一种手段，应该很好地运用这一手段，来保障人民的民主权利，推进革命事业向前发展。我们还认为，新闻事业是一种阶级舆论机关，它必然要为一定的政治服务。基于这样的认识，我们的党和政府就不能对新闻事业撒手不管，而必须加强领导。在某个时期宣传什么，怎样宣传，宣传的方针、政策是什么，这些必须由党来决定。这样做表面上看好像是限制了新闻工作者的自由，而实际上正是保护了广大人民群众的言论自由。因为新闻事业如果是一种无政府状态，乱糟糟一

① 列宁全集：第10卷［M］. 北京：人民出版社，1965.

片，党的路线方针政策还能够得到很好的宣传贯彻吗？来自群众的呼声和愿望还能够得到全面、准确的反映吗？显然不能。而如果是这样，革命事业就会受到损失，人民就会受到损失，用革命先烈的鲜血换来的新闻自由最终也会付诸东流。总之，观察这个问题的根本点，是看对人民、对革命是否有利，舍此而去空谈民主、自由，或者不顾国情而硬把资本主义的新闻自由“移植”到我们社会主义国家来，就一定会走到邪路上去。明乎此，新闻工作者就应该自觉地接受党的领导，坚持四项基本原则，这是人民的根本利益所在，也是保障社会主义新闻自由的根本所在。

（该文系2002年9月作者在中共河北省委党校新闻领导干部培训班上所做学术报告的纲要。此前在《河北日报》理论版摘要发表，同年被中共河北省委宣传部和省记协选定为对全省新闻工作者进行马克思主义新闻观教育的教材之一。）

“软控制”：西方国家新闻自由的背后

西方国家一贯标榜自己的新闻事业是“绝对自由”的，是不受政府控制的，是独立于立法、司法和行政之外的所谓“第四种权力”。事实上，世界上不受控制的新闻事业是根本不存在的。古往今来，中西各国，无一不对新闻传播行为实施必要的管控。如中国宋代邸报的“定本制度”，就是一种严格的社会控制。而在西方，资产阶级在革命中极力反对并最终推翻的印花税制度、书报检查制度等，也都是不同时代封建统治阶级对新闻传播事业的控制制度。由于各国国情不同，新闻控制又呈现出不同的形态和特点。

一

新闻控制是社会组织或社会势力，通过各种手段对新闻事业实施监察、施加压力和影响，使之所传播的内容符合控制者的利益和愿望的行为。就控制手段而言，新闻控制主要有法律控制、行政控制、经济控制等几种手段。

1. 法律控制。这种控制是显性的，具有刚性的特征。它以国家权力做后盾，采取立法的方式对各种新闻传播活动进行保护或限制，如《新闻法》《出版法》《著作权法》以及其他法律中的适用条款，并依据有关法律、法令的规定来约束、管理和监督新闻传播的内容，以防止其泄露国家机密、危害国家安全、妨碍社会稳定及损害公众利益。

2. 行政控制。这种控制也是显性的，也具有一定的刚性。其特点是：政府可以根据形势和任务的需要，对媒体提出要求，制定法规和制度，媒体接受政党或行政权力的约束和规范。有学者认为，行政控制对新闻自由的干涉在程度和手段上有较强的随意性，经营权和编辑权往往不分离，有时这种控制的氛围是无形的，会促使媒体单位产生一种过分的自律感（或恐惧感），使新闻自由的理念不能达到一种法治化的规范程度。

3. 经济控制。这种控制总的来看是隐性的，具有柔性的特征，主要是通过广告和投资方式来控制媒体的行为。媒介所有者可以直接指挥和决定新闻传播的方针、政策与人事等重大事项。经济集团可以通过经济的力量对新闻传播事业施加影响。例如，通过广告取得对传播时间和内容的支配权，甚至诱惑新闻媒介改变原有的传播方针；又如，通过赞助的形式，换取新闻传播事业对自己的直接或间接的回报。

以上几种手段可以归纳为两种基本的模式：一种是“软控制”模式，另一种是“硬控制”模式。法律控制、行政控制属于“硬控制”模式，它是带有强制性的，也就是说，是一种硬性规定，不得违抗。这种硬性规定主要是防止危及统治阶级根本利益、危及国家安全和侵犯公民合法权利、破坏社会和谐稳定的消极舆论导向出现，带有防范性的特征。而经济控制属于“软控制”模式，表面看来往往是非强制性的，但控制力非常强大。综观世界各国对新闻传播事业的控制可以发现，不论是古今、中西，还是政党、集团，都要对新闻传播事业进行“硬控制”和“软控制”。不同的是，西方国家以“软控制”为主，辅之以“硬控制”；中国则以“硬控制”（行政控制）为主，辅之以“软控制”。

认识“软控制”与“硬控制”的不同特点，有助于我们正确看待资本主义国家新闻事业的所谓“绝对自由”。资本主义国家的新闻事业存在着一种“绝对自由”的假象：这家媒体说总统可以连任，那家媒体又说总统必须下台；这家媒体主张扩充军备，那家媒体又提出必须削减军备；媒体上可批评总统，报道总统的私生活，下可批评普通官员，调侃名人明星……表面看来，新闻媒体真是一个可以自由驰骋的场所，然而实际上，在这种“绝对自由”的背后还有一只无形的手在操控着它的走向。

二

这里所说的在“背后操控新闻媒体宣传报道的无形的手”，是指对新闻事业的隐性的、内在的“软控制”。与单一的“硬控制”手段不同，西方国家对新闻传播事业的“软控制”的手段具有多样性。

首先是资本控制。

资产阶级新闻事业是建立在资本主义私有制的经济基础之上的，属于私人所有的企业。随着竞争和垄断的加剧，这些私营企业越来越集中于少数资本家和财团的手中，成为垄断报系、传媒集团，并以此作为营利的工具。“现代技术和美国经济已经暗中产生了一种新的控制信息的集中权力——全国性的公司和多国公司。”[①]1982 年，美国传媒批判学者本·巴格迪坎（Ben Bagdikian）的研究发现，美国的全部新闻与娱乐业（包括电视、广播、有线电视、电影、报刊和出版业等）实际上控制在 50 家大公司手里；到 1996 年，他发现，对传媒的垄断更集中在 10 家公司手里；而到 2000 年，美国的传媒娱乐业几乎被五大财团——在线 / 时代华纳集团、

① ［美］本·巴格迪坎．传播媒介的垄断［M］．林珊，王泰玄，于华，范东生，王志兴，译．北京：新华出版社，1986：3.

沃特·迪士尼集团、通用电器集团、新闻集团和 Viacom（维亚康姆）集团[①]所垄断。这些财团或直接收买，或控股参与，控制着多家传媒机构集团，使它们成为自己表达意见、赢得利润的最佳通道。在英国，舆论工具主要控制在实力财团手里，全国性报纸已被十多家报业集团所控制，而政党则是财团的代表。素负盛名的《泰晤士报》被默多克购得后短短三年内，主编数易其人，将报纸的内容和服务方向牢牢地控制在自己手中。在澳大利亚，两个报业大亨默多克和派克控制着全国 90% 以上的报刊。在德国，十多家报业集团的报纸发行量占全国日报发行量的 55.25%。“把新闻当成商品来看待，这是商业公司的既定目标。当这个目标达成之后，也就为跨国媒体公司向全世界的扩张在节目制作方面定下了基调。这里的关键是，既然新闻都可以成为商品，其他的媒体节目就更不用说了……这里，媒体的社会责任荡然无存了。”[②]同时，联合国国际交流问题研究委员会的报告也指出：“所有权的集中也能产生同样的障碍，使报道、编辑和表达趋于划一。”[③]

其次是广告控制。

资产阶级新闻事业是靠出卖版面空间和节目时间给工商业主做广告而获取广告收入来生存的。前《新闻周刊》记者盖里·杰拉德曾把新闻和广告的关系比作“教会与国家的分离”——双方都宣称自己是独立的，但它们之间的联系又无孔不入、无处不在。据统计，广告收入占美国报纸总收入的四分之三，占杂志总收入的一半，占广播电视业收入的几乎 100%。[④]我们知道，找新闻媒体做广告的不是别人，正是资本家，特别是那些拥有

---

① 沈侃 . 美国大众传媒的制造者与控制者［EB/OL］. http//www.CDDC.net.

② 杨伯溆 . 全球化：起源、发展和影响［M］. 北京：人民出版社，2002：389.

③ 中国对外翻译出版公司第二编译组译 . 多种声音，一个世界［M］. 北京：中国对外翻译出版公司，1981.

④ 胡正荣 . 新闻理论教程［M］. 北京：中国广播电视出版社，2001：193.

巨额资本的垄断资本家。“吃谁家饭，唱谁家歌”，资本主义国家的新闻事业吃了垄断资产阶级的饭，就必然受制于他们。也就是说，垄断资本通过广告直接或间接地控制着新闻业的内容及方向。美国哥伦比亚广播公司曾因播出的一出戏剧得罪了它的赞助商威斯汀豪斯公司而被干预，最后只得停播这出戏剧。在实际生活中，广告对新闻的影响可以说是无处不在：从内容到口径，甚至包括数量。难怪有人说，“新闻是用来包装广告的”。

最后是垄断新闻源。

新闻源掌握在谁手里，谁就在很大程度上控制了新闻传播权和新闻话语权。垄断资本家深谙个中道理，他们通过种种手段垄断新闻源。通讯社是新闻媒介消息的重要来源，被称为“新闻加工厂”。通过控制通讯社进而控制新闻源，是垄断资产阶级最常用的手段。美国两大通讯社（美联社和合众社）以及大量的特稿社，几乎垄断了所有美国报纸的新闻、专稿和图片等。美国的 1748 家日报从美联社和合众社得到大部分全国性新闻。许多大型广播电台也承认，它们的广播，90% 是靠逐条地收录合众社的电传打字来填满的。[①]

垄断新闻源的另一条途径是政府控制着公务信息。在美国，不论是联邦政府还是州政府，都由庞大的官僚机构组成，它们均设有公共关系机构，每个部门都渴望为自己树立有利的形象。美国媒体虽然声称自己是独立的，但记者每天的一个重要新闻来源是官方，官方也不遗余力地为记者提供大量信息，以便引导新闻的走向。在 1949 年至 1969 年《华盛顿邮报》《纽约时报》的头版新闻的提供者中，国内政府官员占所有消息来源的四分之三；在英国新闻媒介中，社会上层人士或精英分子是新闻的主要消息来源，政府官员及政府发言人借此机会提供观点、界定社会现实，并且制

① 刘建明 . 现代新闻理论［M］. 北京：民族出版社，1999：431.

造新闻。正如美国报人理查·霍奇勒在《操控新闻》一文中说："许多美国报纸的读者并不知道，他们所阅读的'新闻'，很多其实并非出自新闻员本身的勤奋发掘或谨慎思考，而是来自某份由政府机构所发布、上面印有'请勿引述来源'的新闻资料。"① 稍加分析，我们不难发现，政府的信息公开是一种带有极强主观色彩的活动，必然反映"说话者"的立场，除"公布"外，更有"说服"的意味在其中。政府拥有信息的解释权，它在将信息公布出去的同时，立场、观点也以"说话"的方式隐蔽地传递给了新闻媒体，进而影响受众。

除了上述三种基本的操控手段之外，政府还拥有直接调控信息的多种手段。

1. 通过控制记者控制新闻传播。美国是一个新闻"广种多收"的国家，不仅有白宫、国务院、国防部的记者招待会和国会的各种听证会，还有一些大机构的新闻发布会。发言人在记者招待会上表达决心或遗憾，为其政治行为辩护，从而左右记者的观点。在德国，政府通过新闻发言人和联邦新闻与信息局对媒体进行管理，并控制大部分重要信息。西方国家的首脑，为了控制新闻内容和流向，还利用家宴和鸡尾酒会同记者联络感情，向记者渗透报道意图。

2. 通过控制社论控制媒介观点。对社论的控制是西方各国政府控制媒介观点的重要措施。美国出版的《编辑与出版人》周刊曾刊登施坦的文章，指责报纸的社论版 80% 的内容都与政府有关，版面几乎都被政府材料塞满了。

此外，在西方，社会集团调控传媒的力度日益强大。自 20 世纪 70 年代起，美国有 30 个州成立了公民利益集团，其主要活动方式是诉请联邦

① ［美］伯纳·罗胥克 . 制作新闻［M］. 姜雪影，译 . 台北：远流出版事业公司，1994：129.

通讯委员会拒绝更新一些电台和电视台的许可证。在德国，组成德意志电视二台电视评议委员会的77名代表，有不少人来自各种压力集团。[①]

西方国家，特别是美国，没有新闻法，对新闻传播以“软控制”为主，但也并不排斥“硬控制”。不过“硬控制”在和平时期一般是辅助手段，而在国家利益受到威胁的时候和战争时期则是基本调控手段。美英两国在对伊拉克战争期间就制定了《随军记者守则》，通过对记者的硬性约束，对新闻传播实行严格控制，只允许发布能够鼓舞联军士气的新闻报道，甚至不惜制造“英雄女兵”林奇的虚假新闻。

三

由于对西方国家的新闻事业缺乏了解，不少人误以为这些国家是新闻自由的乐园，公民享有充分的知情权；记者是“无冕之王”，拥有至高无上的权利，想到哪里采访就到哪里采访，想传播什么就传播什么，不受任何约束。而且，西方社会也不断标榜自己的新闻事业是“绝对自由”的，新闻自由、言论自由、出版自由更是被视为民主制度的重要组成部分。但是，这种“民主”不可能摆脱统治阶级及其政府的控制，只是这种控制方法更加巧妙而已。

在西方媒体为自己界定的形象和职责中，其天职是追求并传播事实，不怕得罪任何人或任何集团。从普利策新闻奖的发起人约瑟夫·普利策1883年对其《纽约世界报》职员的训话中，我们可见一斑：“永远为进步和改革而斗争，决不向不公或腐败妥协；永远与所有党派的哗众取宠者斗

① 童兵．比较新闻传播学［M］．北京：中国人民大学出版社，2002.

争，决不从属于任何党派；永远与特权阶层和压迫阶级作对，决不失去对穷困者的同情；永远为大众福利而奉献，决不满足于仅仅印刷新闻；永远旗帜鲜明地独立，决不因怯懦而不敢攻击错误，无论这些错误是因为权势还是因为贫困。”但是，无论这些目标如何崇高，也无论多少新闻工作者真诚地以此为己任，一个无法回避的事实是：西方媒体本身像汽车、家电或制衣工业一样，也是一个行业，也是以获取利益为最终目标的。于是，在西方国家，政府不是采取强制手段要求媒体必须这样，必须那样，而是从利益原则、生存逻辑上使媒体不能不按照政府和垄断资本家的意愿行事，新闻记者、编辑的自由和民主权利也只剩下了一躯空壳。

2004 年初，德国总理府拒绝德国发行量最大、对政府批评最为尖锐的《图片报》记者跟随总理施罗德出访的要求，并宣布施罗德今后将拒绝接受《图片报》任何记者的采访。《图片报》等德国八家报社的总编向德国记者协会和联邦新闻大会写信，抗议总理施罗德破坏新闻自由、剥夺媒体的新闻平等权利。不少德国媒体抱怨，西方新闻自由不过是纸上谈兵。然而，虽然德国这几家媒体对政府提出了指控，但此事最后只能不了了之。因为人们都清楚，媒体得罪了政府，就等于失去了信息来源，失去了生存基础。德国的新闻法规定，新闻报道享有高度自由，包括办报自由、报道新闻的自由和批评的自由，但是一旦这种自由逾越了政府许可的界限，就变成了不自由。施罗德总理拒绝接受《图片报》采访充分表明，西方的所谓新闻自由是相对而言的，是有条件的，是受控制的。

综上所述，西方国家对新闻媒体的操控，虽然形式上有所不同，但有一点是共同的，即都是以“软”性而出现的。这种“软控制”具有隐蔽性，但力量非常强大。因为“软控制”是一种利益控制、资本控制，是一种价值观念控制、规律控制，因而它是从内部控制媒体的新闻行为，使之自觉自愿地按照资本的意愿行事。也就是说，新闻媒介在控制中感到很

"自由"。

《光明日报》驻罗马记者穆方顺撰文指出:"迄今为止的历史经验表明，西方的资本主义民主在本质上比任何其他制度都更加虚伪。在这个制度下，起主导作用的力量是资本，资本对权力的左右是直接的、全面的；相对资本来说，民众的力量极其有限，而且常常被蒙骗，被误导，被玩弄于股掌之间。"[1]

（原载《河北学刊》2004 年第 5 期，本书收录时有删改）

① 穆方顺 . 西方民主制度与诺言［N］. 光明日报，2004-4-6.

评霸权新闻主义

近年来，特别是自 2001 年发生“9·11”事件以来，以美国为首的西方发达国家大力推行霸权新闻主义。他们倚仗强大的媒体实力，大搞“媒介帝国主义”，公然剥夺发展中国家的新闻自由。他们以强凌弱，颠倒黑白，把他们一贯标榜的“新闻自由”“客观公正”抛到大西洋，将大众传媒变成了彻头彻尾的推行霸权主义和强权政治的工具。

一、霸权和霸权新闻主义

霸权新闻主义是以美国为首的西方发达国家为称霸世界而推行的以钳制舆论、管控媒体为目的的新闻检查制度和以激励、煽动、拉拢、恐吓、欺骗等为手段的新闻宣传制度。这种制度以意识形态划线，对不符合它们的价值观念的国家极力抹黑，只准报道负面新闻，大搞“颜色革命”，以达到颠覆其政权的目的。

霸权新闻主义具有以下几个明显的特征。

（一）垄断新闻源

新闻最重要的功能是赋予公众一种知情权，就是要真实、全面、平衡、公正地报道新闻。如果新闻源被垄断，人们听到的只是一种声音，那么，媒体就不是在为公众服务，而是导演一些“信息游戏”。在科索沃、伊拉克等历次战争的报道中，以美国为首的西方主流媒体所扮演的正是这样的角色。他们大肆渲染于己有利的信息，而极力掩饰、封锁于己不利的信息，将信息的发布权牢牢掌握在自己的手中。

（二）鼓吹侵略有理、战争无罪

近年来，美国总是打着“反恐”或“推行民主自由”的旗号，到处发动侵略战争，肆意侵略弱小国家。早在 1898 年美西战争中，美国就嫁祸于人，大肆煽动舆论，赢得了“人民的支持”。在伊拉克战争中，美英联军声称之所以发动战争，是因为伊拉克拥有大规模杀伤性武器，伊拉克与“基地”组织相勾结等。以他们的子虚乌有的指控来掩饰战争的侵略性和非正义性。

1999 年，在以美国为首的北约发动科索沃战争之前，西方主流媒体大肆谴责塞尔维亚的所谓“种族灭绝”政策，称塞族军队枪杀了阿族“至少 20 万人”，有群体埋葬的“万人坑”，米洛舍维奇杀人不眨眼，等等。总之，南联盟政权真是黑暗至极，其领导人真该千刀万剐。在科索沃战争期间，在美国的主流媒体上出现的是南联盟和米洛舍维奇对科索沃阿族人的种族清洗以及在美国人保护下的阿族难民向塞族人的“控诉”，而看不到南斯拉夫老百姓的流离失所。而实际上，这些都是“莫须有”的，颠倒黑白的，都是美国为了发动侵略战争而编造出来的“理由”。美国国务卿拿着一包洗衣粉在电视镜头前晃来晃去，硬说这是“大规模杀伤性武器”，让媒体连篇累牍地进行报道。

无独有偶。在 2003 年侵略伊拉克的战争中，美国使用了除原子弹之外最先进的武器，给伊拉克造成巨大的破坏和伤亡，但美国媒体却不报道这些，似乎这种炸弹是不伤人的。他们一再对战争场面进行“净化”，新闻中出现的关于战争的报道大多是远距离的导弹发射，炮弹在夜幕中的城市上空爆炸，伊拉克人推倒萨达姆的雕像，等等。有新闻研究人员指出，美国媒体所展示的伊拉克战争与世界上其他媒体所展示的情况是有着很大区别的。

（三）实行严格的新闻管制

在发动侵略战争期间，美、英等国实行严格的新闻管制。管制的目的是使新闻变成赢得战争的工具。而这样的管制置新闻规律于不顾，是彻头彻尾的霸权新闻主义。正如美国学者罗伯特·德斯蒙德所指出的：这样的新闻管制恰恰是新闻流通的障碍，势必改变新闻传播的性质。

在伊拉克战争爆发之前，美国国防部就拟订了将记者“嵌入”美军作战部队的计划。美英联军新闻中心制定的《随军记者守则》规定：记者必须“从头至尾随军行动”，不得自由活动；现场播报美军伤亡，应遵守国防部规定；战斗开始的时间、地点及战斗结果不能详报；战斗进行中不得报道军队调动、部署和作战行动的具体消息；等等。除此之外，记者还必须遵守美国制定的“三不准”规定，即“不准问美军和英军的伤亡情况、不准问与目前的军事行动有关的问题、不准问与今后的军事行动有关的问题”。

（四）新闻直接参与颠覆和侵略行为，有时甚至不惜编造假新闻进行“信息战”

在伊拉克战争中，美英进行了各种形式的宣传，其中包括散布假新闻。媒体的很多报道都与事实存在出入。有人指出，在这场激烈的“宣传战”中，媒体实际上成了军事行动的一个组成部分。美国主流媒体顺应美国政府和军方的要求，回避战争的全貌和真相，歪曲事实，沦为“宣传战”的机器。

二、美国霸权新闻主义产生和发展的历史轨迹

美国的霸权新闻主义早在南北战争时期就已经开始萌芽并初具雏形，在以后的历次战争中日渐成熟。其发展当以海湾战争为界，分为前后两个时期。

海湾战争之前，美国的霸权新闻主义经历了一个摸索与形成的时期。其间的新闻检查与宣传还未能走上制度化的轨道。早在美国南北战争时期，政府和军方就试图与新闻界达成某种共识，以维护所谓的“安全”。1861 年 8 月，军方与新闻界制订了一个自愿接受新闻检查计划。1862 年 2 月 25 日，军方发布命令，战地记者在发稿前，必须把稿件提交宪兵司令部批准，但军方只可删除那些涉及军事方面的材料。第一次世界大战时期，美国总统威尔逊签署《间谍法》，提出要实施强制性新闻检查。1917 年 10 月 6 日通过的《与敌贸易法》，认可了对所有涉及海外的通讯进行检查。1918 年 5 月的《煽动法》，是对《间谍法》的修改和扩大。随后通过的《惩治叛乱法》，使公共新闻委员会掌握了实施全面文讯检查的大权。《间谍活动法案》则判定发表或撰写任何被认为有助于敌人的言论的行为有罪。《战时美国定期报刊规程》则使美国有关战时新闻检查的法规专门化。

第二次世界大战时期，美国总统罗斯福于 1941 年 12 月 19 日根据《第一战争权力法》设立了新闻检查局，负责对美国与其他国家之间往来邮件、电报和无线电通信的强制性检查。1942 年 1 月 15 日发布了《美国报刊战时行为准则》，规定所有印刷品不得刊登有关军队、飞机、舰船、战时生产、武器、军事设施的不适当的消息，该准则成为美国新闻记者进行战时报道的一本“圣经”。

1983 年，美国军事干预加勒比海岛国家格林纳达，军方在战争初期

禁止了一切新闻报道。所有的战地采访必须经军方批准，所有的战地实地采访必须经军方安排，所有的战地新闻稿必须经军方事先检查。

海湾战争之后，美国采取多种措施加强战时新闻检查与宣传，使霸权新闻主义得到了进一步完善和强化。1991 年海湾战争时期，美国军方采取了“新闻团”的做法。他们组织了 12 个“新闻团”，每一个团一般包括一支电视台记者小分队、一名报纸记者、一名电台记者、一名摄影记者。美军规定，非“新闻团”的成员不得采访任何美军组织；所有“新闻团”在战地的活动都必须有美军负责公共关系的官员陪同；对美军人员的采访必须有军方陪同在场；所有新闻稿件必须通过“军事安全检查”。

1999 年，以美国为首的北约在侵略南联盟的过程中，始终牢牢控制新闻发布权，在关键问题上确保“舆论一律”。美国国务院发言人鲁宾曾透露，科索沃基本上没有西方国家的记者、外交官或援助人员。要报道有关消息，基本上均由北约和美国官方发布与披露。伊拉克战争时期，美国实施了空前严厉的全面新闻管制，新闻自由荡然无存，霸权新闻主义的发展达到了顶峰。

三、霸权新闻主义是新闻自由的倒退和沉沦

在历次战争报道中，以美国为首的西方新闻界竭尽封锁、垄断之能事，以极端的霸权，践踏新闻报道的基本核心原则——真实、客观、公正。真实是新闻的生命，新闻重大失实，将会失信于民，而美国的主流媒体在历次战争报道中却频频隐真示假。海湾战争期间从巴格达发回大量报道的资深战地记者罗伯特·威纳曾说：“战时根本没有什么客观性，有的只是平衡。”此话道破了美国等西方国家所标榜的“新闻自由”的本质。

1961年4月27日，美国总统肯尼迪在一次演讲中讲了一段令自由主义新闻学教授震惊的话。他要求报社的老板们在报道新闻时，不仅要问一下："这是新闻吗？"还要问一下："这条新闻有利于国家安全吗？"在这里，新闻的公正报道的原则被弃之如敝屣。早在1951年，国际新闻学会就提出衡量新闻自由的四个标准，即采访自由、传递自由、出版自由和批评自由。然而，美国主流媒体在战争报道中所显示出来的霸权主义行径却完全否定了这些起码的要求。如前所述的垄断新闻源、实行严格的新闻管制、惩治那些制造"舆论不一律"的记者和媒体等，便是绝好的证明。

很显然，美国主流媒体的报道已经堕落为霸权主义的工具，这对西方一些国家所标榜的新闻事业是独立于立法、司法和行政之外的"第四种权力"的说法是绝妙的讽刺。事实上，传媒在统治者的操纵下翻云覆雨，为所欲为。

马克思主义新闻观从来都认为，新闻自由作为一种上层建筑，是由经济基础所决定的。在阶级社会里，新闻自由只是具体的阶级的自由，抽象的、超阶级的新闻自由是不存在的。正如江泽民同志所指出的："任何自由从来都不是抽象的而是具体的，不是绝对的而是相对的。在任何一个国家中，都不存在绝对的毫无限制的'新闻自由'。""西方国家标榜的'新闻自由'，实质上就是资产阶级的新闻自由，是为维护资产阶级利益和资本主义制度服务的。"

（本文系作者编写的研究生教材《传播学研究》之一章，2005年）

牢固树立“以人为本”的新闻理念

从传播学角度来看，大众传媒以人为本理念有两层基本内涵：一是在传授双方的关系层面上，强调以受众为中心，把人民的利益作为新闻工作的出发点和落脚点；二是在传播效果层面上，将以人为本作为衡量大众传媒传播效果最根本的价值尺度，更好地发挥大众传媒的社会功能。新闻工作者要将群众的根本利益作为首要目标，真正站在人民群众的立场，来检点自己的言行。

一、坚持以人为本，就要摒弃“以官为本”的思想，确立人民群众是新闻报道的主体

虽然我国的媒体大都宣称是党和人民的喉舌，但目前有些新闻媒体存在严重的“以官为本”的作风，自觉或不自觉地对“人民的喉舌”有所忽视和淡化。新闻传播“以官为本”，或称“官本位”，是指将领导作为报道的核心和主体，而将群众的报道“边缘化”。从报道视角上来看，存在“干部工作视角多，群众生活视角少；上层领导活动视角多，基层群众活动视角少；干部政绩视角多，群众利益视角少”等“一头沉”现象。现实中不乏这样的情况：只要有某重要领导参加的活动，记者便一窝蜂地赶去采访，而不管有没有社会意义或新闻价值的大小，媒体在报道时都会把它

放在很重要的位置。与群众利益密切相关的事情，媒体如果不关注，眼睛只往上看，这样的媒体怎么称得上是“人民的喉舌”和“人民的代言人”呢？又怎么算是“以人为本”呢？

诚然，从根本上说，在我们国家“官”和“民”的利益是一致的，统一的，“官”是为“民”服务的；党务政务活动也体现了人民利益的方方面面，但现在的问题是：有些媒体报道的出发点不对，视角不对，将“官”和“民”利益的一致性扭曲了。比如，许多政务报道存在着强烈的“官本位”思想，领导讲话、工作部署，空话、套话连篇，百姓的所思所想不沾边，这样的报道以树立“领导形象”为宗旨，以获得领导的欢心和个人的名利为目的，百姓又怎么会喜欢看呢？如果将政务活动报道的视角转换一下，将领导视角转换为与群众相结合的视角，把新闻视角“聚焦”在群众最关切的问题上，“聚焦”到“执政为民”上来，最终把群众关心的问题与领导的中心工作结合起来，在二者之间架起沟通的桥梁，这样的政务报道群众自然是喜欢看的。

二、坚持以人为本就要摒弃“以媒体为本”和“以金钱为本”，切实把人民群众的利益放在首位

“以媒体为本”即“媒体本位”，是指以媒介所有者的利益为出发点，以媒介自身的发展为目标，受众只不过是媒介争夺的对象。只从媒介自身的利益出发来从事新闻报道，不关心群众的痛痒，漠视群众的呼声，把本媒体的经济利益凌驾于社会利益之上，甚至为了赚取丰厚的利润，不惜让广告占用大量新闻、副刊的版面或时段，读者从中得不到有用的信息，这些都是与以人为本的新闻理念背道而驰的。更有甚者，有的媒体为了赚取

广告费，片面追求发行量、点击率等，一味迎合部分受众的不健康需求，报道中充斥着暴力、色情等格调低下的内容。这样的报道更是与以人为本的新闻理念大相径庭的。

当然，在市场经济条件下，作为“事业性质，企业化管理”的我国的大众传媒，也应该而且必须考虑经济效益。但是，“君子不取不义之财”。媒介的经济利益必须以坚持正确的舆论导向为前提，必须坚持以人为本的根本宗旨。如果为了获取所谓的“经济效益”而不惜出卖自己的灵魂，毒害广大受众，那是有损于我们的“报格”“台格”的，是不光彩的。从根本上来说，若新闻媒体一味坚持“媒体本位”“金钱本位”，只顾眼前利益，不顾长远利益，那么最终将失去受众，失去广告收入，阻碍自身发展。由此看来，以人为本也是媒体自身发展的立足之本。

三、坚持以人为本还要尊重人民群众的知情权

何谓知情权？知情权是指人民群众获得有关公共领域信息的权利。在当今时代，人民群众的知情权主要是通过大众传媒来实现的。人民群众通过大众传媒获得新闻信息和相关资讯等。以人为本包括保障人民群众的各项权利，知情权是这些权利中的重要一项。当人们能够越来越及时地获得大量的信息时，就越能够对正在或即将发生的一些重大事件做出有利的抉择。例如，在 2003 年抗击“非典型性肺炎”的报道过程中，在疫情暴发之初，怕引起人们的恐慌，中国新闻媒体出现了“集体失语”的现象，人们对疫情的发展情况不了解，直到很多人为此丧失了生命，市民陷入恐慌后，媒体才对此做了大范围、公开、客观的报道，使人民了解事实真相，各地才集体奋起抗击“非典”，这样才使我们取得了抗击“非典”的胜利。

如果没有媒体大范围的公开报道，也许抗击“非典”就不能那么早取得胜利；如果在疫情扩散之初就公开报道，也许就不会有那么多人死亡。由此可见，知情权对于人民群众是多么重要。在国内外形势迅速变化的当今时代，人们的知情欲望将会越来越强烈，因此新闻媒体要及时地为群众解读和传递这方面的信息，满足人民群众的知情欲。

以人为本既是媒体坚持党中央提出的全心全意为人民服务的宗旨的体现，又符合新闻传播规律中“以受众为本位”的理念。受众是媒体的衣食父母，媒体只有深深地扎根于受众之中，才能在竞争中立于不败之地。实践早已证明：以人为本是媒体生死攸关的“生命线”。

（原载《采写编》2008 年第 3 期）

舆论监督与党的执政能力建设

党的十六届四中全会通过的《中共中央关于加强党的执政能力建设的决定》，具有重大的现实意义和深远的历史意义。该决定在论述如何加强党的执政能力建设时，多次使用“舆论”“监督”等概念，这给了我们一个重大启示：舆论监督与加强党的执政能力建设息息相关。

一、重视舆论监督是我党建设的一条重要经验

舆论监督对于党的建设具有特殊重要的意义。实践证明，舆论监督搞得好，是党和人民之福；忽视或者错误运用舆论监督，就会引来党和人民之祸。我党三代领导人都清楚地认识到，舆论监督是党和政府赋予新闻媒体的职能和责任，是倾听群众呼声的重要方式。舆论监督既是巩固政权的需要，也是了解民意、化解矛盾、加强党的建设的重要保障。充分发挥舆论监督的积极作用，是我们党的优良传统。在新的历史条件下，正确开展舆论监督，是维护党和人民利益的需要，是推进社会主义民主政治建设的需要，是实践立党为公、执政为民、提高党的执政能力的需要。党和政府重视舆论监督，人民群众欢迎舆论监督，推进改革开放和现代化建设事业需要舆论监督。舆论监督只能加强，不能削弱。2003 年底，中共中央颁布了《中国共产党党内监督条例（试行）》，为开展舆论监督提供了制

度性保障。《中共中央关于加强党的执政能力建设的决定》进一步将舆论监督提到前所未有的高度，明确提出能否高度重视、有效使用舆论监督是衡量执政党执政能力强弱的一个重要标志。

二、正确运用舆论监督是新形势下执政党坚持群众路线的重要途径

人民群众是我们党的执政之基和力量之源。能否始终保持和发展同人民群众的血肉联系，直接关系到党和国家的盛衰兴亡。与群众联系是否密切，是党执政能力强弱的具体表现。

作为舆论监督的主要载体，大众传媒发挥着执政党与群众之间的桥梁和纽带作用。鼓励人民群众行使民主权利、参政议政，吸收群众参加办报办台，重视大众传媒与群众的联系，是我党的一贯思想。随着时代的发展，一方面，大众传媒开始迅猛发展，信息量成倍增长，信息交流的渠道和手段不断花样翻新。在报纸、广播、电视等传统媒介不断革新的同时，电子技术、网络技术等也为信息的交流和传播提供了新的途径和方法。另一方面，广大人民群众的文化知识水平也在日益提高，群众的独立思考和判断能力不断增强，参政议政的热情空前高涨。这些都要求执政党与时俱进，充分利用大众传媒沟通与人民群众的联系，了解人民群众的呼声和愿望，以一种新的方式实践“群众路线”。在当今时代，需要“身”入实际，但还需要通过大众传媒了解信息环境，并通过信息环境进一步拓宽和深化对现实环境的了解。实践证明，充分重视舆论监督，将大众传媒作为政治活动的一项重要手段和工具，是提升政府工作透明度、提高执政效率、密切党同人民群众联系的一条重要途径。

三、舆论监督是提高党的决策水平的智慧源泉

提高执政能力，首要的是要提高执政党民主决策、科学决策、依法决策的能力。一个决策方案是否民主、科学、合法，能否充分反映民意，代表人民群众的根本利益，是衡量执政党执政能力强弱的一把标尺。

确保决策的正确靠舆论监督，一个正确决策的贯彻落实也离不开舆论监督。要使决策在执行过程中不变形，不走样，必须充分发挥舆论监督的作用。新闻媒体强而有力、持续不断的舆论监督报道可以在较大范围内反映决策执行情况，防止和纠正各种偏差及失误。舆论监督既便于决策者了解决策被群众接受的程度，以及它与现实之间的适应程度，也便于决策执行者接受检验和监督。在决策实施过程中，舆论监督也可以使决策者及时充分地听取和采纳群众的合理意见和建议，针对出现的新情况、新问题及时修正决策，优化决策，从而保证决策预期目标的实现。

据人民网报道，2004 年 8 月 9 日，《北京市实施道路交通安全法办法（征求意见稿）》正式公开向群众征集意见。当日，北京市人大常委会意见征集组就收到市民意见 798 件次。据介绍，从 8 月 9 日上午 8 时 30 分开始至下午 5 时，意见征集组共接到电话 302 次，收到电子邮件和网上留言 496 件，累计 798 件次。很多市民提出的意见和建议都十分有价值。

实践证明，舆论监督承载着广大人民群众参政议政的热情，蕴藏着人民群众无穷的智慧。执政党只有充分重视和发挥舆论监督的作用，才能够集思广益，真正做到“权为民所用、情为民所系、利为民所谋”。

四、舆论监督是执政党不断修正错误、自我完善的不竭动力

邓小平同志曾说过，新闻媒介报忧“可以医治自满和麻痹”。只有正视矛盾、解决矛盾，随时校正执政党在前进过程中的失误和偏差，才能帮助执政党不断自我完善，永葆青春。

舆论监督中的批评性报道以揭露负面事实为主。它对于不法行为的批评和制约作用尤显突出。舆论借助大众传媒迅速地传播批评性意见，可以把局部的监督转化为全局性的监督，把批评的力量放大无数倍。舆论这种非正式的制裁方式，一方面可以给不法行为者以巨大的心理压力，给那些滋生错误念头的人敲响警钟，另一方面促使行政执法部门对那些触犯党纪国法的坏人坏事及时做出严肃处理。舆论监督可以帮助执政党革故鼎新，激浊扬清，对执政党起着“防腐剂”的重要作用。

执政能力不断提高的过程本身就是一种善于听取群众呼声，汲取群众智慧的过程。执政党主动搞好舆论监督，一方面可以锻炼承受批评的能力、解决复杂问题的能力，另一方面也可以使人民群众提高认识问题、分析问题的能力，从而使党和群众实现良性互动，促进各项事业的不断发展。

（原载《河北日报》2005 年 1 月 27 日）

“超女现象”的受众心理分析

2005年夏天，“超级女声”成为一个炙手可热的话题，它创造了超过10%的收视率奇迹，每周逾2000万观众对之热切关注。为什么《超级女声》会受到如此热烈的欢迎，能牵动如此数量之多的受众的神经？本文拟从新闻与传播心理学的角度对其进行初步分析和探讨。

一、“争议”：引发表达欲的持久动力

“争议”是实现自我价值的重要途径。

传播学理论认为，有争议的事物容易引起关注，从而形成舆论。相较于观点一致的事物，有争议的事物更能引发人们的表达欲望。而且，在社会争议内部，不同观点之间的冲突具有潜在的诱发力量。随着人们实现自我价值愿望的日益强烈，相较于使自己的观点湮没于人民群众的汪洋大海之中，人们更愿意因为自己见解的不同而受到关注，更希望在社会生活中听到自己声音的表达。“争议”的存在为这种愿望的实现提供了一种可能。因为“争议”所蕴含的不同观点为受众提供了更多意见表达渠道，提高了自我表达实现的概率。从心理上来说，发表一种与某种观点相左的观点，比毫无建树地赞同这种观点能够带来更大的成就感与满足感。这样，受众参与争议的过程就成为受众实现意见表达的过程，“争议”也就成为实现

自我价值的重要途径。

《超级女声》从一开始就充满了争议。这种争议因电视、报纸、广播、网络等不同媒体广泛介入而不断放大，直至演化为一场全社会的大讨论。有人说“超女”是“庶民的胜利”，但也有人斥之为低俗甚至“恶俗”；有人说“超女”是一场“娱乐革命’”，但也有人说那不过是一出“吵吵闹闹的游戏”；有人说“超女”是一次“民主操练”，但也有人说“这纯粹是对某种宏大叙事情结的虚假满足”；等等。这些对于“超女”的争议，还只是一种外围的争议，但能够折射出受众不同的审美趣味、价值判断、生活态度等自我价值取向。这些争议因为观点的针锋相对而使其意见表达的效果更为突出，因而受众也就愿意通过各种方式参与争议，以实现自我价值的表达。

另一种争议是在认同《超级女声》基础上，关于做哪一种粉丝的争议，这种争议反映的大多只是简单的个人喜好。但是，不管表达的是哪种争议，听到自己发出的声音、看到自己手中投票决定的比赛结果，体会到自我价值实现的快乐和兴奋却是实实在在的。

争议容易引发情绪化，而情绪化又会引发群体感染。除了发表意见，争议所提供的还有情感的表达。而且，越是发展到后面的阶段，情感表达的成分就会越发地激增。有的学者认为，“情感有麻醉理性思维的作用”①。和单纯的情感表达相比，不同意见的激烈争执常常会演化为相互抗争的情绪化行为，而情绪化行为可以轻易而且迅速地感染周围受众，进而形成全社会的群体感染。

最初，关于《超级女声》的争议，主要是建立在价值取向和审美观点判断上的。比如，《超级女声》的短信投票是不是“文化民选”的先河？

① 林之达．传播心理学新探［M］．北京大学出版社，2004.

哪种“超女”更代表现代审美取向？“超女”比赛是实力的比拼还是全民的娱乐狂欢？不论持有哪种观点，判断的标准都是理性而清晰的。但是随着争议在全社会范围的扩大和日益激烈，参与争议开始变得比发表观点更为重要。各种狂热的粉丝集团像维护自己荣誉一样，为各自的选择对象摇旗呐喊，他们落泪，欢笑，奔走相告。于是，争议像滔滔洪水在受众人群中广泛而迅速地漫延开来。

争议还容易引起受众分化，从而产生具有不同观点的受众群，而不同受众群一旦产生，就会产生对垒状态，进而引发更多的受众关注和争议。争议产生之后，受众就会不由自主地被卷入寻找、声援与自己相同的意见，或同相左的意见争夺领地的行动当中。因为这种行为，受众逐渐被分化为具有不同审美观点的受众群，而受众群的产生使争议由零散的个人行为演变为以观点为纽带的群体行为。争议的冲突性因为受众群的产生而被放大，直至形成对垒状态。特定受众群的新闻动机维系并调节着新闻传播的社会功能，激发起由被动接受转向主动参与的热情。而这一切最终引发出更大数量和更大规模的社会争议。

在全社会范围内，关于《超级女声》和这个节目中的“超女”，形成了许多不同的甚至针锋相对的看法。有的受众对其大加赞赏，也有的受众对其嗤之以鼻。有的受众热衷于做“玉米”，有的受众热衷于做“盒饭”。这些争议使体现不同审美观点的不同意见在社会上达成之后，便迅速形成“人以群分”的社会现象。这样，《超级女声》引发的全民大辩论便迅速升级为不同受众群之间的激烈博弈。批判和赞赏这两个不同意见阵营的受众群，极力维护和扩大自己意见领地的新闻动机，从而就使受众从消极被动的观看转换到积极主动参与的角色上来。热情不减地持续关注，扮演“超女”的“超级粉丝”，倾己之力的短信投票，受众参与到节目传播的整个过程中，直接影响甚至决定了节目传播的效果。不管你怀着批判还是肯定的初衷，也不管结果是哪一种意见占了上风，全社会愈加广泛的关注却是其必然的结果。

二、“草根性”：巨大亲和力的源泉

“草根性”是舶来词语，目前对其内涵并没有一个完全一致的界定。但其最基本的内涵是“大众性”。在大众传播领域中，我们将“草根性”理解为和精英文化相对应的、在大众传媒的关注层面上处于相对弱势的群体。这一部分受众群是受众总体中的大多数，所以从根本上说，草根性就是大众化。具有草根性的传媒将大众的生活状态通过媒介窗口反映给大众，使受众实现对日常生活的审美和超越。因为与大众的息息相关，“草根性”朴实而亲切，成为与受众产生巨大亲和力的源泉。草根性宣扬的是一条“下层”路线，强调的是与百姓、与生活、与现实的贴近。喻国明教授在谈到《超级女声》的海选环节时说：“从观赏者的角度来说，大家需要通过这种窗口观察一种原始的生活状态，需要对自己生活的环境有一种更本色的认识。”① 草根性的朴素和真实提供给受众一个更为熟悉和舒适的接收平台。

但是，“就目前我国电视节目的整体情况来看，草根性的缺乏是普遍存在的。传统的电视节目都属于完美观念下的副产品，观众看到的是经过精心安排、不允许有任何与计划不符的电视节目”②。绚丽的灯光效果，精致的舞台设计，烦琐的后期制作……在各式各样的节目中，充斥着的是光

① 赵继成．李银河、喻国明、朱大可谈超级女声：一场大众文化对精英文化的反动［N］．新京报，2005-8-22.

② 陈栋，许玮．超级女声——社会的哀叹 传媒的狂欢［J］．传媒，2005（8）.

彩照人、气质高雅的“星”们和学富五车、雄韬伟略的“家”们，脱离百姓、脱离生活、脱离实际带来的不真实感，使这样的电视节目成为高高在上的空中楼阁。

《超级女声》颠覆了这种“完美”的节目制作形式。参赛没有门槛，选手不论外形，不论唱法，不论学历，甚至也不完全看唱得如何，只要你想唱就唱。没有精美的舞台效果，没有严肃的评委阵容，没有正统的台风台容，选手表演的失误、选手与评委之间的争论，整个节目就是完全真实的比赛记录。《超级女声》用粗糙生涩的电视画面打破了受众的审美疲劳，激活了受众新的审美诉求点，带来了耳目一新的感官享受。在这个草根性稀缺的大环境中，《超级女声》的出现无疑是当今传媒环境中一缕清新之风。观众在电视节目中看到了生活常态的戏剧性，化解了电视艺术与现实生活的距离感，回归到生活的真实。受众面对这一形态所表现出的高涨热情，正是受众审美心理回归到日常生活之中的强烈表达，是“草根性”带来的亲和力所产生的巨大效果。

在《超级女声》的整个活动中，最初的海选是关注人数最多的环节。湖南娱乐频道总监、天娱公司董事张华立直截了当地说：“海选是《超级女声》的生命线。”“超女”的评委也是“超女”策划人之一的夏青也认为，没有海选的电视呈现，就不可能有节目现在的红火。这个环节最大限度地体现了《超级女声》“想唱就唱”的主题。相比较于之后的晋级比赛，海选最大的特点在于其“原始”的状态。海选在很大程度上渲染了草根性巨大的亲和力。在参与《超级女声》节目的过程中，夏青深有所感：“我们总认为，大众喜欢的是美丽、英俊、专业、完美的明星，事实却不是这样的，他们要的是没有距离感的电视艺术。”“在受众选取的信息与其各种心理构成的反应中，与情感的反应占了极其重要的地位。”①

① 林之达．传播心理学新探［M］．北京大学出版社，2004.

海选的原始状态所独具的亲和力很容易在选手与受众之间产生极强的亲切感，使观众觉得台上的选手就像是平日里在家哼唱的自己。

总之，亲切感磨灭了选手与受众空间上和心理上的双重距离，并最终决定了受众手中选择的权力；而相似感又使受众产生了“圆梦”的满足感。当这一特定的大众传媒满足了受众的这些需要时，就自然而然地引起了受众兴趣而对其加以强烈关注。

三、“从众心理”：媒介创造神话的依据

社会心理学认为，为适应团体或群体的要求而改变自己的行为和信念的心理称为从众心理。通俗地说，从众就是“随大流”。当许多人将《超级女声》定义为“庶民的胜利”和“全民的民主”时，有人说《超级女声》意味着个人主义从众心理的胜利颠覆。事实上，从众心理自始至终都在影响甚至一定程度上决定着《超级女声》的收视率。媒介收视率神话的创造正是以从众心理为依据的。

在社会问题传播过程中，受众对某个问题的关注度往往存在着一条“起爆线”——关注度量的积累达到一定程度之后，就会产生爆炸性增长的趋势。最初，对于某一个特定问题的关注人数和范围总是相对较小的。但是，随着社会人群对这一问题关注的广度和深度逐渐增加，全社会范围内对这一问题的共同关注就会提升到一个更高的层次。这种社会性的关注“趋势”会对个体行为产生压力，并促使其加入这一趋势当中。这样，“起爆线”就产生了。这种压力可能是真实存在的，而更多情况下可能是想象出来的。比如，在知识分子群体中，某个人对某个这一群体中其他人都了解或是熟悉的问题自己却不知道，就会产生自己“闭塞”或是“浅薄”的

压力。这时候，社会大多数人的认知状况就成为假定的学识标准，自己也就会在这种压力下去了解和学习某个问题。这种个体应对压力所采取的从众行为，继而会引发全社会范围的关注。此时，关注人数和关注程度就不是简单地递增了，而是呈现出几何级数增长的态势。当关注人数和关注程度达到“起爆线”引爆的临界点时，就会引发更大规模和更大范围的关注，甚至有可能引发爆炸性的从众心理。

对受众来说，选择收看《超级女声》的压力并不是来自社会传统、道德和行为规范相关的舆论，但是当《超级女声》在媒体作用下成为大多数受众的话题中心时，整个社会巨大的相对统一的舆论环境和群体的优势，就成为个体压力产生的源泉。那些从未收看过《超级女声》的个体受众，就会感到处于因为失去与其他人的共同话题而被孤立的压力之中，因而便会主动地加入《超级女声》的收看行列。这样，在全社会范围内，对《超级女声》的关注便形成了一条“起爆线”。

虽然从众压力并不具有强制性，但它可以将个体塑造为“自愿的从众”“理性的从众”。虽然有人把受众短信投票支持某一位特定《超级女声》的行为称作“公众的民主选择”，但是选择某一特定超女的行为却并不一定是完全独立的，周围人的选择会在一定程度上影响受众手中的投票意向。所以更为准确的说法应该是：这是受众理性的从众行为——一定程度上按照自己意愿选择追随某一意见集团的行为。

在社会压力和从众心理的主导下，《超级女声》的关注人数不断攀升。“根据央视-索福瑞调查统计，《超级女声》白天时段收视份额最高值突破10%，居31城市同时段播出节目收视份额第一，仅次于央视一套，而每周五的直播更是全国同时段收视率冠军。”[①] 关注人数的迅速增加使受众的

① 刘江华，樊江云，杨文杰．超级女声激活娱乐机器［N］．北京青年报，2005-8-26.

关注热情不断升温，而高涨的关注热情又吸引了新的关注人群。这一趋势在海选之后的晋级比赛中以几何级数增长，并迅速达到“起爆点”，于是不可避免地在全社会范围内引发了爆炸性的从众心理。

好奇心理同样可以为《超级女声》形成新的关注人群。可能你从没有收看过这一节目，也并不在意失去与别人的共同话题，更不屑于属于任何一个粉丝团体，但是对于这样一种形态的节目竟能引起全社会关注，你可能萌生一种好奇和兴趣。在这里好奇心理也就成为从众心理的另一种表现形式。虽然你可能坚持自己的喜好和意见，但好奇心却使你的关注点在不经意间受到了社会上大多数受众关注点的左右。

四、粉丝的“忠诚度”：一个不断被媒介放大的神话

新闻主体新闻态度的形成受到许多不同因素影响。其中，审美趣味、价值判断、生活态度等因素的相对稳定决定了新闻态度也具有一定的稳定性。这种稳定的新闻态度可以有效地延长受众对某一关注对象的关注时间。“外在地表现为受众对其所关注对象很大程度上的忠诚度。”[①]

在《超级女声》中，受众在观看节目过程中逐渐形成各自的意见，并根据所形成的意见选择喜欢和支持某一特定选手，组成“玉米”“荔枝”“凉粉”等各式各样的粉丝团体，这就是受众对所关注对象忠诚度的一种表现。事实上，受众的“忠诚”表现普遍存在于新闻传播的全过程之中，只是这样的喜爱很少有机会去表达。

与其他节目不同，《超级女声》短信投票的形式满足了受众这一表达

① 刘京林．新闻心理学原理［M］．北京：中国广播电视出版社，2004.

的心理需求，而且短信数量成为关系选手晋级或淘汰的重要标准。受众的选择获得了前所未有的“尊重”，这就促使投票人“回报”以更大的忠诚度去追随。同时，《超级女声》PK 的方式将“忠诚”于不同选手的粉丝团体之间的矛盾激化，对垒决胜负的形式又极大地激发出受众维护其“忠诚”对象的高涨热情。可以说，在一定程度上《超级女声》节节攀高的收视率，正是栏目编导精心设置的环节将受众忠诚度不断放大的结果。

通常，媒体并不仅仅满足于保持现有观众的忠诚度，不断将这一忠诚度最大限度地放大才是创造收视率神话的不二法宝。其中悬念的制造是一条有效的途径。“悬念在心理学上具有很高也很特别的价值，电视是时间的艺术，悬念把问题的提出和解决在时间上拉开距离，把注意力在这段时间内保持住。”①

在新闻态度形成的最初阶段，受众的忠诚度基本来自自主的选择热情。媒体通过节目的设置将受众的关注尽量保持并不断延长。在这个过程中，受众的忠诚度在不知不觉中完成了由自主到被动的转化，媒体也就成功地实现了对受众忠诚度的控制。在《超级女声》中，现场淘汰、PK 对决和短信投票等多次阶段性清零营造了悬念气氛。半年之久的漫长比赛，从海选到决赛，“十进八”“八进六”“六进五”“五进三”循环反复的赛程又将悬念“落地”的时间延长，受众的注意力和忠诚度被节目的设置所控制，并在这一漫长的过程中不断累积和加深。粉丝的忠诚度创造了媒介的收视率神话，而媒介又利用粉丝的忠诚度将这一神话不断放大。像滚雪球一样，《超级女声》的收视率便迅速创造出惊人奇迹。

《超级女声》引发了全社会性的收视热潮，这种现象在近年的电视传播中是很少见的。尽管目前社会上对《超级女声》褒贬不一，见仁见智，

① 金维一. 电视观众心理学［M］. 上海：复旦大学出版社，2005.

但是对于这样一档创造了如此高收视率和产生如此广泛社会影响的节目，无论如何都是值得认真研究和总结的。这档节目的经验对于改进和提高现有的电视节目应该说大有裨益。

（该文在中国传媒大学于2006年召开的全国传播心理学研讨会上宣读，后编入研讨会论文集，同年由中国传媒大学出版社出版。）

新闻传播中的“另类”——新闻炒作

新闻炒作是新闻竞争的产物，是新闻传播事业走向市场化的激烈竞争中受到经济利益驱动的结果。1833 年在美国率先出现了廉价报纸纽约《太阳报》，这是一张以炒作闻名的报纸。在我国，当前新闻炒作之风日盛一日。有些媒体在重要版面或黄金时段大张旗鼓、津津有味地宣扬某个歌星、影星又买了什么名车、减肥减了几斤肉，或者对某个为了出名而对他人任意谩骂的恶俗之徒不惜笔墨和版面加以“追踪”，抑或对一些没有多少新闻价值的社会小事紧抓不放，以此来迎合某些人的趣味，并乐此不疲。

新闻炒作虽然在竞争伊始吸引了部分受众，但从长远利益来看，由于它不合理地配置新闻资源，使之背离了新闻价值规律，将极大地损害媒体的长远利益。此外，新闻炒作追求人为的轰动效应，容易与社会风气形成一种恶性互动，不利于社会主义精神文明建设。

就拿前些日子被炒得沸沸扬扬的刘海洋伤熊事件来说吧。刘海洋的名字能在短短几天之内天下皆知，应首推众多新闻媒体的报道。除台湾和澳门的媒体没有报道外，全国各地媒体纷纷使出浑身解数，连续报道、专题访谈、专家评论、读者反馈……连篇累牍，铺天盖地。北京几家大报在 2 月 25 日到 28 日几天时间里，都发表了大量的相关报道，其中不乏头版新闻、整版新闻。网络媒体更不甘示弱，到 2 月底，新浪网有 7009 名网友发表了对伤熊事件的评论；在搜索引擎中键入“刘海洋”三个字，查询结果共有 1499 条。

那么，什么是新闻炒作呢？

新闻炒作是新闻宣传中的“另类”，是新闻策划的一种异化。它是对新闻报道的一种不恰当谋划和设计，在本质上背离了新闻规律，违反了新闻的真实性原则。新闻炒作或是对生活素材的新闻价值人为地夸大和拔高，或是主动参与“制造”新闻，它与重要的典型报道、意义重大的战役性策划和强势宣传是有本质区别的。

新闻炒作追求创意，追求与众不同，追求社会反响和广告效应，以达到扩大报纸影响的商业目的；同时讲究形式包装，报道的规模热衷于夸张、渲染，以增强报道的感情色彩和视觉冲击力；有周密的计划部署、首尾照应的操作，以把“文章”做大。

有些炒作者借客观存在的新闻做由头，但也有人经常制作“新闻”：通过发起活动实施预设选题，或者幕后指使人做“有新闻价值”的圈套，然后来报道活动中、圈套中的所谓“新闻”。

为了满足读者的猎奇心理，产生轰动效应，新闻炒作者常常人为地制造“卖点”，追求短期经济利益，而置社会效果和社会责任于不顾，因而在真实性上经常出问题，常常今天这样说，明天又那样说。

新闻炒作往往小题大作，偏重于社会新闻、灾害事故、娱乐新闻、名人隐私等通俗题材。所报道的“水分”很多，而新闻价值并不大。新闻炒作惯用“黄色新闻”的煽情手法，强调新闻的故事性、奇特性和表面性。新闻炒作经常不惜人力、物力和版面，连篇累牍地讲述一些琐碎小事，渲染大量无关宏旨的细节。这类经过炒作的题材，像迅速膨起的大气球，虽令人瞩目，获得了轰动效应，却没多少实质的内容，更缺乏积极的社会意义。正如美国克瓦克教授和罗森斯特教授所指出的：“媒体的空前发达并没有产生相应的新闻信息的大幅增加，如今的媒介越来越多地倾向于炒作热点新闻……加强新闻炒作的力度，抓住某一新闻事件大做文章。”

在西方报纸商业化的浪潮中，报纸大都以“俗谈平话”的方式办报，大量刊载、炒作各类社会新闻，以吸引下层读者，挤垮对手。一些世界著名的报纸如普利策的《世界报》、日本的《朝日新闻》《每日新闻》也都加入了当时世俗化的洪流。这种炒作社会新闻、煽情的办报方式对刺激近代报业的发展，完成向商业性现代报业的转变，发挥了一定作用。当代中国报业的发展，在某些方面契合了这样的发展规律，因而新闻炒作现象的出现，并不在意料之外。

时下，最热门的说法是“媒介产业化”。各媒体将提高发行量、扩大广告收入和资本的二次运作作为主要目标。今天的媒体大都实行企业化管理，自负盈亏，国家已给多数的媒体“断奶”。媒体要生存，要赢利，就得自己想办法。经过炒作的新闻目前仍拥有大量的受众。在媒体看来，这是一个增加收益和提高知名度的法宝。正是商业驱动力导致媒体对新闻的炒作。

新闻炒作的弊端，归纳起来有以下几点。

一是容易造成误导。新闻在炒作过程中，往往要对新闻事件“注水”“加温”“煽情”，这就容易失去应有的“度”，偏离正确的舆论导向。1997 年 11 月 23 日四川姑娘唐胜利因不愿意做三陪小姐而跳楼逃亡，结果摔伤致残。各媒体争先报道了这件事。但有些文章不是强调她维护人权与尊严的可贵，而是大肆渲染她“宁死不做三陪女的刚烈行为”和“宁为玉碎，不为瓦全”的高贵品质。说她“用鲜血维护了自己的清白”。一时间，唐胜利被炒得很热。此后不久，山东、黑龙江、安徽、湖北等地不断有“唐胜利”出现，一个个妙龄少女落下终身残疾，这个结果是媒体始料不及的。

二是容易殃及无辜。据某新闻媒体报道，湖南经济台对该省嘉禾一中高考舞弊案进行了曝光，所用的方式是用摄像机进行隐蔽拍摄，记者拍到了足足 180 分钟的现场录像。对错误的东西曝光，行使舆论监督，这无疑是必要的、正确的。但我们的传媒对这件事一炒再炒，最终的结果是该县的高考考场被取消。很多没有舞弊的考生也因此受到连累，有的将重考，有的在录取时可能会受到不公正的待遇，将来的考生只能到外县参加高考。对这些考生来说，这次的新闻炒作导致他们成为最大的受害者。

三是容易对当事人造成不应有的伤害。有一段时间，某报连续报道了当地某小学一个班长收取同班同学少量财物的事件。这些报道无意中透露了班长的真实身份，这在当地各界引起了很大反响。孩子们的家长和学校都对此表示强烈不满。他们发现孩子在事情曝光后发生了很大的变化，不仅成绩滑坡，而且性格也消沉了。这件事对她造成了很大的伤害。在本文前面提到的“伤熊”事件发生后，各新闻媒体对其口诛笔伐。许多专家认为此事虽理应受到谴责，但是有些媒体由于错误理解了《刑法》中的相关条款，甚至胡乱套用《濒危野生动植物种国际贸易公约》与《野生动物保护法》，进而错误认定刘海洋行为的性质，利用人们对珍贵、濒危野生动物极其珍爱的心理进行新闻炒作，甚至将刘海洋家庭的有关隐私也在媒体上抛出，不仅伤害了刘海洋本人及其家庭的感情，也对刘海洋所在的学校具有很大负面影响。就是对社会大众而言，其舆论导向也实在不可取。

从根本上来说，新闻价值存在于新闻事实之中，又何用“炒”来使之热呢？新闻工作者不能一味地追求“卖点”“轰动效应”而热衷于热炒新闻，而应该深入实际，调查研究，从现实生活中发现那些真正有价值的新闻。

（原载《采写编》2002 年第 4 期）

建议领导干部学点新闻学

中央领导同志多次强调要在我们的干部队伍中“大兴勤奋学习之风”。学什么？当然首先要学习马克思主义理论，要学政治，学经济，学法律，但还应当学点新闻学。新闻传播联通四面八方，其影响所及，从通都大邑，到穷乡僻壤，无处不在。了解新闻传播规律，增强信息意识，是新时期各级干部应当具备的一种重要素质。

我国的新闻事业是党和人民的耳目喉舌，是党的重要的舆论阵地。老一辈无产阶级革命家多次强调各级领导干部要加强对新闻事业的领导，保证其正确的舆论导向，同时，要十分重视并有效利用新闻媒介推动各项工作的开展。近年来，新闻工作在党的领导下，其本身情况发生了很大变化，规模和水平有了很大发展与提高，掌握一定的新闻学知识是领导干部在新形势下对新闻事业加强领导、促进改革、充分利用的一个重要条件。

首先，领导干部学点新闻学是更好地利用新闻媒介指导实际工作的需要。

早在革命战争年代，毛泽东同志就指出：“我们地委的同志，应该把报纸拿在自己手里，作为组织一切工作的一个武器，反映政治、军事、经济并且又指导政治、军事、经济的一个武器，组织群众和教育群众的一个武器。要以很大的精力来注意这个工作，使它一年比一年进步。”1921 年 7 月中国共产党成立后，革命报刊蓬勃发展，无论是在敌人统治的白色区域，还是大后方解放区极艰苦的条件下，党委机关报、墙报、时事简报等都很好地发挥了对革命工作和革命根据地生产、生活的指导作用。革命根据地延安出版的第一份大型的中共中央机关报《解放日报》在1942年整风改版中，各级党委根据毛泽东同志整顿“三风”的号召，检查和改造报纸，利用报纸宣传党的路线、方针、政策，对推动当时的中心工作的开展发挥了很大作用。

20世纪80年代以后，广大领导干部继承党的优良传统，认真学习毛泽东、邓小平等老一辈革命家的新闻思想，继续高度重视新闻媒介对实际工作的指导作用。但同时也应该看到，市场经济条件下，各级领导干部组织并指导实际工作对新闻媒介的依赖性进一步加强。政治体制改革的一个重要成果是政府工作职能的转变。政府简政放权，各部门、各单位的自主权加大。政府的领导主要是路线方针政策的领导。在这种情况下，过去那种单靠一纸红头文件指导工作的做法行不通了，而必须在深入宣传党的路线方针政策上下功夫，同时总结推广基层单位的先进经验，用典型引路。毫无疑问，在这个过程中，媒介是可以大有作为的。各级领导宣传党的路线方针政策离不开新闻媒介，综合把握各方面情况，了解各方面信息，从而实施对实际工作的正确的组织和领导，也离不开新闻媒介。

应该看到，由于市场经济的推动和知识的催化，新闻媒介发生了深刻变化，媒介结构、内容，报道的形式、方法等都发生了一系列变革。媒介功能重新定位。近年来，随着社会生活更加复杂化，尤其是向信息社会迈进的步伐加快，信息传播表现为更迭的快节奏性、覆盖的大面积性、内容的高复杂性。新的信息环境下，面对流量大、鲜期短、多元表达的各类信息，把握价值因素需要站得更高，挖掘指导意义需要看得更远，需要对纷杂的信息进行“过滤”。领导干部只有适当扮演一个“媒介人”的角色，掌握一些处理信息的本领，才能在媒介的多元表达中从宏观上把握舆论发展变化的情势，从而更好地发挥新闻媒介指导实际工作的作用。

其次，领导干部学点新闻学，也是了解社情民意、沟通干群关系的需要。

群众基础是党的事业兴旺发达的根本，服务于人民是党的宗旨，是“三个代表”重要思想的要求。紧密联系群众，倾听群众呼声、愿望是党有效领导的重要保证。早在1948年10月2日，刘少奇在《对华北记者团的谈话》中就指出：“我们要经过千百条线索和群众联系起来，而其中最重要的办法，就是报纸、新华社。”新的历史条件下，新闻事业联系群众的功能和作用更加突出。用先进科学技术武装起来的大众传媒，其触角广泛深入社会各个领域、各个层面、各类群体，对各种信息快速做出反应。大众传媒已经成为沟通干群关系的主渠道。

应该看到，当代大众传媒的传播方式发生了许多变化。一个突出的表现是其“说话因素”增多，“说话方式”更加专业化、更为巧妙。熟练地把握媒介“说话因素”和“说话方式”，才能结合媒介各种有声和无声语言更理性、更真切地了解群众的愿望和呼声。可以毫不夸张地说，在当代，要实现领导和群众的上下沟通和广泛理解，离开大众传媒是不可能做到的。

最后，领导干部学点新闻学更是在新形势下加强和改善党对新闻事业领导的需要。

“文化大革命”结束以后，我国单一的党报体系发生了变化，形成多类型多层次的报业结构。进入20世纪90年代以后，媒体向集团化方向发展，市场化程度进一步加深。在媒介内外环境发生重大变化的情况下，领导各级各类新闻事业遵循党性原则，掌握宣传尺度，把握正确的舆论导向，是各级领导干部义不容辞的责任。

规律是客观事物运动过程所具有的不以人的意志为转移的本质的、必然的联系。按规律办事是党的历史经验的总结，是党的各项事业成功的关键。马克思说过：“要使报纸完成自己的使命……必须承认它具有连植物也具有的那种为我们所承认的东西，即承认它具有自己的内在规律。”作为领导者，了解新闻工作，把握新闻规律，是更好地对新闻事业实施领导的必要条件。只有懂得新闻事业的运行规律，指导新闻事业时遵循这一规律，才能更好地发挥领导新闻事业为党、为人民、为社会主义事业服务的作用。

改革开放以后，新闻事业不断深化改革，政府部门转变工作职能，在坚持党领导的前提下，给新闻媒介以较大的经营管理自主权。与此同时，新闻教育受到重视，较完备的新闻学学科体系开始形成。行驶在信息高速公路上的新闻事业本身获得前所未有的发展机遇。发展带来了新闻事业一系列深刻变化，如何深入分析报纸版面、报道内容等各种显性和隐性导向因素，如何认识广播电视和互联网的传播特性，如何优化媒介生态环境等，都是我们面临的一些崭新课题。要很好地解决这些问题，就得不断地学习，不断地总结实践经验。

人们都说哲学使人深思，诗歌使人灵慧。也许还应该再加上一句：新闻使人耳聪目明。领导干部在工作之余学点新闻学，学点掌握和运用信息的本领，是会使自己更加聪明起来的。

（原载《党员干部人才》2003年第8期，《河北日报》2003年5月28日转载，本书收录时有删改。）

与时俱进　不断创新

——马克思主义新闻观活的灵魂

马克思主义新闻观是一个原则性很强的理论体系。它自从诞生至今150多年来，多少新闻工作者在其规范和指导下，前仆后继，开创了一个又一个新闻事业的不朽时代。但马克思主义新闻观同时又是一个开放的不断创新发展着的理论体系。从马克思到列宁，从列宁到毛泽东等一个个伟大的马克思主义者，依据各自不同的时代特点，对这个理论体系进行了各有侧重的完善和补充，创造性地发展了马克思主义新闻思想。历史一再证明：创新，是马克思主义新闻观活的灵魂。

一、与时俱进——马克思主义新闻观在实践中不断创新发展

马克思主义经典作家一再鲜明地指出：马克思主义不是教条，而是行动的指南；不是自然界和人类去适应原则，而是原则只有在符合不断发展变化的自然界和人类社会的情况下才是正确的。这就是与时俱进。

马克思、恩格斯在指导报刊工作和他们从事新闻工作实践的过程中，始终坚持与时俱进的原则。他们从民主报刊思想到工人报刊思想，再到党

报思想的发展历程，就是马克思主义新闻观与时俱进的光辉典范。

以 1842 年出版的《莱茵报》为基点形成的民主报刊思想，是马克思、恩格斯作为革命民主主义者的早期新闻思想，也是马克思主义新闻思想的准备阶段。他们这一阶段的新闻思想，在许多方面还不够成熟，不够全面。到了 1848 年前后的《新莱茵报》时期，这一切发生了根本性的变化，马克思、恩格斯已成为共产主义者。在他们的著作中，共产主义代替了过去的革命民主主义，唯心主义为唯物主义所取代，但是民主报刊思想中的全部有生命力的内容不仅被保留下来，而且在新的历史条件下有了新的发展，并形成了具有鲜明时代特征的工人报刊思想。在新的学说中，关于“自由”的内涵更加明确和确定，关于“人民”的对象更加稳定和鲜明。后来，恩格斯在谈到关于从民主报刊思想到工人报刊思想对“自由”认识的发展变化时说：“把社会主义社会看成平等的王国，这是以‘自由、平等、博爱’这一旧口号为根据的法国看法，这种看法作为一定的发展阶段在当时当地曾经是正确的，但是，像以前的各个社会主义学派一切片面性一样，它现在也应当被克服，因为它只能引起思想混乱，而且因为已经有了阐述这一问题的更精确的方法。”[①] 这种把问题提到一定的历史条件下所进行的考察，也是对《莱茵报》时期的自由观的科学剖析和自我批判。

随着工人运动的发展和工人政党的建立，马克思、恩格斯的新闻思想也由工人报刊思想逐步发展成为党报思想。在他们的指导和关怀下，《社会民主党人报》成为 19 世纪后半叶办得最好的一份工人党报。这一时期马克思和恩格斯的党报思想，是他们的政治思想和科学理论趋于成熟、无产阶级运动发展成为政党建设新阶段时期的报刊思想，是工人报刊思想的高级发展阶段。党报思想的形成，标志着马克思和恩格斯的新闻思想已经

① 马克思恩格斯全集：第 19 卷［M］. 北京：人民出版社，1963：8.

走完了“民主报刊思想—工人报刊思想—党的报刊思想”三个发展阶段，马克思主义新闻思想的奠基工作已告完成。

巴黎公社成立以后，国际共产主义运动进入了新的发展时期——“未来改革时代的‘和平’准备阶段”[①]。在每个民族国家建党，对工人进行政治训练，反对工人运动中的机会主义思潮，成为马克思和恩格斯指导各国无产阶级革命运动的主要内容。而这些任务的完成，又必须在很大程度上借助于党的报刊宣传。

马克思、恩格斯的党报思想，是他们的建党学说和党报实践相结合的产物，是战胜形形色色机会主义思潮和反对机会主义者的报刊活动的结晶。

这一思想继承了工人报刊思想的优良传统，但又对其不适合新的历史情况的内容做了许多重大调整。这集中体现在他们指导《社会民主党人报》的办报实践中。

1897 年出版的《社会民主党人报》是德国社会主义工人党的机关报，先后在德国苏黎世和英国伦敦出版。在创办初期，由于德国反动当局大肆查封党的报刊，党的领导层革命性越来越差，右倾机会主义不断抬头，“党简直受到了阉割，再没有无产阶级的锐气了”[②]。同时，靠捐资入党的资产阶级分子赫希柏格及以他为首的“苏黎士三人团”（由他和伯恩施坦、施拉姆组成）不仅企图篡夺该报的领导权，而且妄图以所谓“自由、平等、博爱”的女神等神话取代它的唯物主义基础。在马克思、恩格斯看来，党报高举什么旗帜，坚持什么路线，执行什么方针，将决定党报的根本性质。他们的态度非常明确：“如果党的新机关报将采取适合于这些先生的观点的立场，如果它将是资产阶级的报纸，而不是无产阶级的报纸，那么

① 列宁全集：第 23 卷［M］. 北京：人民出版社，1988：582.

② 马克思恩格斯全集：第 3 卷［M］. 北京：人民出版社，1995：374.

很遗憾，我们只好公开对此表示反对……”[①] 在他们的指导下，该报终于拟定了正确的办报纲领和方针。恩格斯称赞该报：“在它的篇幅上极其明确地和坚决地阐述并捍卫了党的原则，编辑部的策略几乎毫无例外地都是正确的。”[②] 马克思、恩格斯还提出，党的新机关报应由经过考验的真正的社会民主党人担任编辑工作。这一系列重要论述确立了党报的基本方针和原则。

具体到宣传工作本身，马克思、恩格斯认为，必须坚持实事求是、联系实际的原则。关于党报的理论宣传，马克思指出，正确的理论必须结合具体情况并根据现存条件加以阐明和发挥。他还指出，千万不能以一个空论家的姿态，手中拿了一套现成的新原理向世界喝道：“真理在这里，向它跪拜吧！而应该从世界本身的原理中为世界阐发新原理。”恩格斯也说过，我们的理论不是教条，而是对包含着一连串互相衔接的阶段的那种发展过程的阐明。马克思、恩格斯的这些意见告诉我们，只有以发展的观点，联系实际、实事求是地进行宣传，理论宣传才能达到正确有效的要求。[③]

马克思主义新闻思想是正确的、伟大的，但这一思想并没有停滞不前、凝固不变，它在列宁手里又得到了极大的丰富和发展。

列宁指出：“我们决不把马克思的理论看做某种一成不变的和神圣不可侵犯的东西；恰恰相反，我们深信：它只是给一种科学奠定了基础，社会主义者如果不愿落后于实际生活，就应当在各方面把这门科学向前推进。”[④] 对于新闻思想也是如此。马克思、恩格斯逝世以后，俄国工人运动的伟大领袖列宁，在继承马克思、恩格斯的新闻思想的基础上，将之与俄

① 马克思恩格斯全集：第 3 卷［M］. 北京：人民出版社，1995：374.

② 马克思恩格斯全集：第 22 卷［M］. 北京：人民出版社，1965：89-90.

③ 童兵 . 马克思主义新闻思想史稿［M］. 北京：中国人民大学出版社，1989：173.

④ 列宁全集：第 4 卷［M］. 北京：人民出版社，1984：187.

国具体的办报实践和尖锐复杂的阶级斗争相结合，开创了列宁主义新闻思想的历史新阶段。他在正式以《火星报》专页形式出版的《〈火星报〉编辑部声明》中说："我们不打算把我们的机关报变成形形色色的观点的简单堆砌。相反，我们将本着严正的明确方针办报。一言以蔽之，这个方针就是马克思主义；我们大概也没有必要再补充说，我们主张彻底发展马克思和恩格斯的思想……"①

报纸是"集体的组织者"的提出是列宁发展马克思主义新闻思想的一个范例。俄国共产党建党初期，列宁就党报的作用提出这样一个著名的论断："报纸的作用并不限于传播思想进行政治教育和吸引政治同盟军。报纸不仅是集体的宣传员和集体的鼓动员，而且是集体的组织者。"②"宣传员""鼓动员"主要是指"传播思想进行政治教育和吸引政治同盟军"，这也是马克思、恩格斯经常谈到的一般党报的作用。而对党报的组织作用这一命题，虽然马克思、恩格斯也曾一般地提到过，却没有像列宁这样全面系统而又尖锐鲜明地加以强调。这是列宁对马克思主义新闻思想最卓越的发展和创新之一。

此外，列宁还在继承马克思主义党报思想的基础上，创立了党报工作的党性原则学说和列宁主义新闻自由理论，树立起一座座马克思主义新闻思想的历史丰碑。

与时俱进，不断创新，更是中国共产党人的革命品格。我们党的三代领导集体反复强调：要把马克思主义的普遍真理与中国的具体情况相结合，反对教条主义，反对一切形式的僵化保守和无所作为的思想。1944 年 4 月 12 日，毛泽东在《学习和时局》中指出："列宁说，对于具体情况作具

① 列宁全集：第 4 卷［M］. 北京：人民出版社，1984：315.
② 列宁全集：第 5 卷［M］. 北京：人民出版社，1986：6.

体的分析，是‘马克思主义的最本质的东西、马克思主义的活的灵魂’。”[①]

邓小平同志在我国改革开放的关键时刻，尖锐地指出：“实事求是是马克思主义的精髓。要提倡这个，不要提倡本本。我们改革开放的成功，不是靠本本，而是靠实践，靠实事求是。”[②]在新中国成立后的和平建设时期，尤其是改革开放以后，我们党把马克思主义与建设有中国特色社会主义实践紧密结合，既推进了我国的经济建设，又创造性地发展了马克思主义，形成了具有中国特色的马克思主义理论体系。正是在这一理论体系的框架内，形成了具有中国特色的马克思主义新闻观。这一新闻观全面继承并创造性地发展了马克思主义新闻思想。

中国共产党人对马克思主义新闻思想做出新贡献的主要之点是什么呢？

第一，以毛泽东同志为核心的党的第一代中央领导集体，强调要“政治家办报”，要坚持党性原则；提出了“全党办报，群众办报”的群众路线；创立了以“准确性、鲜明性、生动性”为主要内容的马列主义文风理论；等等。

第二，以邓小平同志为核心的党的第二代中央领导集体，发展了列宁主义关于报刊的组织作用的思想，提出了党的新闻事业要成为“全国安定团结的思想上的中心”的新命题；提出了在社会主义建设时期新闻宣传要实行战略转移，要把重点放到经济建设上；新闻工作要坚持改革开放，要为党和国家改革开放的总方针服务；等等。

第三，以江泽民同志为核心的党的第三代中央领导集体，将党的新闻工作的基本性质和任务概括为“以正确的舆论引导人”；要充分发挥新闻事业的舆论功能，正确开展新闻批评和舆论监督；提出了“坚持正面宣传

---

① 毛泽东选集：第 3 卷［M］. 北京：人民出版社，1969：939.

② 邓小平全集：第 3 卷［M］. 北京：人民出版社，1993：32.

为主的方针”；新闻报道要坚持实事求是的原则；等等。

人类社会刚刚迈入新的世纪，党中央高瞻远瞩，明确指出马克思主义具有与时俱进的理论品质，这是对马克思主义诞生以来150多年历史经验的科学总结，也是对马克思主义新闻观创立150多年发展历程的最好概括，是指导当代新闻工作者学好、用好马列主义、毛泽东思想、邓小平理论以及“三个代表”重要思想，创造性地搞好新闻宣传工作的行动指南。

二、“绝对必须保证有个人创造性和个人爱好的广阔天地”

新闻工作者要解放思想，充分发展自己的个性，发挥自己的聪明才智和创造性，这是马克思主义新闻观的又一重要内容。

19世纪40年代初，德国正处在资产阶级革命的前夜，争取民主和自由的政治斗争开始高涨。关于普鲁士的出版状况和争取出版自由的论争，显得特别尖锐。1841年12月24日，普鲁士政府根据新国王的诏书颁布了新的书报检查令。马克思敏锐地看到了国王的伪自由主义行径，并在《评普鲁士最近的书报检查令》一文中，无畏地批判了新法令的虚伪性和反动性。对于新法令规定的在出版物中要用指定的“严肃和谦逊”的笔调进行写作，马克思指出，这是在利用限制人的创造和发展空间，限制出版自由。马克思讽刺道：“我有权利表露自己的精神面貌，但首先应当给它一种指定的表现方式！哪一个正直的人不为这种要求脸红而不想尽力把自己的脑袋藏到罗马式长袍里去呢！在那长袍下面至少能预料有一个丘比特的脑袋。指定的表现方式只不过意味着‘强颜欢笑’而已。”他用生动的笔调，严厉斥责普鲁士的伪自由主义者：“人们赞美大自然悦人心目的千变万化和无穷无尽的丰富宝藏，你们并不要求玫瑰花和紫罗兰散发出同样的芳香，但你们为什么却要求世界上最丰富的东西——精神只能有一种存在形式呢？”①

在《莱茵报》时期，德国封建专制政权依然实行思想禁锢，剥夺人民的言论自由。这个“国家的毛病”妨碍了真实报道，德国人只是凭道听途说才知道自己国家的某些情况。为此，马克思、恩格斯提出人民报刊思想，认为必须开辟道路，使人民报刊获得“坦率而公开地发表意见的报刊的创造力”②。人民报刊所处的历史背景及其担负的历史任务决定了它与众不同的历史个性，划定了它独特的发展道路和方式。马克思指出：“构成人民报刊实质的各个分子，都应当（起初是单个地）表现出自己的特征。”即“只有在人民报刊的各个分子都有可能毫无阻碍、独立自主地各向一面发展并各成一行的条件下，真正‘好的’人民报刊，即和谐地融合了人民精神的一切真正要素的人民报刊才能形成”③。在这里，马克思指出了人民报刊自由发展的外部条件和内部条件。他强调指出，报刊应根据自己的报道对象和报道内容办出自己的特色，不唯上，不唯书，不为金钱写作，“力求超出专登耸人听闻的消息这个水平”，使报道“引起普遍的反映”④。

总之，人民报刊为了按历史个性所决定的独立方针发展，一是要以人民的意愿为出发点，二是摆脱私人利益以及有关私人利益的需求的纠缠。这样，人民报刊才能在自己的独立方针指引下，在自己的广阔天地自由发展。

确认党的报刊有批评监督的权力，新闻工作者的独立创造精神应当受到保护，是马克思、恩格斯的一贯思想。马克思、恩格斯认为，如果党的

① 马克思恩格斯全集：第 1 卷［M］. 北京：人民出版社，1995：6-7.

② 马克思恩格斯全集：第 1 卷［M］. 北京：人民出版社，1995：234.

③ 马克思恩格斯全集：第 1 卷［M］. 北京：人民出版社，1995：190.

④ 马克思恩格斯全集：第 1 卷［M］. 北京：人民出版社，1995：21.

领导人压制批评，干扰监督，那么，这对有责任心和首创精神的新闻工作者来说，是一种痛苦，必将阻逆报刊的发展壮大。有一次他们气愤地说，如果扼杀了新闻工作自主创造的精神，“对任何一个有首创精神的人来说，都是一桩费力不讨好的差事”[①]。1890 年底至 1891 年 1 月，恩格斯决定整理发表马克思 1875 年写的一封信——后称《哥达纲领批判》的手稿。由于《哥达纲领批判》触及了当时党的右翼领导人，遭到党内许多领导人反对。这些领导人还对即将发表该文的《新时代》杂志进行威吓。恩格斯对他们剥夺党报的批评监督权利的做法十分不满，严肃指出：“你们——党——需要社会主义科学，而这种科学没有发展的自由是不能存在的。”[②]

列宁继承并发展了马克思主义关于要尊重人、尊重事物的个性的思想。他在强调新闻工作必须坚持党性原则的同时，要充分发挥个人的创造性。1905 年他在《党的组织和党的出版物》中说，“无可争论”，在出版事业中，“绝对必须保证有个人创造性和个人爱好的广阔天地，有思想和幻想、形式和内容的广阔天地”。列宁要求，把这种创新精神应用于具体的实践当中去，铲除旧的腐朽的思想基础。他指出，“有组织的社会主义无产阶级”，要把“生气勃勃的无产阶级事业的生机勃勃的活水”，注入党的文学事业发展中去，“以此消灭古老的、半奥勃洛摩夫式的、半商业性的俄国原则——作者写，读者读——的一切基础”[③]。

我党的三代中央领导集体也多次强调要充分发挥新闻工作者独立创造的精神。1958 年毛泽东同志在同吴冷西谈话时说：“记者的头脑要冷静，要独立思考，不要人云亦云。……不要人家讲什么，就宣传什么，要经过考虑。”[④]1948 年刘少奇同志在《同华北记者团的谈话》中指出：“你们有

① 马克思恩格斯全集：第 38 卷［M］. 北京：人民出版社，1972：517.
② 马克思恩格斯全集：第 38 卷［M］. 北京：人民出版社，1972：88.
③ 列宁. 党的组织和党的出版物［J］. 红旗，1982，25（20）.
④ 毛泽东新闻工作文选［M］. 北京：新华出版社，1983：212.

这个考察的任务，如果政策正确，就说正确，有材料作根据；如果政策错了，就说错了，也有材料作根据。你们不仅可以这样做，而且你们的任务就是如此——在群众中考察党的政策执行得怎样。”①

解放思想，勇于创新，这是邓小平同志关于文化宣传工作的一个重要思想。他在1979年10月30日举行的中国文学艺术工作者第四次代表大会上强调指出，要“坚持百花齐放、推陈出新、洋为中用、古为今用的方针，在艺术创新上提倡不同形式和风格的自由发展，在艺术理论上提倡不同观点和学派的自由讨论。……围绕着实现四个现代化的共同目标，文艺的路子要越走越宽，在正确的创作思想的指导下，文艺题材和表现手法要日益丰富多彩，敢于创新。要防止和克服单调刻板、机械划一的公式化概念化倾向”。对于文艺工作者，邓小平认为，要不断丰富和提高自己的艺术表现能力。他说：“所有文艺工作者，都应当认真钻研、吸收、融化和发展古今中外艺术技巧中一切好的东西，创造出具有民族风格和时代特色的完美的艺术形式。”

在新的历史时期，坚持发扬党的新闻工作的优良作风，对新闻工作者来说至关重要。

三、“像蛇一样灵巧”——新闻工作取得最佳宣传效果的重要条件

“像鸽子一样驯良，像蛇一样灵巧。”② 自19世纪40年代共产主义政党

① 中国社会科学院新闻研究所．中国共产党新闻工作文件汇编：下册［M］．北京：新华出版社，1980：252.

② 马克思恩格斯全集：第31卷［M］．北京：人民出版社，1998：569.

成立及其领导下的报刊活动伊始，这句话就成为无产阶级新闻工作者在阐述宣传党的纲领和为执行纲领的斗争中所必须遵守的一个重要原则。

所谓“像鸽子一样驯良，像蛇一样灵巧”，是指新闻工作者在阐述、宣传和执行党的纲领路线时要老老实实，不可添枝加叶，断章取义，随便演绎，但同时要讲究宣传策略和艺术，适时地采用灵巧有效的宣传技巧和形式，以求达到最佳的宣传效果。

马克思和恩格斯十分注意将原则的坚定性和策略的灵活性相结合。为了实现既定的宣传目标和任务，他们摈弃“由枯燥的文摘和卑鄙的阿谀奉承拼凑起来的毫无原则的东西”，而是采用灵活、多变的宣传策略。恩格斯提出了这样的见解：党的报刊应该不受那种“已经僵化和死去的旧决议”的约束，而根据“活的、经常变化的需要”去寻找适当的法规，从而更加正确地、富有创造性地阐述党的纲领。为此，恩格斯曾致信伯恩施坦：“我们应该竭尽全力捍卫，特别是在报刊上捍卫我们的每一个观点，而这并不是在任何时候都需要去直接对抗的。迂回的行动，这也是一种防御方法，它包含着进攻性的反击。”①

列宁主要从报刊的形式上阐释了“像蛇一样灵巧”的宣传主张。俄国无产阶级政党建立前夕，工人运动已经从罢工的经济斗争转到了反对俄国专制政府的广泛的政治斗争。俄国无产阶级已经完全成熟到可以和其他所有的阶级一样，利用刊物进行革命宣传。针对当时报刊数量少，不能满足宣传需要的状况，列宁指出：“一切形式的政治书刊，不管它是新的形式还是旧的形式，只要它确定是好的政治书刊，我们都是赞成……”②在无产阶级夺取政权时期，利用多样化的出版物，全面加强人民群众间的鼓动宣传是无产阶级革命取得成功的重要保证。在这一时期，列宁多次强调，要

① 马克思恩格斯全集：第36卷［M］.北京：人民出版社，1975：309.

② 列宁全集：第5卷［M］.北京：人民出版社，1959：293.

发展多样化的社会主义出版物。同时，列宁还号召布尔什维克的宣传鼓动家广泛利用“第一种社会民主主义的文献——传单”，向一切无产阶级和半无产阶级群众进行日常的鼓动工作。

我国同样有着共产党领导无产阶级推翻压迫剥削、夺取政权的经历。与俄国一样，利用多样化的宣传工具进行宣传成为整个革命斗争的一个重要组成部分。毛泽东同志 1933 年在向群众宣传查田运动时说：“宣传的方法，第一口头讲话，第二贴布告，第三写标语，第四出传单，第五演新剧，第六墙报上做文章，等等。”抗日战争爆发后，关于如何做政治动员，号召全国人民投身于抗日斗争的热潮中去，毛泽东指出：“靠口说，靠传单布告，靠报纸书册，靠戏剧电影，靠学校，靠民众团体，靠干部人员。”他对国民党统治区我党的宣传形式单调且不讲究方法技巧进行了批评：“现在国民党统治地区有的一些，沧海一粟，而且方法不合民众口味，神气和民众隔膜，必须切实地改一改。”对于不同的宣传对象，要以不同的态度，采取不同的“灵巧”的方法。对于对美帝国主义及国民党反动派存在幻想，反对人民民主革命、反对共产党的某些中产阶级右翼分子，毛泽东说，对他们的“公开的严重的反动倾向加以公开的批评与揭露，文章要有分析，要有说服性，要入情入理”。对一切应当争取的中间派，毛泽东说，对于他们的错误观点，“在报纸刊物上批评时，尤其要注意文章的说服性”①。具体到评论写作，毛泽东强调也要“灵巧”。他说：“写评论要结合情况和政治形势。转变要快。写得不要刻板，形式要多样化。政论应该像政论，但并不排斥抒情。”②

使用多样化的宣传工具广泛地占领思想阵地，这也是邓小平同志的一

① 对可以争取的中间派应采取积极争取与合作态度［M］// 毛泽东文集 . 北京：人民出版社，1948：15.

② 毛泽东新闻工作文选［M］. 北京：新华出版社，1983：203.

贯思想。1948 年他在《关于进入新区的几点意见》中说："广泛使用一切宣传武器（宣传队，剧团，部队指战员的宣传，政府出布告，开大会，开座谈会，演讲会，画展等等），宣传我们的主张和政策，驳斥敌人的造谣和欺骗，可以占领思想阵地，安定民心，造成新区的新气象。"[①] 多样化的题材和表现手法也是保证宣传取得良好效果的重要因素。邓小平说："在正确的创作思想的指导下，文艺题材和表现手法要日益丰富多样，敢于创新。要防止和克服单调刻板、机械划一的公式化概念化倾向。"[②]

党的新闻事业与党休戚与共，是党的事业的一部分。在新的历史时期，在坚持党的新闻工作的基本方针和原则的前提下，使党报党刊更加"灵巧"多变，写出好的作品，更好地为人民服务，为社会主义服务。江泽民同志 1996 年 9 月 26 日在视察人民日报社时的讲话中勉励新闻工作者"应当不断开拓新的报道领域，不断探索新的报道形式，不断采用新的报道手法，不断写出富有新意的优秀作品"，奉献给社会，奉献给人民。

纵观马克思主义新闻观与时俱进的光辉历程，可以看出：创新，是马克思主义新闻观的理论品格，是无产阶级新闻事业发展的不竭动力。我们当代的新闻工作者，只要坚决贯彻执行党对新闻工作的一系列指示，始终挺立在创新的潮头，我们的新闻事业就会生机无限、兴旺发达。

（原载《采写编》2002 年增刊。该文被中共河北省委宣传部和省记协选定为对全省新闻工作者进行马克思主义新闻观教育的教材之一。）

① 邓小平文选：第 1 卷［M］. 北京：人民出版社，1989：128.

② 在中国文学艺术工作者第四次代表大会上的致辞［M］// 邓小平文选：第 2 卷 . 北京：人民出版社，1979：211.

中篇

论典型报道

典型报道是新闻报道的一个重要方面。好的典型常常是一面旗帜，一经报道，人们奔走相告，争相效法，产生撼动社会的重大影响。在我国当代新闻事业史上，1950 年代初对黄继光、邱少云的报道，1960 年代对雷锋、焦裕禄的报道，1980 年代对张海迪、栾茀的报道等，其影响之深远，是尽人皆知的。正因为这样，以表达舆论为其重要使命的政党新闻事业，历来都十分重视典型报道。

一、典型的基本含义

典型的本义是模型。比如，我们要造一架飞机，首先需要制造一个飞机的模型，这个模型就可以说是典型。又比如，我们要脱坯，需要先制造一个模子，这个模子也可以说是典型。可见，“典型”这一概念就其本义来说，指的是在同类事物中具有规范性、代表性的个别事物。

典型作为一个社会学范畴，它的哲学基础是共性与个性、矛盾的普遍性与矛盾的特殊性的对立统一。列宁指出：“对立面（个别跟一般相对立）是同一的：个别一定与一般相联系而存在，只能通过个别而存在。任何个别（不论怎样）都是一般。任何一般都是个别的（一部分，或一方面，或本质）。”典型事物虽然是个别的，但它总是在一定程度上体现出同类事物、一般事物的某些共同的本质；而任何同类事物、一般事物，又总是由个别事物组成的统一体。比如，张海迪这个典型人物，她有自己的性格，自己的特点，自己的遭遇，自己的命运。她高位截瘫，又胸怀远大的共产主义理想。总之，她是活生生的“这一个”，具有鲜明的“个别”性。但是，张海迪的抱负，她的理想，她克服困难的顽强精神，又体现出当代青年为四个现代化而献身的共同本质，体现出一种崇高的时代精神。张海迪这个典型人物，既有鲜明的个性，又有深广的共性，是个性与共性的统一。

关于个别与一般对立统一的规律，毛泽东同志也做过精辟论述。他指出：“矛盾的普遍性与矛盾的特殊性的关系，就是矛盾的共性和个性的关系。其共性是矛盾存在于一切过程中并贯穿于一切过程的始终……然而这种共性，包含于一切个性之中，无个性即无共性。假如除去一切个性，还有什么共性呢？因为矛盾的各个特殊，所以造成了个性。”（《矛盾论》）

共性与个性、矛盾的普遍性与矛盾的特殊性的对立统一，虽然是“典型”这一概念的哲学基础，但是，共性与个性在典型中所处的地位是不是相同的？二者在一个典型中又是怎样实现统一的？这些问题争论了几百年，直至现在，还很难说已经有了一个圆满的答案。新闻学是一门年轻的科学，对典型理论的研究基本上还没有深入展开。在这种情况下，借鉴一下美学界对典型研究的成果，以使我们确切地把握典型的基本含义，是十分必要的。

从世界典型理论的发展史来看，对于典型的本质的认识大致经历了这样几个阶段。

（一）认为典型是类型的代表，强调共性是典型的主要内涵

这种典型观最初是由古希腊哲学家亚里士多德、柏拉图、贺拉斯等人提出的，直至 18 世纪，仍然被许多人奉为金科玉律。也就是说，这种典

型观绵延流传达2000年之久。甚至到了19世纪，连对建立现代典型理论做出了重大贡献的巴尔扎克、别林斯基等人，还仍然恪守着传统的典型观念。巴尔扎克曾说："典型是类的样本。"（《一桩无头公案》初版序言）别林斯基也说：所谓典型是"在自身之中潜藏着表现某一特定概念的整类现象的一切普遍的、类的特征"（见《莱蒙托夫诗集》）。

这种"典型即类型的代表"的典型观，是从古希腊到18世纪末流行的形而上学哲学的必然产物。它完全忽略或者较少注意到典型的个性特征，因而是与辩证法的基本原则相悖的，与典型本身所具有的丰富生动的具体性是格格不入的。

（二）强调典型的个性特征，认为任何典型都是活生生的"这一个"

18世纪后半期，伴随着自然科学领域中的许多重大发现，人们对自然界内部规律认识的革命性变革，德国古典哲学中的形而上学思想逐步被扬弃，而代之以充满生机和活力的辩证法思想。辩证法思想的产生和发展，为人们重新认识典型的本质开拓了一条崭新的道路。从18世纪末到19世纪，一批掌握了哲学辩证法的西方思想家，认为个性是典型的生命，没有个性就不成其为典型；不应该为了共性去寻找个性，而应该从个性出发去发现共性。应该说，这是典型理论发展史上的一次革命。实现这次革命的功勋卓著者，首推德国美学家、伟大诗人歌德。歌德认为，任何特征都是本质的感性显现。"谁若是生动地把握住这特殊，谁就会同时获得一般。"所以，不应该"为一般而找特殊"，而应该"在特殊中显出一般"（《关于艺术的格言和感想》）。当然，这不是说一切特殊的事物都是典型。正如马克思所说的："如果事物的表现形式和事物的本质会直接合二而一，一切科学就成为多余的了。"（《资本论》第3卷：《三位一体的公式》）正因为这样，才需要我们从纷繁复杂的现实生活中去寻找最能显现事物本质的个别事物。

强调个性和特殊是“典型”这一概念的一个重要内涵，对新闻写作中的典型报道具有重要的实践意义。这就告诉我们：不应该带着某种框框去寻找个别事例，而应该在吃透两头、深入实际当中去发现最能体现普遍意义的个别事物；典型不是某种观念的机械图解，而是最能体现时代精神和本质意义的具有个性特征的事物。穆青同志采写的许多人物典型，如焦裕禄、吴吉昌等，其生命力之所以经久不衰，具有感人至深的力量，根本原因也在这里。

（三）在强调典型的个性特征的同时，还强调历史条件、客观环境对典型的制约作用，认为任何典型都是一种具体的存在形式

18 世纪之后，哲学辩证法思想的长足发展，大大开阔了人们的思维空间，许多思想家认识到：研究典型不能只从典型本身出发，还应该研究典型产生的历史条件和客观环境。黑格尔认为，任何典型都是在特定时代的一般文化生活背景（他称为“一般世界情况”）下产生的。典型人物的思想感情、道德观念等，则是一定时代的人生理想在人物心中凝成的一种“情致”，即主观情绪。所以，典型不是一种孤立封闭的抽象物，而是特定历史条件下的一种具体的存在形式。

到了 19 世纪，马克思主义哲学——辩证唯物主义与历史唯物主义产生之后，对典型的研究进入了一个历史新阶段。恩格斯用更简洁、更明确的语言，深刻地阐明了客观环境与典型人物的辩证关系，提出了“真实地再现典型环境中的典型人物”（《给哈克奈斯的信》）这一重要命题。恩格斯在这里虽然指的是文学典型，但这个论断对一切典型都是适用的。马克思主义的典型观就包括了这样两个基本原则：一是共性与个性的统一，二是典型与典型环境的统一。

（四）强调读者的“主体意识”对典型的制约作用

马克思主义的典型观虽然比过去一切时代的典型观更加深刻和全面，但是，人类对典型的研究没有在这里止步，也不能在这里止步。马克思主义本身也需要丰富和发展。这里有一个问题马克思和恩格斯还没有更多地涉及：典型除了受客观环境的制约之外，它作为一种认识的客体，还受不受认识主体（读者）的影响？如果说受影响，那么这种影响的具体方式和途径又是什么？这些，正是当代思想家研究的新课题。

伴随着当代科学技术的飞速发展，新的研究方法，比如，系统论、信息论、控制论等也应运而生。按照这种新的研究方法，许多人认为：认识客体（人的大脑的观照物）不仅要受客观环境的影响，还受读者的主体意识的影响。任何典型的本质和意义都不是凝固不变的，而是生成的、运动的。读者在理解、把握和欣赏典型的时候，不是消极被动的，而是一种能动的创造性过程。这种创造过程对于典型本身是一种“超越”。比如，黄继光为了取得战争的胜利，用自己的身躯堵住敌人的枪眼这一壮举，读者在把握它的时候，绝不仅仅是由不知到知地了解这件事，而必然以自己的全部生活经验为参照物，并以自己独特的思想和感情方式去理解和感受这一壮举，从而在自己的心灵深处激起（生成）一种精神力量。同是一个典型，不同的读者就可能有不同的感受。典型的内涵既是客观存在的，对不同的读者来说又是不确定的。典型的内涵只有通过读者心理机制的合理调节才能够最后实现。很显然，这种典型观很重视读者的地位。

从以上分析可以看出，“典型”这一概念的基本含义，包括四方面：（1）任何典型都是共性与个性的对立统一；（2）在共性与个性这一对矛盾中，决定典型生命的，或者说决定某个人物或事件是否成为典型的决定因素，是个性而不是共性；（3）典型的内涵既是确定的（客观存在的），对不同的读者来说又是不确定的（生成的、变化的）；（4）任何典型都凝结着一定的时代精神。

典型的上述内涵，是一切典型的基本特性，它不仅适用于文学典型，而且适用于新闻典型。

二、新闻典型及其特点

新闻典型是在一定时期、一定方面、一定地区，能够在思想、政策方针或工作方法等方面，集中而鲜明地体现一般事物的本质或发展规律的个别事物。

新闻典型是相对的而不是绝对的。首先，从时间上说，一个时期有一个时期的典型。有些事物今天是典型的，明天就不一定具有典型意义。比如，在党的农村经济政策刚刚实施的时候，有的地方实行联产承包责任制，这在当时就可以说是重要典型，但如果拿到今天，就不能算是典型了。其次，从范围上说，新闻典型往往只在某方面或者某个问题上具有典型意义，比如，落实知识分子政策的典型、打破吃“大锅饭”的典型、领导机关克服官僚主义的典型等。很难设想，一个典型可以囊括社会的一切领域、一切方面。最后，有些典型还具有地区性的特点。这是由于不同地区往往在某个时期有不同的中心工作、不同的舆论重点。所以，有些事物在甲地是典型，但拿到乙地就不一定是典型。当然，有些侧重宣传共产主义理想、进行道德教育的新闻典型，适应面要宽广一些，对时效性的要求相对来说也差一些。

为了更好地理解新闻典型的特点，让我们比较一下新闻典型与文学典型有哪些主要的不同之处。新闻典型与文学典型虽然都是典型，因而有某些相通之处；但是，二者是两种范畴中的典型，所以又是有原则区别的。

（一）文学典型一般是虚构的，而新闻典型必须是完全真实的

我们知道，文学反映现实生活一般不是采取直接的方式，而是采取折光的方式。这就是说，作家在进行创作的时候，不是把他从现实生活中获取的人物和事件原封不动地搬到作品中去，而是根据艺术构思的需要，对生活素材进行大胆的剪裁、加工、生发和缀合，从而创造出一种栩栩如生的艺术形象。这种艺术形象是“熟识的陌生人”（别林斯基《论俄国中篇小说和果戈里君的中篇小说》），即一方面是来自现实生活，因而是大家“熟识的”；另一方面并非现实生活中真有其人，因而又是大家“陌生”的。正如鲁迅所说的：“人物的模特儿也一样，没有专用过一个人，往往嘴在浙江，脸在北京，衣服在山西，是一个拼凑起来的角色。”（《我怎么做起小说来》）当然，文学创作也讲真实，但讲的是艺术的真实，即真实地反映现实生活的内在逻辑和规律，并不要求实际生活中真有其人、实有其事。

与文学相比，新闻反映现实的方式就比较直接。记者根据表达舆论或传播信息的某种需要，可以直接从现实生活中摄取材料，写成新闻作品（包括典型报道）。当然，这里所说的“直接摄取”，并非不需要对采访到的材料进行提炼和取舍，而是说新闻典型中的人物和事件在现实生活中是真有其人、实有其事的。新闻真实是一种严格的真实，不仅在基本事实上不允许捏造，就是在一些细枝末节上也不允许虚构。苏联名记者波列伏依写过一篇反映一位老工人参加民主选举的通讯。这位老工人本来已经秃头了，波列伏依却写他早晨起来之后“仔仔细细地梳了梳头发”。通讯发表后，自然闹出了笑话。后来波列伏依总结这件事的教训时说：“一个新

闻工作者在报纸上写文章，在任何地方写文章，甚至是写艺术特写，他都不能也没有权力展开幻想的翅膀，即使在细节描写上，也应该做到准确无误。”（参见蓝鸿文、展亮、赵赜选编《中外记者经验谈》第 530 页）

（二）文学典型指的是典型人物形象，而新闻典型既包括典型人物，又包括典型事件、典型经验等

在文学艺术领域，所谓典型仅指典型的人物形象，如《红楼梦》中的贾宝玉、林黛玉，《三国演义》中的曹操、诸葛亮等，但在新闻领域，所谓典型，指的是一切具有典型意义的人物和事实，其范围要宽泛得多。报道典型人物的如《县委书记的榜样——焦裕禄》（《人民日报》1966 年 2 月 7 日）中对焦裕禄的报道，《黄继光献身的一刻》（《志愿军一日》）中对黄继光的报道；报道典型事件的如《为了六十一个阶级弟兄》（《人民日报》1960 年 2 月 29 日）对抢救山西平陆工人中毒事件的报道，《英雄登上地球之巅》（《中国优秀通讯选》上册）对中国登山队登上珠穆朗玛峰事件的报道；报道典型经验的如《严细作风带来产品高质量》（《人民日报》1977 年 10 月 11 日）对上海三十三棉纺厂提高产品质量经验的报道，《黄浦港装卸工实行计件工资的调查报告》（《光明日报》1978 年 3 月 29 日）对黄浦港改革工资制度的报道，等等。这些，都可以说是新闻典型。

（三）单就新闻典型中的典型人物与文学作品中的典型形象做比较，前者重点描写人物的思想表现，后者重点描写人物的性格特征。或者说，前者主要是一种思想典型，后者主要是一种性格典型

这是由新闻和文学不同的社会功能决定的。我们知道，新闻事业作为一种社会舆论机关，它总是为一定的阶级、政党或社会集团服务的。它的首要任务是宣传它所从属的阶级、政党的路线、方针和政策。因此，它的一切报道，包括典型人物的报道，都必须体现出高度的思想性或政策性。从新闻的角度来看，什么是典型人物？能够鲜明而集中地体现出一定阶级在某一时期的思想路线、政策精神的人物就是典型人物。思想和政策，是记者判断某个人物是不是典型，并进而决定报道还是不报道的基本依据。文学则不同。总的来说，文学作为一种上层建筑，它当然也有阶级性，也要为一定的思想和政治路线服务。但由于文学自身的特点，它不能够也不应该去“图解”某项具体的政策。如果硬要这样去做，那它本身也就不是严格意义上的文学作品了。文学典型的社会功能是通过它的审美价值实现的，它的思想价值蕴含在活生生的人物形象之中。而性格，是人物形象的第一要素。所谓刻画人物形象，最根本的也就是刻画人物性格。所以，作家所塑造的文学典型，无一不是性格典型。《红楼梦》中的贾宝玉、林黛玉，《阿 Q 正传》中的阿 Q，哪个不是性格（个性）十分鲜明的人物呢？

当然，这不是说，新闻典型不需要刻画人物的性格，文学典型不需要表现人物的思想，这里只是相对而言的。

（四）新闻典型具有强烈的时效性，而文学典型则要求具有时代感

新闻是新近发生的事实的报道，包括它的典型报道在内，必须报道的是新近发生的人物或事件。时过境迁，人物或事件的典型意义就会部分丧失甚至完全丧失。这也是由新闻比较直接地为一定的政治服务这一特性决定的。一定时期的政治任务、社会舆论的中心改变了，发展了，作为直接为政治服务的典型报道的内容和范围当然也就随之改变。文学则不同。文学以一种审美意识教化人、感染人，用一种比较曲折的形式为一定的政治服务，因而对它的时效性就不能要求太严。文学典型的所谓“时效性”，往往是用一个时代来衡量的。有些伟大的文学典型，其典型意义甚至很难用时空来界定，是超时代、跨国界的。比如，阿 Q 这个典型，即使在今

天，在国外，也仍然具有重要的现实意义。

（五）一般来说，新闻典型不要求十分完整，而文学典型应力求完整和全面

由于新闻典型具有严格的及时性的要求，所以记者不可能对所有的典型都要等到它们完全成熟之后才加以报道。特别是那些属于新生事物的典型，刚一露头，记者就及时抓住，加以报道。这就决定了典型报道常常是不完整的。有时为了报道某个典型事件的整个过程，不是通过一篇，而是通过一系列连续报道来完成的。在这一方面，作家就比记者从容得多，他可以通过长时间的艺术构思，全面而深刻地把握典型的意义。更何况文学创作可以虚构，而新闻写作是不能突破真人真事这个限制的。

三、典型报道的基本原则

典型报道作为新闻报道的一种重型武器，在使用它的时候，除了要遵循新闻的一般规律之外，还应该特别注意掌握以下几项基本原则。

（一）把握全局，面向实际

典型是开路先锋。重要典型一经报道，往往会对全局工作产生强有力的推动作用。

典型是时代水平的标志。好的典型总是站在时代的高度，提出并回答人们普遍关心的重大问题。

典型是舆论的向导。在一个时期内提倡什么，反对什么，典型报道是一种重要的“发言”形式。

新闻典型的上述性质和作用，决定了典型报道必须从全局着眼，从实际出发，立足现实，预见未来，稳、准、狠地击中“社会上绷得最紧的那根弦”。在我国，党的十一届三中全会以来一些重要典型报道的成功经验，就充分说明了这一点。

例如，《渤海二号钻井船在拖航中翻沉》（《工人日报》1980 年 7 月 22 日）这篇批评性典型报道，之所以在国内引起强烈反响，在国外也被列为 1980 年世界重大新闻之一，其根本原因就是它提出了当时全国人民普遍关心的、亟待解决的一个根本问题：必须根除不尊重科学、不尊重群众、盲目蛮干的“左”的流毒，“四化”大业才有希望。1980 年是拨乱反正深入发展的一年，“文革”期间造成的许多冤假错案已逐步得到昭雪和平反。但是，“左”倾错误在人们思想上所造成的流毒还远远没有肃清。特别是某些官僚主义作风严重的领导干部，长期以来以“外行领导内行”自居，搞唯意志论和家长式统治，人民群众深受其害。记者站在时代的制高点上，敏锐地“掂”出了“渤二”翻沉事件的分量，看出了它对警醒全局的重大意义，因而以令人钦佩的胆略揭露了这个坏典型。对“渤二”事件的连续报道，还涉及国务院和石油部的个别负责同志，从而打破了我国几千年来“刑不上大夫”的禁律，这当然也是广大群众普遍关心并拍手叫好的。“渤二”事件的典型报道正是提出并回答了广大群众普遍关心和迷惑不解的问题，所以才释放出巨大能量，产生了巨大威力。

从全局着眼，从实际出发，这不仅对于准确地选择典型，而且对于选定典型之后如何进一步恰当地选择报道角度，也是十分有意义的。典型选得准确这固然很好，但如果报道的具体角度选择得不恰当，也是难以收到预期效果的。

例如，报道栾茀这个优秀知识分子典型的人物通讯《追求》（《光明日报》1981 年 3 月 25 日），据作者樊云芳说，稿子经过几次大的改动，力图找到一个既具有普遍的针对性，又符合这个人物的实际情况的角度。初稿的标题是《癌》，意思是说，栾茀虽然是患癌病而死的，但真正置他于死地，并给我国人民造成深重灾难的，是另一种“癌”——那条祸国殃民的极“左”路线。选择这样一个报道角度，确定这样一个主题，当然有一定的深刻意义，但从当时的全局考虑，针对性还不十分强，基调也不太高。1981 年前后，由于“四人帮”搞假社会主义所造成的消极后果，社会上一部分人对社会主义制度、对共产主义理想产生了“信任危机”。作者反复考虑：栾茀在一个个生死关头毫不动摇，总是充满着进击的活力，不正是他信赖党、追求党所代表的方向吗？把他的这种崇高精神宣传出去，不是很有普遍的教育意义吗？最后，作者将标题改为《追求》，改换了写作角度。实践证明，选取这个角度效果是很好的。

山西日报社在总结他们抓典型报道的经验时说：“当我们进一步考察典型报道在读者中所以能引起反响……我们还可以发现另一个突出的特点，就是这个典型的事迹或思想总是在某一点或某几方面打动了读者，在读者心中引起共鸣，这种‘点’或‘方面’，我们姑且称其为典型报道和读者思想的‘接合部’吧。如同针灸穴位选得越准越能提高疗效一样，这个接合部选得越恰当，报道效果也就越大越好越深。”这个经验恰好说明了典型报道要从全局着眼、从实际出发的极端重要性。所谓“接合部”，就是典型报道适应全局需要的程度，就是广大读者对典型报道所提出并回答的问题的关心和敏感程度。

（二）实事求是，掌握分寸

典型报道，特别是重要典型的报道，由于其影响巨大，特别需要实事求是，掌握分寸。批评性的典型报道事实搞错了固然不行，就是表扬性、倡导性的典型报道与事实不符，也会使舆论哗然，产生很不好的影响。长期以来新闻界存在这样一种毛病：见风就上，说好就一好百好，“高、大、全”，把先进典型绝对化、神秘化；说不好就一无是处，“墙倒众人推，破鼓乱人捶”。1958 年对于“大跃进典型”的宣传，1959 年对于“右倾典型”的批判，哪一次不是这样呢？

总结过去的经验教训，在典型报道中做到实事求是，需要特别注意这样两点。

第一，不要拔高。

有的记者为了追求新思想、新观点、新语言，把先进典型本来没有那样高的认识硬写成有那样高的认识，把现在才有的认识变为过去已有的认识，把张三做的事情说成李四做的事情，移花接木，强加于人。有的甚至把典型人物说的一些话当作面团来揉搓，按照自己的意志改编成顺口溜、豪言壮语之类。为了把水搅浑、推卸责任，还在前边加上“有的深有体会地说”，或者“广大群众普遍认为”等。这样“拔”的结果，“高”是“高”了，但不符合实际，群众看了会摇头，甚至对先进典型本身也会产生不满情绪。比如，1985 年有一家电台对时任武汉市市长的报道，就出现了这样的严重失实：武汉市汉正街小商品市场本来在 1980 年就发展起来，1982 年 10 月国家工商管理局肯定并推广了这个典型。而这位同志是 1983 年 3 月才任武汉市市长的，但报道中却说这个市场是这位市长提出敞开城市大门搞活商品流通而搞起来的。有的读者写信说：“新闻界有一种见风就上的毛病。”这种“移花接木”的做法，弄得这位市长也很不满意。

第二汽车制造厂厂长黄正复也曾给有关部门写信抒发感慨：有的报道“说我 1940 年在武当山工作时，率领一支抗日游击队到十堰镇伏击日寇，其实日本人根本没到过十堰”。先进典型一切都好，甚至从娘肚子里一生下来就十全十美。这种形而上学、绝对化的毛病是要不得的。

针对上述情况，中央领导同志曾尖锐地指出：宣传先进人物，必须实事求是，绝不允许拔高；出了毛病，必须及时教育，经多次教育不改者就要停止宣传。（参见《新闻业务》1985 年第 12 期）

第二，不要随意拧角度。

有的记者为了紧跟新形势，适应新要求，把那项工作的经验说成这项工作的经验，把彼时彼地的事情说成此时此地的事情，甚至硬把黑说成白，乱拧角度，歪曲事实。在“四人帮”横行时期，对大寨的宣传就是这样。大寨本来是艰苦奋斗、自力更生的典型，但后来竟被“拧”成了政治典型，让大寨每年都出“新套套”。翻开那几年的报纸，今天说大寨是“阶级斗争的典型”，明天又说大寨是“全面专政的典型”“继续革命的典型”，大寨成了挖不尽的“聚宝盆”。仅据一家报纸检查：在“文革”开始后的 10 年内，光是大寨、昔阳的报道就发表了 760 多篇，计 200 多万字。“数量之多，篇幅之长，地位之显要，版面之突出，文风之可憎，内容之荒唐，影响之恶劣，都堪称‘史无前例’。”（转引自安岗《论典型报道》）“文革”期间还有这样一桩丑闻：某单位一位同志身上长了个疖子，带病坚持了一段工作。记者在写“一不怕苦，二不怕死”的典型报道时举了这个例子。后来在写其他内容的报道时，又一连几次举了这个例子，而且每篇报道中这位长疖子同志的所思所想都不一样，群众称其为“万能疖子”。像这样乱拧角度的做法是不能允许的。角度可以选，但不能拧。“横看成岭侧成峰”，一件事情往往存在着许多侧面，许多角度，写作时可以根据表现主题的需要，合理地加以选择。选角度与拧角度的根本区别在于：前者尊重了客观事物本身的辩证法，后者却以主观代替了客观，歪曲了事物固有的面貌和性质。

（三）依靠党委，注意政策

无论是树立一个正面典型，还是揭露、批评一个反面典型，都是事关全局的大问题，必须慎重从事。这里的一个关键问题，是要依靠党委的领导和支持。

首先，只有依靠党委，典型才能够选得准。典型报道的政策性极强，它一般是配合党在一定时期的中心任务发表的。因此，要敏锐地发现典型，准确地识别典型，必须了解党委在某一时期的中心任务和为完成这一任务而制定的基本方针和具体政策。只有对这些了如指掌，才能做到心中有数。常言说“记者心中要亮起一盏灯”，这盏“灯”就是党的任务和政策。如果不了解党委的意图，不掌握党的政策，就如同黑夜行路，是很难找到正确方向的。

其次，只有依靠党委的领导和支持，才能排除典型报道中的阻力和困难。正因为典型报道事关重大，所以在采写中经常遇到一些阻力和困难。揭露性典型自不必说，就是表扬一个好典型、先进典型，也常常遭到一些人的非议和责难。“枪打出头鸟”，这也是一种可怕的习惯势力。记者要发表一点独立见解，并不那么容易。前边提的关于“渤二”事件的报道就是这样。明明是海洋勘探局的一位领导瞎指挥，硬让工人违反操作规程造成了翻沉事故，可事故发生后他们却召开“庆功大会”，用职工的生命往自己脸上贴金，完全歪曲了事件的性质。记者要揭露事实真相，但这个事件牵涉到石油部甚至国务院的个别负责同志，谈何容易！正如工人日报“渤二”事故报道组所说的：这是一个“官僚主义的典型，封建家长制的典型，老虎屁股摸不得的典型，说大话空话的典型”（《要有向群众讲真话的勇气》,《新闻战线》1980 年第 10 期 ）。后来，他们在中央、地方党委和报社党委的坚决支持下，才摸了这个“老虎屁股”。

（四）深入挖掘，揭示规律

典型报道属于“深度”报道，要搞得好，必须深入挖掘，揭示典型的内在本质和规律。

这里所说的深入挖掘，包含两层意思。

第一，深入采访，掌握充分的第一手材料。典型报道，特别是重大典型的报道，必须占有大量材料，写作时才能游刃有余。记者不仅要掌握现实材料，还要掌握历史背景材料；不仅要掌握正面材料，还要掌握反面材料；不仅要掌握基本的典型事实，还要掌握丰富的细节。正因为典型报道需要的材料量多质高，所以有时单靠一个记者难以完成采访任务，而需要众多的记者“大兵团作战”。比如，《人民的好医生李月华》（《人民日报》1972年12月19日）这篇人物通讯，由安徽日报社、安徽人民广播电台、新华社三家组成30人的采写组，采访了整整60天，开调查会50次，个别访问300人次以上，收集到的小故事近100个，积累了上百万字的素材。其他如《县委书记的榜样——焦裕禄》《为了六十一个阶级弟兄》等，莫不在采访上下过大功夫、真功夫。

第二，深入分析，提炼出具有深刻意义的主题思想。主题思想深刻与否，从根本上决定着典型报道的成败。当然，深刻不深刻也是相对的。正如列宁所说：“人的认识由现象到本质，由初级本质到第二本质，这样不断地加深下去，以至于无穷。”（《哲学笔记》）记者的任务，就是尽量探求到典型本身更深一层的本质。

一般来说，写人物典型要力求找到支配人物一切言行的思想的最高点、基本点，如吴吉昌的“为了周总理的嘱托，啥也别想挡住俺”（《为了周总理的嘱托》），李月华的“做医生就要学习白求恩”（《人民的好医生李月华》），等等。写事件典型要尽量挖掘出事件本身所包含的本质意义，如抢救山西平陆61位工人中毒事件的“一方有难、八方支援的共产主义精神”（《为了六十一个阶级弟兄》），北京墨水厂使每件产品的包装材料降低一厘钱事件的“‘一厘钱’精神”，等等。

当然，典型报道的类型很多，内容又千差万别，对主题的提炼很难确定，也不应该确定一个一成不变的公式。但是，不管什么样的典型报道，都应该在思想的深入开掘上殚精竭虑，下一番苦功夫。

四、革新典型观念，搞好典型报道

新闻工作与时代同步，新闻部门应该是最敏感的部门。但是，只要我们冷静地、实事求是地分析一下新闻工作，包括它的典型报道工作的现状，就应该承认：我们的许多观念还基本上恪守着旧的一套，很不适应新时期广大读者的需要。

旧的一套，或者说“传统”，都是不好的吗？当然不是。就典型报道来说，我们的各级党委历来都十分重视用典型推动工作，“抓典型带一般”，就是这方面的经验总结。此外，在典型报道中坚持党性原则，把宣传党的路线方针政策放在第一位，这无疑也是应该坚持和发扬的。但是，我们正处在一个新的历史时期。在这个时期中，从经济基础到上层建筑的一切领域、一切部门，都在发生着深刻的、翻天覆地的变化，作为时代的真实反映、真实记录的典型报道，理所当然地也应该同时代一起发展，从而革除与时代不相适应的、广大读者感到厌烦的某些旧观念。

（一）典型人物也是人，而不是神

人，人性，人道主义，在新闻领域一直是绝口不谈的。好像“人”“人性”之类，是资产阶级的专有名词，反映在先进典型人物的报道上，即这些人物大多是没有七情六欲的，不关心妻子儿女的，不食人间烟火的，满口都是革命词句的，超凡脱俗的神人、圣人。这就造成了一种后果：典型人物可敬而不可亲，可赞扬而难以学习，因为这些人物离广大读者实在太远了。许多读者对先进典型常常用怀疑的眼光去看待，对某些先进的想法和行为感到难以理解，这恐怕不能笼统地用“读者落后”去解释，而恰恰反映了我们的许多典型报道缺乏一点人情味。

其实，先进人物也是人，也有人情、人性。雷锋当年用自己的钱为一位身处困境的大嫂买火车票，恐怕多少动了一点恻隐之心。他在买票之际，脑子里想的不一定只是“为了共产主义”。焦裕禄当年带领县委人员，在一个风雪交加的夜晚到兰考车站去查看农民逃荒的情景，驱使他的当然主要是一种责任感、使命感，但恐怕也多少动了一点怜悯之心。如果他对大批灾民“蜷曲在货车上，拥挤在候车室里”毫不动心，恐怕连责任心、使命感也就没有了。

有的同志可能有一种误解：以为一写人情、人性，就会损害先进人物的高大形象，降低先进人物的思想境界。其实，人物的形象高大不高大，思想境界崇高不崇高，不在于是否写了人情、人性，而在于这种人情、人性是真善美的，还是假恶丑的。我们革命的最终目标，不是要消灭人情、人性，而是要建设一种高尚的人情、人性。何况，我们报道先进人物并不是为高大而高大，而是为了让人们学习。如果先进人物“高大”得不合情理，读者敬而远之，这种“高大”又有什么意义呢?

（二）典型报道应该是多层次的

非好即坏，不是先进典型，便是落后的、反动的典型，这是我们的典型报道的又一种模式。在极“左”路线猖獗之时，文艺界曾批判过所谓“写中间人物”，新闻界在这个问题上幸免于难，不是因为别的，而是因为“不能写中间人物”历来是新闻报道中一条不成文的规定。

毛泽东同志早就说过：人民是分左、中、右的，即是分先进、中间、落后三个层次的。人们思想觉悟是多层次的，作为反映社会现实的典型报道当然也应该是多层次的，而不应该回避“中间人物”。从效果看，典型报道的层次多一些，会更好地适应不同层次读者的需要，离读者更近一些，因而更便于他们学习。这里也有个尊重读者地位的问题。如果不考虑读者的实际情况，以为调子唱得越高越好，其效果很可能是适得其反的。有些读者对某些先进典型表示怀疑，感到不可理解，除了前边提到的典型报道常常把先进人物神化之外，还有一个原因，就是我们的典型报道品类太少，层次太单一。

也许有的同志说：抓两头，带中间，这历来是我们行之有效的工作方法。不错，用矛盾转化的观点看，我们是应该抓两头，带中间，但是，“抓两头”的目的是“带中间”，如果只“抓”不“带”，只管报道先进和落后这两面，不看也不反映广大处于中间状态群众的情况，那“抓两头”岂不落了空？当然，我们报道“中间”和“落后”绝不意味着要肯定“中间”和“落后”，而是要促使他们向先进学习，逐步转化为先进。可惜，在我们的典型报道中，反映一般人物、落后人物向先进转化的太少了。1981年，北京日报政法部采写过首都群众抢救落水女孩的事迹。他们介绍采写体会时说：听到这件事后，不由得联想起1980年1月一个学生落水遇难，众人围观不救，几个解放军闻讯赶来抢救时，少数落后青年还高喊：“大兵快跑啊，入党、立功的时候到了！”时隔一年，首都人民道德风貌发生了显著变化，一个女孩落水，众人冒着严寒下水相救，有两位同志还光荣牺牲，这是多么鲜明的对照啊！想到这些，他们采写了这个典型，这个典型当然抓得是好的。但是，我们是否可以从另一面想一想呢？假如在下水抢救者中恰好有去年的围观者，或者今年的围观者中恰好有去年的说怪话者，把他们的思想变化过程写一篇报道，这算不算典型呢？也就是说，把“说怪话—围观—下水抢救”的转化过程真实地、深刻地反映一下，可以不可以呢？当然是可以的，而且其教育意义绝不会比只报道“下水抢救”这一个环节小。

（三）典型报道应该是全方位的

这里的“方位”，指的是社会现实的方面或领域，比如，政治领域、经济领域、思想领域、文化领域、生活领域等。我们这个社会是由方方面面组成的统一体。典型报道不应该只反映社会现实的一方面或几方面，而应该反映方方面面，应该是全方位的。

党的十一届三中全会之后，就新闻报道的整体来说，在开拓报道领域方面有很大进展，社会新闻在报纸上逐渐多起来了。但是，只就典型报道来看，其报道领域还是相当狭窄的，属于社会生活的典型报道还不多见。这里也有一个观念问题：好像典型只存在于政治思想领域，再扩大一点，至多还存在于经济领域，至于其他领域，就无所谓典型不典型了。其实，凡是有人群的地方，都有典型；人类涉足的一切领域，都有典型或比较典型的事物。比如，婚姻恋爱、妻子儿女、朋友相处、邻里关系、茶余饭后、夜静更深、衣食住行、谈天唠嗑等，恐怕都有典型的存在。河北日报社的张锡杰同志写过一篇人物通讯《好大嫂》。好大嫂叫王秀荣，是一个上有老、下有小的 18 口之家的家庭主妇。她结婚“不图东西，爱的是人”，婚后尊老爱幼、团结妯娌、勤俭持家。这样一个人物，写她什么？有人说：“写这些针头线脑、家长里短，报上发得出去吗？”可是张锡杰同志写了，而且发表后收到了意想不到的效果：收到很多读者来信，福建前线台还把“好大嫂”介绍给了台湾同胞。像“好大嫂”这样的人物，是应该在我们的典型画廊中占一个位置的。

当然，典型报道反映各色人等、各种事实，最根本的还是宣传一种思想，这和前边提到的新闻典型主要是一种思想典型并不矛盾。问题在于过去我们进行思想教育的路子太狭窄了。

（四）典型报道的形式应该多样化

所谓典型报道，是就报道的内容来说的，而不是一种体裁形式。可是在一些记者同志中似乎也有一种观念：一提典型报道，就和长篇通讯联系在一起，好像报道任何典型都必须用通讯的形式。这种观念也是不正确的。关于这个问题，安岗同志讲过很好的意见："我们有不少同志，一说抓典型总喜欢写大通讯，一占半个版，甚至一个版。这在实际需要的情况下，当然是无可非议的。但是依我看，从新闻手段的特点出发，还是要让电讯先行，让新闻先走一步，然后再用其他形式去做补充报道。"

近年来，典型报道的形式开始多起来了，常见的有下边几种。

1. 利用一组稿件集中宣传重大的具有方向性的典型，当然也可以用单篇新闻或通讯加以报道。

2. 对意义重大而又有持久价值的典型做连续报道，包括典型报道发表后产生的社会效果。连续报道的形式，可用消息、通讯，也可用访问记、日记、座谈会纪要等。

3. 典型报道与全面报道相结合，相互映衬，以收到用典型带动一般、以先进带动落后的效果。

总之，典型报道的形式应该是多种多样、丰富多彩的，而不应该拘泥于某一种模式。

（选自郑旷主编，王益民、林雪蓉、项德生、金重玫、陆家和、吴庚振为副主编的全国20所大学联编教材《当代新闻学》，长征出版社，1987年。该文1988年获河北省哲学社会科学研究优秀成果二等奖、河北省新闻奖一等奖。）

典型报道的重大突破

——在河北省新闻奖评审会议上的一次发言

何少明的通讯《大地生辉》是近年来我省新闻界出现的一篇相当出色的作品。它的篇幅虽然比较长，但在 1991 年度河北省报纸系统新闻奖评选中，评委们经过反复考虑，还是给予它最高奖赏——特等奖。从写作技法上看，《大地生辉》颇见功力，值得学习、研究的东西很多。更重要的是，这篇通讯从一种新的视角，以沉郁的笔调、深挚的激情、磅礴的气势，展现出著名谷子专家李东辉为实现祖国的“四化”而拥抱科学的动人事迹。在典型报道的人物画廊中，李东辉是一个全新的典型，一个具有强烈时代感的典型。

记者采写一个典型人物，总是从一定的视角对人物进行观照的，而不同的视角，又总是表现出不同的价值取向。在“以阶级斗争为纲”的年代，阶级斗争观念是衡量一个典型人物“价值”的主要尺度，因而“阶级斗争”自然成为记者观照典型人物的基本视角。在那个年代，“三大斗争”（首要的是阶级斗争）的主力军是工农兵，典型人物自然也主要存在于工农兵之中。“知识分子无典型”，这种说法虽然在逻辑上是荒谬的，但确是一个历史的事实。翻一翻典型报道的历史，有几个是写知识分子的呢？如果有，知识分子也多半是以“老九”的身份出现的。党的十一届三中全会之后，工作重点实现了伟大的历史性转移，邓小平同志明确提出知识分子是工人阶级的一部分。嗣后，小平同志又提出“科学技术是第一生产力”，并发出“尊重知识，尊重人才”的号召。从此，知识分子的历史命运才发生了根本性变化，知识分子中的先进人物也才进入典型报道的殿堂。三中全会之后，最早站出来以极大热情讴歌知识分子业迹的是作家徐迟同志。他的《哥德巴赫猜想》（1978）和稍后发表的《在湍流的旋涡中》等作品，曾在文坛上引起轰动，使数学家陈景润和物理学家周培源的名字家喻户晓。不过，这些作品不是严格意义上的典型报道，而是报告文学。1981年，樊云芳等同志含着热泪采写了太原工学院教师、化工专家栾茀的动人事迹，在社会上引起强烈反响。1982年10月至11月，报道光学家蒋筑英和电子学家罗健夫的长篇通讯相继发表，广大读者为他们的英年早逝扼腕叹息！在典型报道的历史上，这些作品无疑实现了一个重大突破——结束了“知识分子无典型”的历史。这些作品告诉我们：应该全面正确地认识知识分子，理解知识分子，应该尊重知识，爱惜人才。

但是，正像每一个人都不能揪住自己的头发离开地球一样，任何作品都不可避免地具有历史的局限性。上述作品虽然内容各不相同，主题思想也有很大差别，其视角却是基本一致的：报道科学家的事迹而不把科学家如何搞科研作为重点，不把科学技术和发展经济很好地联系在一起，而是侧重写他们超出科学事业的一种“形而上”的精神，一种超常的人格力量。例如，给他们提工资、分房子，他们不要；评职称，他们让给别人；晋升职务，他们不当，如此等等。我们不是说他们这种可贵的品质不应当歌颂，而只是说，这里有个价值取向问题，有个观照人物的视角问题。科学家的“价值”是什么？是他们用自己掌握的科学技术推动社会生产力的发展，是他们胸怀远大理想为祖国的“四化”建设做出切切实实的贡献。这叫作“生产力标准”。假如科学家不以主要精力搞科学，而是专求人格的自我完善，那么他们的人格不管多么高尚，也只能像当年毛主席批评的不研究艺术规律的作家、艺术家是一名“空头的艺术家”那样，是一名“空头的”科学家。

从历史的角度去观察，不能不说《大地生辉》又一次实现了重大突破，而这种突破主要体现在作者对人物观照的视角上。作者站在“科学技术是第一生产力”的高度，满怀激情，放言笔墨，状写出李东辉在谷子科研事业上奋力拼搏，死而后已，甚至“死而不已”的崇高精神。

作者笔下的李东辉是一个务实的科学家，一个视党的科研事业为自己的生命的科学家，而不是那种极善于创造“豪言壮语”的典型。当他被确诊患了绝症，老伴劝说他要休息时，他说：“你们为我好，就放我去工作。我只有和谷子事业在一起，才会延长生命。”“我的时间不会太多了，你要体谅我的心情。‘文革’在牛棚里天天看着毛主席像哭，还不是盼着有一天能重新获得搞科研的权力！”正是靠着这种务实的精神，他冬去南国，夏到北疆，一年四季不懈地在田间进行科学实验，才主持培育出 13 个谷子新品种，使单产翻了一番；他的一项沟播新技术，推广 500 多万亩，增产粮食 30 多亿公斤；他还参与及独自撰写了 14 本专著和 30 多篇论文。李东辉的价值观非常朴素。有些小青年留学回来谈论外国的生活多么好时，他说：“不要谈外国生活了，要谈中国。中国穷，才要我们创新致富。你们大家都要在各自岗位努力工作，多做贡献。”这就是李东辉的人生价值观。

也许有的同志会说：写人物通讯不是要求写出人物的崇高精神境界吗？强调务实，又怎么能写出人物的精神境界呢？其实，一个人物精神境界崇高不崇高，主要的不是看他怎样说，而是看他怎样做，还要看他的言行的社会效果。动不动就是“以解放全人类为己任”，这样的精神境界当然很高很好，但自己的本职工作做得并不那么出色，没有为发展生产力做出多少贡献，亦即连自己都没有“解放”，又怎么去“解放全人类”呢？

李东辉的感人之处正在于他的实干精神，他的崇高精神境界也恰恰表现在这里。有些人，有些事，如果实事求是地去分析，去评价，读者容易接受；如果拔得太高，读者是并不一定买账的。比如，先人后已、解囊助人、拾金不昧之类事情，写篇稿子表扬一下是可以的，但如果硬拔到“解放全人类”上去，还要奏什么“凯歌”，效果不一定很好。遗憾的是，这种“拔高幼稚病”在过去的某些人物通讯中，是并不鲜见的。

实事求是地写一个典型人物，要表现典型人物的务实精神，是不是比那种拔高的作品好写呢？回答是否定的。要准确、真切地表现出典型人物的精神和业绩，记者本身就必须首先具有务实的精神，必须深入第一线，掌握足够的第一手材料。“画鬼容易画人难”，这个比喻不一定恰当，但其道理和我们写人物通讯是相通的。

《大地生辉》的作者所掌握的李东辉的材料之丰富、之充分，是令人惊叹的。我粗略统计了一下，作品所使用的数据资料（包括科学数据、时限、人数等）达 150 多个；叙写的各种大大小小的事件近 60 个，其中正面表现李东辉从事科研活动的事件 40 余个；所涉及的李东辉的从事谷子科研活动的地域有河北、广西、海南、黑龙江、内蒙古、北京、新疆等省区，而河北又涉及南宫、武安、内丘、定州、巨鹿、阳原、临城、栾城、行唐、曲阳等十多个县市。我们知道，写文章是不能将作者所掌握的全部材料都搬到作品中去的，作者总得对材料进行必要的选择和剪裁。可以想见，作者在文章背后用了多大功夫，花了多大气力！古人云：“功夫在诗外。”诚哉斯言！《大地生辉》内容之扎实，之厚重，在典型报道中是不多见的。需要指出的是，作品所使用的材料虽然很多，但这些材料经过作者的精心组织和调理，并没有堆砌之嫌，读来还是明快晓畅的。

我曾有一个疑惑：李东辉是 1990 年 11 月 30 日病逝的，而《大地生辉》是 1991 年 1 月 10 日发表的，其间只有 40 来天。在这样短的时间内完成由采访、起草到修改定稿的全部工作，是难以想象的。我们知道，《人民的好医生李月华》这篇著名通讯，是由 30 多人的报道组，采访了整整 60 天才完成的。由此我想到：《大地生辉》是不是主要凭第二手材料写成的？河北日报一位领导告诉我：不是这样。原来，何少明同志平时分管科技报道，早在几年前他就与李东辉交上了朋友，李东辉的主要科研活动和业绩，作者早就有具体记载，并建立了“档案”。所以，这篇通讯不是用 40 天写成的，而是用了几年时间写成的。俗谚有云“无心插柳柳成荫”，其实，这仅是个别情况。要想使“柳树成荫”，还得做个有心人。《大地生辉》的成功，正说明了这个道理。

（选自《新时期新闻学论稿》，河北教育出版社，1997 年。作者时任河北省新闻奖评委会副主任。）

解读央视《焦点访谈》“用事实说话”

——兼论电视述评的说理理念

评论一直被认为是以文字符号为其主要载体，以概念、判断、推理为主要话语形式的文体。这种观点，长期以来在人们的头脑中根深蒂固。电视以画面为主要传播手段，在某些人看来，画面所承载的信息往往是浅层次的、客观的，只能记录现场事件，传播事实性信息，电视与评论是“无缘”的。即使电视中出现了诸如主持人评论、编前和编后话等形式的评论，也被冠以“简单模仿报纸评论”的帽子，而为业内人士所不屑。中央电视台《焦点访谈》的横空出世，为电视评论开启了一道智慧之门。作为中央电视台新闻评论部开办的一个以深度报道为主的电视新闻评论栏目，“《焦点访谈》模式”很快在各电视台得到推广，电视评论特别是电视述评大大提升了其在媒体中的地位，并逐渐摸索出一条特色之路。1996 年，《焦点访谈》的定位语由“时事追踪报道，新闻背景分析，社会热点透视，大众话题评说”改为“用事实说话”。这一定位语看似简单，但其内涵是十分深刻的。它道出了《焦点访谈》的制作理念、说理方式上的独特个性，标志着我国的电视评论节目运作的成熟。《焦点访谈》一反评论概念、判断、推理的传统话语模式，寓“述”于“评”，以“述”释“理”，诠释出一种全新的说理理念。本文试图从解读“用事实说话”入手，对电视述评的说理理念进行初步探讨。

一、纪实画面：用事实说话的基本单元

纪实画面，“是指通过广电信号的摄录系统，面对真实的正在进行的人类现实生活，声画同步地在一段时间和空间中不间断地拍摄的一段形象素材”[①]。纪实画面是一个包含有画面、同期声、解说、音响、评论性语言等多种传播元素的有机整体。纪实画面之于电视述评，就像砖瓦之于高楼，发挥着基本组成单位的不可或缺的作用。记者的观点，也正是通过这一个个基本单元，逐渐传播给受众的。因此，纪实画面是用事实说话的基本单元和基本要素。

由于纪实画面往往表现为对现实事件的“再现”，因此，有人认为纪实画面传播的是浅层次的、表面的信息，不具备说理的功能。这种观点是片面的，它忽略了纪实画面的证实作用，没看到各种传播要素的相互影响，更没看到记者主观意识在纪实画面中的“寄寓”。在以形象和视觉所形成的思维环境中，我们不能一味沿用印刷媒介环境中所形成的思维定式进行评价和衡量。“视觉文化，不但标志着一种文化形态的转变和形成，而且意味着人类思维范式的一种转换。”

首先，纪实画面向受众传达一种可以“耳闻目睹”的事实信息，这种事实是客观存在的，无可置疑的。纪实画面的这种有力的实证作用，是任何传播媒介所不能相提并论的，这是评论能产生说服效果的重要前提。

其次，纪实画面内部各种传播元素的相互作用所形成的“格式塔”，是电视述评理性内容的感性显现。阿恩海姆的“格式塔”概念，是德文 Gestalt 的译音，在中国又被称为“完形”。格式塔心理学强调“形”的意义，它不是指我们常说的空间结构或排列关系，而是非常强调“整体”性，

① ［美］鲁道夫・阿恩海姆．视觉思维——审美直觉心理学［M］．滕守尧，译．成都：四川人民出版社，1998.

“整体大于部分之和”。也就是说，格式塔心理学认为，任何“形”都是直觉进行了积极组织或建构的结果，而不是客体本身就有的。“完形是人类对客体经过感知判断之后而形成的一种心理结构，它不完全是客体的性质，也不完全是心理幻觉，而是客体经过直觉活动积极组织后形成的整体。”凡是格式塔，虽说都是由各种要素或成分组成，但它绝不等于构成它的所有成分之和。一个格式塔是一个完整独立于这些成分的全新的整体。这里的“新”，是指它是从原有的构成成分中“凸显”出来的，因而它的特征和性质都是在原构成成分中找不到的。如果我们把纪实画面看作一个相对完整的“格式塔”，它所传播的信息，远远多于画面、同期声、解说等独立要素所承载的信息之和。纪实画面的说理性也正在于此。

就“格式塔”的内部构成而言，传播要素的不同搭配使纪实画面承载着强烈的主观信息。中央电视台《焦点访谈》2003 年 1 月 16 日播出的《封堵洋垃圾》中有这样一个纪实画面：

画面：在海边的荒地上，有几间破败的茅草屋，这是走私洋垃圾储藏的地方。几十名武警官兵身着整齐的军装，骑着摩托，依次走过。个个目光坚定，威风凛凛。

解说词：广州市有关部门组织了 200 多人的整治队伍，对走私洋垃圾的重点地段、重点部位展开接连不断的打击、整治工作。

同期声：摩托开过的轰鸣声。

这个“格式塔”纪实画面，运用了影像、同期声、解说三种传播手段。记者解说为观众更好地理解画面提供了一个很好的平台，向观众传递了“武警官兵整治走私洋垃圾”这样一个“主干”信息。整个纪实画面却蕴含着丰富的内容，传达出作者的主观意图。“荒地”“破败的茅草屋”和

“威风凛凛的武警官兵”形成鲜明的对比，暗含着走私者的丑恶行为和治理者的可敬，并告诉观众“邪恶不会长久，正义终将胜利”这一道理，增强了观众对抵制走私行为的信心。

就整体抽象意义而言，“格式塔”是一个“自组织”类型的结构，它有中心，有主次，有倾向，有虚实，在纪实画面中，主体事物的多次反复出现，会传达给观众“节目重视此类事物”的抽象信息，从而产生说理的作用。例如，电视述评中如果经常出现农民的形象，就会让观众形成“农民在电视述评中受到重视”或“节目是在为农民讲话、维护农民的利益”等观念。

二、展示过程：用事实说话的独特手段

电视述评是一种“过程式”评论，它在追随事件的发展、变化中展示理性的内容。这和报纸评论中的“总结式”评论是不同的。“过程式”评论注重观众的主动参与，调动观众的收看欲望，便于使观众的“无意识注意”转为“有意识注意”，从而增强节目的传播效果。“无论在报界、广告界还是在高雅艺术中，现代传播的整个趋势是走向过程的参与，而不是对观念的领悟。”《焦点访谈》设有《焦点回声》节目，就是增强反映事实发展变动过程的表现。

（一）让“过程”浮现深刻哲理

电视述评是一种评论性的深度报道体裁，它注重深入挖掘事实本质，在过程中充分展示记者的观点。“在从一个具体的新闻事件切入后，现场记者的出镜和以记者为主体展开的一系列深入采访、调查、取证、追踪过

程……既增强了节目的可信度，又可以强化观众的期待心理，让观众和记者一起展开调查和思考，这才是电视特有的魅力——报纸让读者读到的是‘过去完成时’，而电视可以表现‘现在进行时’。”①

黑龙江电视台1999年3月22日、6月13日、11月12日分别播出了三集系列述评节目《消失的哈拉海》，向观众完整展示了哈拉海这块宝贵的湿地从被发现、被开采到被破坏的过程。每一集都向观众展示过程中的一个环节，但每一环节在记者细微的观察中又留有变化的蛛丝马迹，使各个环节的衔接自然而完整，充分展示了事件进展深入的过程。在（之一）《我省西部地区发现一块保持原始风貌的湿地》中，节目如实记录了哈拉海湿地被发现的过程，以及当地领导对哈拉海湿地历史的介绍、专家对此湿地价值的考证。这些内容使观众对哈拉海湿地有了一个概括的了解和初步的认识，为以后的详细介绍搭起了一个完整的框架。在（之二）《走进哈拉海》中，记者跟随由七名学者所组成的考察团，对哈拉海的自然景象、资源价值进行了详细考察，使观众对哈拉海有了具体的印象和深入的了解，认识到哈拉海价值的不菲。在（之三）《哈拉海湿地遭到破坏》中，记者通过对工人、渔民、有关专家以及当地领导的采访，从各个侧面向观众剖析了哈拉海遭到破坏的原因、过程以及由此造成的损失。至此，哈拉海消失的原因得到彻底的浮现，并带给观众深刻的思考。这个述评节目揭示了领导、开发商、普通工人等由于环保意识欠缺带来的严重后果，更说明了环保制度的不健全给我国的自然资源带来的危害。这个结论不是用一般的形式逻辑推导出来的，而是将深刻的哲理蕴含在过程之中，使之自然而然地在受众心目中得出。

电视述评在叙述事实时并非浮光掠影地简单纪实，而是注重在每一个

① 时统宇．深度报道范文评析［M］．北京：新华出版社，2001.

变化的环节上深入挖掘，将事实的本质隐含在生动的叙述之中，使受众在感性之中领悟到理性的真谛，在偶然中看到必然，在变化中看到定律，从而使节目所要传达的“理”在观众脑海中逐步浮现、明朗，并且能为观众所信服。正如《焦点访谈》栏目负责人梁建增所说的：“这种顺藤摸瓜、由表及里的调查过程本身就是缜密而完整的论证。”[①]

（二）访谈演绎科学论断

访谈是记者通过对相关人员的问答来揭示事实本质的表现形式。访谈是一种意见性信息的立体展现过程，其思辨性不仅表现在记者将自己的思维融入访谈之中，而且表现在记者吸收各方观点，使论点在立体的访谈之中得以确立。

访谈是使事实的纵向过程进行横向深化的重要方式。它使事实进展的每一环节的各方面都得到充分的反映，各种意见都得到充分的表达。在此基础上，节目的“论断”才能更科学，更令人信服。这也是现代社会的需要，“随着新媒介的出现和普及，人们享有越来越多的信息渠道，另一方面，观众的成熟也要求多元化的信息来源”[②]。

中央电视台 1994 年 11 月 19 日在《焦点访谈·惜哉文化》中，记者围绕火灾损失问题采访了和新闻事件有关的各方人士：

记者：损失有多大？

市民：无法估量，无价之宝。

教师：上万件文物所剩无几……

书记：你不已经看到烧成这样吗？不要照了，我不好回答你的问题。

---

① 梁建增 .《焦点访谈》红皮书［M］. 北京：文化艺术出版社，2002.

② 仰和 . 跨国电视传播新格局及其“新式新闻”特征［J］. 国际新闻界，2003（2）.

副局长：不清楚，现在不清楚。

市长：损失情况不大……而且是儿童读物……

通过记者的访谈，观众不但看出了损失的惨重，而且通过对不同身份人士的回答的比较，从中看到有关领导故意隐瞒真相的心理，使官僚主义暴露无遗。在此过程中，记者没有一句自己的评论性语言，却达到了由现象揭露本质的目的。

在访谈中，记者点评尤其是主持人点评是最为直接的评论形式，也是最具有主观色彩的部分。它多位于片尾，明确表明记者的立场和观点，并且对新闻事实的进程进行理性升华。它类似报纸时评，缘事而发，而又高于事实。这种点评要求简明扼要，点到为止。《焦点访谈》1997 年 10 月 13 日的节目《逃不脱的罪责》中，在记者如实反映了张金柱的罪行之后，主持人在结尾点评道：

在采访中，我们的记者了解到，张金柱案件发生以后，郑州市公安系统迅速采取了措施，亡羊补牢固然重要，但更为重要的是公安系统应该想办法杜绝这种违法乱纪、胡作非为的现象存在。在节目中，我们听到郑州市公安局局长讲了一句非常有理的话：公安系统用的每一分钱都是人民给的，所以应该为人民服务。那么，在这样一个服务性的机构中，为什么会滋生出少数类似张金柱这样的人？他们不但养出了老爷气，甚至养出了霸气。从我们今天报道的这个案件中，这个问题不仅值得我们深思，而且值得有关部门尽快讨论如何从体制上加以解决。

这一段记者点评，在详细叙述事实的基础上，直抒胸臆，痛快淋漓，不但使记者明确表达出的观点更科学，而且记者说出了观众能感觉到但又没有说出的话，毫无评论中常见的枯燥与说教味。这种高质量的点评的引导，加深了观众对事实本质的领悟，同时也增强了述评的说服力。

三、巧于讲述：用事实说话的重要手段

电视述评是一种寓“评”于“述”的评论形式。“述”的方式方法，是影响评论效果的重要因素。麦克卢汉在《给伊尼斯的信》中说：“形式本身的效力，远远超过它提供信息的功能。”持“技术决定论”的麦克卢汉很早以前就意识到了形式的力量。电视述评正是采用了恰当的说理方式，才使其独特的说理理念得以凸显。

（一）用细节体现本质

细节具有其他事实材料不具备的特性，能最大限度地揭示事实的本质。它集生动性、鲜明性、深刻性于一身，同时又具备其他材料的共性，它属于全部事实的一个环节，和其他环节共同表现事实的本质。

按照美国学者阿恩海姆的审美心理分析理论，细节选取和塑造的过程就是“意象”产生的过程。“意象”的意义就在于通过刺激人的视知觉的理解力来引发深层次思考，从而在有限的时空中理解出事物的本质。这里所指的“心理意象”绝不是对可见物的完整的复制，它是由记忆机制的还原功能决定的。这种机制把该事物从它所在的环境中抽取出来，独立展示。“抽取”的过程就是视知觉的选择过程，选择的结果就形成心理意象。具体而言，当思维集中于某事物最关键的部分时，就舍弃了无关紧要的其他部分，从而形成一种表面上不清晰、不具体的意象。这种形态不代表一个真实而具体的事物，而是一个属于“质”的抽象概念，它使心理意象和自

然事物的本体区分开来。细节正是这样一种心理意象的承载物。“实践告诉我们，宽泛的视野、空泛的描述是无法给人们留下深刻的印象的，只有集中在某一局部或某个点，做具体、细致的描述，才会使我们的报道深深地印入人们的脑际。”①

在评论节目中，细节是调查、揭示新闻背后的原因和实质的关键，是发表意见的出发点。按照阿恩海姆的观点，获得细节有两个途径：一是抓住某类事物的结构本质。任何一个整体中，总有某些方面对性质起主导作用。它具有“生发”作用，可以生发出一种完整的意象，通过意象表现的关键性质来体现事物的整体结构。二是构造事物的动态形式，以达到对其总体结构状态的把握，即选取事物运动的某个典型状态，让它代表其整体。

中央电视台《焦点访谈》于 2002 年 1 月 14 日播出的《追踪死猪肉》中，有一个细节恰当而又真实地从一个角度反映了事实的本质。采访过程中，记者如实记录了山东省胶南一个食品交易市场检验单的发放过程：

画面：小贩在市场上把兽医站检疫人员叫到摊前，拿出空白的检疫单。检疫人员不闻不问就为其扣上了食品合格印章。

记者：她这个合不合格你知道吗？

检疫人员：都合格。

记者：你盖个章就合格了？

检疫人员：对。

这个可气又可笑的细节，说明死猪肉之所以流通，检验人员的不负责任是其重要原因。它从一个侧面反映出伪劣商品流通的根源不仅在于制度

① 黄匡宇. 电视新闻语言学［M］. 北京：中国广播电视出版社，2000.

的不健全，更在于一些管理人员的素质不高。这个细节将事实的本质隐藏于可笑的微妙场景之中，毫无枯燥与说教味。这种高质量的点评的引导，加深了观众对事实本质的领悟，同时也增强了述评的说服力。

事实的本质不但可以通过矛盾集中化的环节显露出来，还可以由几个细节连缀成一段完整事实框架，来揭示事实的本质。2001 年 11 月 17 日《焦点访谈》播出的《里应外合闹考场》，就是通过几个细节，将完整的事实表现出来，让观众看到表面的考试现象下隐藏的异常因素。

细节一：开考后，考生交头接耳，传递字条。手机摆放在桌子上，像是在等待。监考老师对此视而不见，背对考场，“悠然自得”。

细节二：考试到了一半，场外考生家长突然都向一个方向跑去，原来是在复印考试答案，接下来纷纷对着手机小声念答案。

细节三：考场内顿时热闹起来，考生奋笔疾书。监考老师仍然若无其事。

从细节所记录的事实和其中的异常情景来看，观众很容易看出这是一场里应外合的考试作弊事件，而其中监考人员与考生家长的默契，反映了这场作弊事件的有组织性。作弊规模如此之大，也反映了作弊事件有可能带有普遍性。短短几个细节场景的连缀，不但能清楚地叙述事实的始末，而且向观众揭示出不言而喻的事实本质。

电视述评中的细节就是这样通过一个个简短而真实的场景，引导观众产生一定的“心理意象”，使观众在接受事实性信息的同时，对记者寓于叙述中的立场和意见进行“意会”，从而达到利用节目进行说理论证的目的。

（二）让逻辑体现思辨

系统论原理告诉我们，结构的序列改变，会引起系统含义的某种改变。这一点表现在电视述评节目中，即“镜头与镜头之间、段落与段落之间的组织结构次序和方法，时间与空间的合理转换，既体现着内容的有机联系和合理逻辑，也发挥着支配观众收视注意和控制观众心理和情绪的功能”。电视述评通过段落的衔接，以及巧妙的叙述方式和逻辑结构，使事实的本质和记者的意见性信息能更顺利地为观众所接受。

叙述方式中的思辨性，往往体现在记者将自己的睿智和观点贯穿于对事件结构的逻辑性安排中，而这种逻辑是从现实事件之中提炼出来的。现实生活中，现象总是复杂的，要想弄清问题，亮出观点，首先要拨开云雾，选准一个突破口。作者应该首先从宏观的角度认识具体事实所说明的内涵，以及其在事实整体之中所处的位置以及各个事件间的连带关系，然后再将这些事实按照一定的逻辑顺序编排在一起。这样既能说明事件原委，又能在叙述中引起观众的思考，使观众自然而然地得出某种结论和认识。

2002 年 3 月 27 日《焦点访谈》播出的《“毒”害人命黑作坊》，揭露了河北省高碑店市一些乡镇企业不顾工人死活致使发生了外地民工苯中毒的严重事件。节目是按照这样一条线索进行叙述的：呈现问题—原因分析—实地调查—处理方案。这是一个点面结合、由表及里、因果兼备的叙述线索，为记者的说理开辟了广阔的空间。节目从中毒身亡的打工妹吕继香的情况入手，对再生障碍性贫血症的稀有和当地打工人员的高患病率进行了对比。这种悬念式的开头，有利于观众对此事件进行更深刻的关注和思考。节目以当地管理部门的整治和对企业主的管理教育等有关措施为结尾，既暗含着非法经营活动难逃法网，又表明国家治理的力度与决心。节目在揭露社会阴暗面的同时，又能使观众对光明的未来充满信心。节目所产生的令人瞠目而又满怀希望的思辨效果，正是评论的引导性在电视述评叙事方式中的巧妙体现。

巧于安排事实的结构，将记者的思维巧妙地贯穿于表现事实逻辑结构之中，能使节目的表现力大大增强。如中央电视台 1996 年 4 月 29 日播出的《咸宁工商取财有“道”》中，当几个车主以自己的经历说出了事实的真相，在人证物证俱全之后，按照常规思维，本应该是采访责任人，进一步使咸宁工商局的“暗箱操作”曝光于天下。但是，记者并没有这样做，而是跟随要车的车主，拍摄了要车的整个过程，这样才出现了对徐碧琼泼辣骄横、滥用职权的痛快淋漓的曝光，让人看了解气！这种巧妙安排叙述结构的方法，可谓“一箭双雕”：既能够避免负责人为掩饰事实而互相推诿、回避采访的困难，又能够从事件的发展势态中让观众自己找到问题的症结所在。节目结尾安排得很有讽刺意味：将徐碧琼局长一明一暗两次截然相反的形象分屏展示在观众面前，使主题揭示得更加深刻。这种既符合事件发展的逻辑，又含有记者巧妙创意的叙事结构，不断给观众以柳暗花明的感觉，而且很自然地引导观众进行更深刻的思考。

总之，“用事实说话”是一种全新的说理理念，这种说理理念是“视觉文化”的产物，是电视媒介以论说理的独特的话语形式。麦克卢汉的“媒介即人的延伸”理论认为，媒介的变迁推动人的思维方式进行变革。“用事实说话”走出了报纸评论的思维定式，成长并成熟于电视媒介环境之中。“从时空观念入手，解决思维单一问题，从而获得电视时空的立体思维。”只有从这一角度，我们才能更准确地理解“用事实说话”的丰富而深刻的含意。

（原载《河北大学成人教育学院学报》2004 年第 4 期）

电视主持人评论论析

从1980年中央电视台的《观察与思考》栏目创办以来，我国的电视评论已有20多年的历史。但由于一些历史和政治的原因，以前的电视评论过于注重自上而下的政治宣传功能，而忽视受众参与和其他功能；参与制作评论节目的编辑、记者、播音员只是作为整个舆论宣传机器的“零部件”而存在，评论人作为“人”的人格特质被无意甚至有意地抹杀掉，导致传播规律难以正常发挥作用。因此，本该对舆论起重要作用的电视评论一直难以尽如人意。直到1990年代以《东方时空》和《焦点访谈》为代表的一批崭新的评论栏目出现之后，情况才得到很大改观。这些新型评论最特别之处，就是把主持人——这种更为人性化、个性化的评论形式嫁接到电视评论的栏目中，从而改变了以前简单灌输的模式，给电视这种大众传媒注入了人际传播的因素，大大缩短了与观众的距离。

这种改变并不是突然来临的，而是近十年来改革开放步伐的加快所带来的必然结果。随着中国与世界越来越多的深入接触，人们的思想有了很大转变，社会公共领域在中国也开始逐步成熟起来。尤其是将西方传播界个性化传播思想引入之后，我国媒体和传播学界都开始关注个性化传播在电视评论中的运用，代表个性的主持人便应运而生了。今天我们坐在电视机前观看评论节目时，很少再看到一个毫无表情的播音员坐在那里只是字正腔圆地朗读报刊文章的情况出现了。虽然受技术条件的限制，电视媒体到今天为止还无法实现真正意义上的人际传播，但是当主持人以平等的姿态出现在我们面前，带着他自己的真情实感，运用自然平实的语言和谈天一样的语气，向我们转达而不是强加他个人（实际上是代表编辑部）的意见、看法时，这个具有人性化面孔的评论人的观点，对坐在电视机前被一贯当成评论“靶子”的受众而言，是多么可亲可信！

一、电视主持人评论的界定

随着电视评论栏目的成熟和多样化，在新闻理论界出现了“电视主持人评论”这一概念。但是“电视主持人评论”到底应该怎样界定？至今仍有异议。目前国内学术界大致有两种看法：一种看法认为只要含有主持人点评的节目，就可以称为主持人评论；另一种看法认为电视评论节目有主持人参与，才可以划进主持人评论的范围。持第一种看法的人把主持人评论放大到电视批评的范畴，认为主持人评论不只是对新闻的评论，而是一切有主持人参与的评论形式的总称。第二种看法虽然把主持人评论缩小到电视评论栏目之内，强调了评论的新闻性，但是主持人在节目中的主导作用并未很好地体现出来，那些时效性不太强的各类谈话节目也被划为主持人评论。这两种看法代表了目前学术界对“电视主持人评论”的主要观点。

就现在公认的主持人评论节目——北京电视台的《第七日》来看，主持人评论应该是一种从原有的电视新闻评论中衍生出来的、崭新的、更加人性化的评论形式。它是专业的新闻评论人以栏目主持人的身份，对新近发生的重大事件或引起普遍关注的社会情况做出评价的一种评论形式。前面提到的两种理解要么只关注了“主持人”本身，要么把注意力主要放在栏目上，都不同程度地忽视了电视主持人评论的本质属性。

在电视新闻评论中，专业主持人直接与观众面对面交流的评论形态大致有两种。一种是结语或串词式的评论。这是一种主持人在主持节目（主要是现场直播）时对新闻事实或现象所做的简短评论，如《新闻调查》主持人在评论前的导语和评论当中的串联词、《东方时空》总主持人的现场评点等。这种评论的特点是短小精悍、形式自由活泼。另一种则是独立成篇的评论或者多篇短评的集合构成，在电视节目中占有独立的时段，并辟有专栏或子栏目。最典型的例子就是北京电视台 1998 年 3 月创办的《元元说话》(后改为《第七日》[①]。这种评论规格较高，篇幅少则三五百字，多则上千字。评论稿一般也由主持人参与选题、策划，甚至亲自执笔撰写，因此主持人本人的志趣、情感乃至笔锋等个性特征体现得更为突出。一旦主持人作为媒体的评论权威形象被受众所接受，他的发言就会具有很强的社会舆论引导功能。我们这里所谈的“电视主持人评论”，主要是指这一种。

综上所述，我们认为电视主持人评论是指在专辟的时段或栏目中，主持人针对重大新闻事件或普遍关注的新情况、新问题，代表编辑部发表的个性化的言论。它是影响社会舆论和受众思想行为的一种重要的电视评论形式。

二、主持人评论与谈话体评论的区别

电视主持人评论的出现不仅是电视传播形式的丰富和发展，也是电视

① 1998 年 3 月，北京电视台以主持人元元的名字创办了一个评论栏目《元元说话》。1999 年 4 月 4 日基于《元元说话》又策划、创办了大型新闻集纳评点栏目《第七日》，主持人不变。(参见北京电视台网站《第七日》栏目介绍［EB/OL］.(2002-11-9)［2002-8-22］. http: //www.btv.org/gb/node/2002-11/09/node -581. html)

传媒积极引入人际传播因素、改变传播理念的结果，它折射出传媒崭新的受众本位观念和人文主义思想。虽然在评论中引入主持人对国际电视评论界来讲并不是什么创新之举，早在20世纪40年代，CBS就拥有爱德华兹（Douglas Edwards）这样著名的新闻节目主持人了，但是对一直因循报刊评论模式的中国电视评论而言，主持人的出现绝对是一大变革，而这也是我国电视评论走向成熟的重要标志。它宣告了中国电视“有述无评”时代的结束，也宣告了电视评论员无个性、符号化历史的终结。电视主持人评论可以说是最具人性化和个性化的一种评论形式。

谈话体评论是时下另一种非常流行的评论形式，它的主持人在评论中也起着非常关键的作用，主持人的个性风格在节目中体现得也非常明显，因此学术界也有人将它划归主持人评论范畴内。但是如果深入探讨会发现，我们这里所特指的主持人评论与谈话体评论还是存在相当大差异的。这种差异归纳起来主要是以下两点。

（一）主持人所起的作用不同

谈话体评论的主持人虽然在节目中也会起到重要的作用，但他的工作更多的是一种控制、引导而非主导性质的。例如，当《实话实说》的嘉宾的讨论偏离原话题的时候，崔永元就会恰当地提出一些幽默又不乏机智的问题，让观众开心一笑之余又折返到原先的议程设置当中。崔永元所做的工作就属于一种引导、联结性质的，目的是促使嘉宾和现场观众更加活跃自然地参与到节目的讨论之中，而节目真正的主角是那些被引导者。正是他们的各抒己见和随意发挥才产生了谈话式评论的效果。而主持人评论则不同。它需要主持人在节目中起到绝对的主导作用，即使邀请嘉宾座谈也最终是为主持人言论做铺垫和陪衬，从而使主持人的言论本身更具有权威性和影响力。节目的绝大部分内容和关键评论是由主持人用自己的特色语言播讲出来的，这也正是主持人评论吸引受众之处。早期的《元元说话》成了北京各阶层的收视热点，但这个节目吸引老百姓目光的不是什么名人、嘉宾，而是京腔京调、坐在镜头前面“说评论”的主持人元元。

（二）主持人参与节目的深度不同

虽然有时谈话体评论的主持人也参与节目的策划、编辑等工作，但他们往往不是以主持人的身份，而是在另一种身份下——例如，身兼编导、记者之职所要做的工作，崔永元就身兼《实话实说》的节目制片人。但是主持人评论中的主持人就不一样了，他必须亲自筛选准备制作评论的素材，熟悉新闻事件的内容，独自撰写或者参与制作评论提纲。可以说，他不仅仅是播录时间的节目主导，而且在整个节目策划、编排、筛选过程中都起着非常重要的作用。有文章谈到《元元说话》改版为一周新闻综述性质的《第七日》之后，主持人元元自述的日程安排：

> （周一到周四每天）上班后，雷打不动先坐那儿看两小时的报纸，20多种报纸边看、边琢磨、边记。到了晚上再整理、提炼形成自己的观点。到了周四的晚上，再和栏目责任编辑把四天的东西碰一下，晚上回家把商量的结果写出来，两人一人写一半，然后到了周五的上午合成一份，变成了“元元的语言”。下午再过一遍，傍晚成稿，领导看一遍，拍板。晚上八九点开始录像。周六、周日有什么东西随时往里填，周六将记者们自采的稿件统一串编。周日没有什么新的事件就准备上线播出了。[①]

这份以周为单位的工作日志包含了选材、策划、写作、编辑、定稿、

① 佳煜，龙金科．元元：《第七日》收视“神话”是怎样练成的？［EB/OL］.（2001-8-20）［2002-6-25］. http://www.btv.org/gb/node/2001-8-20/node-581.html.

统筹、录制、播出等一系列的工作。栏目的正常运转要求主持人除了具有新闻工作的各项基本技能之外，还要有深厚的新闻实践经验和高度的新闻敏感。从这一点上说，记者出身的元元可以做好《元元说话》和后来的《第七日》，这绝对不是一个偶然的现象。

三、电视主持人评论的特点和优势

在出现专职的评论主持人之前，电视评论几乎可以说是毫无特点可言，甚至一直被新闻评论界认作报纸评论的“有声图像”版。直到主持人的介入，电视评论才开始有了自己的个性特征。采用适合电视媒介特点的具有贴近性，甚至是随感性的个性语言加以表述，并模拟人际交流的模式，这些改革致使电视主持人评论开始呈现出不同于报纸、广播评论以及传统电视评论的优势。电视主持人评论一方面集中了主持人的个性和记者的理性双方面的优势，另一方面栏目本身以主持人为核心的特殊运作机制，使得评论主持人可以在节目中拥有更多的表现空间和主动权，节目的特色优势也因之更为鲜明。这种特色和优势主要表现在以下两方面。

（一）人际传播与大众传播的统一和同化

按照传播学的观点，传播类型主要包括内向传播、人际传播、组织传播和大众传播四种。其中，人际传播以其传播形式灵活多样和信息交流双向互动性强的优势，被公认为是信息传输质量最高的传播形式。但是与大众传播的制度化和专业制作相比，人际传播同时存在传输效率低下、传播范围小的弱点。过去理论界总是把人际传播放在现实的人际交往之间，把大众传播归于传媒，使这两种传播方式长期处于对立和分化的状态下。随着多媒体信息技术的飞速发展和受众观念的变革，人际传播和大众传播已经跨过了人为分化的鸿沟，在大众传媒中汇合同化。

电视评论的改革，就是基于这种理论观念的转变。电视主持人评论是在传统的“一对多”的高效传播优势的基础上，引入人际传播的“优良基因”的结果，它实际上是一种对大众传播和人际传播的“混合传播”尝试。主持人以平易的形象出现在屏幕上，把他的意见、观点带给每一个受众，使受众感受到一种自由平和的传播氛围，使传统的“一对多”的传输形式模拟出崭新的“一对一”的对象化传播，传者和受者双方的对象感都会因此而更加真实。正如一位电视新闻节目主持人所说的：“绝不能把受众当成普通的观众。受众把你请到他们家里，你是客人，是熟人，甚至可以说是朋友，他们欢迎你，是因为你有话要讲给他们听。”制作评论节目时创造出人际传播的模拟环境，使主持人的评论语言更加细腻、生动和生活化。这种传播方式对受众来讲会有一种对象化的亲切感。这种“真实的错觉”使受众有一种就在自家客厅里有针对性地讨论的现场感，因为感到受尊重而获得心理满足，因而他们会更乐于参与到信息传播过程当中，接受传播者——电视媒介发出的信息。这种革新本身就隐含了人文关怀的因素，因此它在提高信息传播效率的同时，也顺应了呼吁“人本位”和“个性色彩”的时代要求。

（二）鲜明的个性风格

希腊哲学家海拉里特斯说过：“个性即人的命运。”同样，对节目来讲就是“个性即节目的生命”。鲜明的个性可以塑造出特色鲜明的评论节目，给观众留下深刻的印象。对任何一种评论节目而言，有了受众才能谈到传播效果。电子媒介本身存在着信号不易保存、稍纵即逝的弱点，因此电视若想做出可与报纸相媲美的权威评论节目，如果没有鲜明的个性就不能给受众以强烈的印象，也就无法实现传播意图。

北京电视台的《第七日》以一个非黄金时段的非娱乐性的新闻论说节目，在节目开播仅几个星期后，就跻身全台栏目的收视率排行榜前三位，创造出电视评论节目的新纪录。据北京京视调查公司2001年统计，《第七日》平均收视率为4.3%，最高收视率达6.45%，平均相对占有率为28%，最高相对占有率为32%。[①] 这些数字显示出主持人元元和《第七日》在观众心目中已经树立起相当的威信。吴郁教授在分析《第七日》的前身——《元元说话》时指出："《元元说话》的成长和成功，不仅在于它起到了有效的舆论监督的作用，还在于它洋溢着节目以及主持人的个性魅力。"[②] 正是由于主持人给予评论节目鲜明的个性，给予评论节目灵魂和吸引受众的魅力内核，所以拥有一名个性鲜明的主持人是一个主持人评论栏目能否成功的首要条件。

四、主持人评论的发展状况和前景预测

作为中国评论界的新生一代，主持人评论节目风格的形成、保持也需要一个摸索和调适的过程，这个过程可短可长，有曲折、有反复，有时甚至会出现一些形式、内容和指导方针上的偏差，例如，中央电视台在1996年元旦推出的主持人评论节目《面对面》，从开始创办就有人对其风格和定位存在异议，指责其个性不够鲜明、内容不够深刻，几经改版、更

① 北京电视台网站《第七日》栏目介绍［EB/OL］.（2002-11-09）［2002-8-22］.http://www.btv.org/gb/node/2002-11/09/node -581. html.

② 吴郁，牛力 . 春山磔磔春禽鸣　此间不可无我音——有感于《元元说话》的个性魅力［J］. 中国广播电视学刊，1999，13（8）：42-44，46.

换主持人后还是被停播整改。直到2003年5月在新闻频道再次亮相，获得好评，但它已经不再是以主持人评论的面貌出现了。塑造一个权威言论栏目不是几天或是几个月就能完成的，一个成功的主持人评论栏目需要整个制作群体长期不懈地共同努力。从国外的经验来看，著名的新闻栏目往往是依靠一代甚至几代出色的新闻评论员来支撑的。以美国CBS著名的《晚间新闻》为例，这档新闻节目几十年来没有改版，却一直是CBS新闻节目权威性的象征，它依靠的就是包括沃尔特·克朗凯特和丹·拉瑟在内的几代新闻主持人几十年如一日的出色工作。可是在中国由于专业电视评论人的匮乏，电视主持人评论今天依然处在举步维艰的境地。同深度报道和新闻述评栏目的热播相比，全国范围内坚持下来的主持人评论栏目依然少得可怜。中国的主持人评论仍然处于发展初期，还有一段漫长的成长历程要走。这个过程犹如分娩，对身处其中的每一个节目制作人员来说都是艰涩痛苦的。可越是这个时候就越需要媒体和受众的宽容理解。一旦它在媒介和受众容忍下渡过了这一关，就可以形成较为固定的风格，拥有自己稳定的受众群体和收视率了。

关于新闻主持人的观念，有趣的是中外差别很大。与中国受众“主持人要年轻漂亮”的观念相反，国外优秀的新闻评论员往往都有过当记者、做编辑的经历，外形上也往往是头发花白的智者形象，一些著名的媒介人士甚至认为过于英俊的外形会影响评论员稳健的权威形象。CBS《晚间新闻》著名的新闻主持人克朗凯特就是在46岁时，即转入CBS的第12年才走上电视新闻评论员岗位的。长期从事战地记者和驻外记者的经历使他具有丰富的实地报道经验，这使他应对各类复杂的新闻事件时，都可以驾轻就熟地剖析事实的前因后果，发表自己独到的、令人信服的见解。

反观我们的电视评论界，长期以来难以培养出出色的电视评论员，实际上是根源于传统的编、导、播剥离式的新闻分工体制。而主持人评论的出现从根本上改变了这一点，使从事一线工作的记者走上主持人的岗位，同时又没有脱离实际新闻工作。这种特殊的运作机制使主持人一方面接触到真实的社会环境和社会问题，另一方面又有机会在前台发表自己对实际问题的看法和提议。因此当他主持新闻节目的时候，原有的志趣、专长、习惯等特质就可以形成风格渗入言论当中，很自然地与评论融为一体，使节目形成鲜明风格和特色。我们现在的新闻评论界，已经拥有了一批在深度报道和述评性新闻栏目中锻炼出来的记者型主持人，如果这些主持人能够进一步在主持人评论节目中受到磨炼的话，最终很可能会成为中国电视界第一批真正意义上的电视评论员，他们将会为中国电视新闻评论带来新一轮的发展机遇和革新浪潮。因此，虽然与新闻述评、深度报道等其他同时出现的电视新闻栏目相比，电视主持人评论的发展现状还不尽如人意，但它应该是电视评论发展的一个必然方向。可以肯定的是，在媒体竞争日益激烈的今天，一个成功的主持人评论栏目会提升整个栏目甚至电视台的言论水准，成为电视台的品牌和魅力核心，成为一个为电视台争取更多受众的亮点。

（原载《现代传播》（中国传媒大学学报）2003 年第 5 期。后收入吴庚振著《广播电视评论学》，河北人民出版社，2005 年 5 月。该书为“21 世纪高等学校新闻传播系列教材”之一。）

我国报业面临新一轮结构调整

随着社会主义市场经济体制的建立，我国报业正逐步走向激烈竞争和瞬息万变的市场，成为市场环境中生存发展的有机体。因此，分析报业的环境因素，根据其变化制定新的策略，才能获得生存的基础，并在激烈的竞争中应对挑战，抓住机遇，获得自身的快速发展。

一、报业生存环境的一系列深刻变化

（一）中国“入世”进程加快，参与报业的国际竞争迫在眉睫

在21世纪来临之际，我国报业的生存环境面临着一系列前所未有的深刻变化。冲浪、竞争、挑战、机遇，将是中国报业面对的时代主题。1999年11月15日，中美就中国加入WTO达成协议。中国“入世”进程前进了一大步。虽然我国政府至今尚未承诺开放传媒市场，但从长远看，一旦中国正式加入世贸组织，随着贸易自由化原则、国民待遇原则、无歧视贸易待遇原则等的推行，媒介市场逐步开放是一个必然趋势，而媒介市场的开放必然带来报业生存环境的重大变化。

一是生产成本可望下降。据测算，发行量为100万份左右的报纸成本结构大体为新闻纸占60%，印刷费占15%，管理费占25%。“入世”后中

国将大幅度降低造纸业的关税，由目前的12%~18%下降到5.0%~7.5%，而进口纸平均比国产纸价格每吨低1000~1500元。国外新闻纸的大量进口将使报业生产成本大幅度降低。生产成本的降低无疑会使报业在与广播电视及第四媒体的竞争中处于有利地位。但从另一方面来看，生产成本的降低也会使报业内部的竞争加剧。因为实力雄厚、发行量大的大报会更有效地利用低成本因素赚取更多利润，而小报因其实力和发行量的限制，其获得的实际利润往往与大报不可同日而语。这就是说报业生产成本降低之后，将会使强者越强，弱者越弱，其竞争也就会更加激烈。

二是广告市场的经营格局将被打破。“入世”后，广告经营额会大幅度上升。据预测，中国“入世”后每年国内生产总值将提高近3个百分点，相当于300多亿美元。广告额的增长速度是与国民经济形势紧密相连的。国内经济的繁荣和国外公司在华拓展市场，无疑会投入大笔的广告费。但是，从另一方面来看，国内广告业也面临巨大冲击。《中美双边协议》规定：“入世”后中国在三至四年内将逐步取消广告领域内的限制，美国的服务供应商可建立100%的全资拥有的分支机构。这就意味着随着国外广告商的大量涌入，长期以来由国内媒体和广告公司经营广告业务的格局将被打破。国外专营广告资源的媒介公司不但实力雄厚，而且专业服务水平高，业务操作系统完善成熟，拥有先进的经营管理理念和丰富的管理经验。目前，我国一家经营状况比较好的报社，其收入的基本构成大概是发行收入占32%，广告收入占65%，其他收入占3%。外资广告业大举进入中国后，对以广告作为主要收入来源的报业来说，产生的冲击必然是巨大的。报业能否在这场竞争中立足，将关系到自身生存基础是否稳固。

（二）第四媒体的崛起将对报业带来巨大冲击

有研究者对每一种传媒从它投入商用到拥有5000万户所耗费的时间

做了一番对比，结果发现广播用了 38 年，电视用了 13 年，而互联网仅用了 5 年。互联网的出现以及在全球的迅速普及，打破了大众传播媒介既已形成的竞争格局，报业感受到了来自新技术的强劲挑战。据美国报协的统计，1994 年全美日报总数为 1548 种，1996 年底减少到 1520 种；日报的期发总量 1994 年为 5930.5 万份，1996 年减少到 5698.3 万份。与此趋同的是，美国报业广告的收入也因第四媒体的崛起而锐减。互联网的广告由 1994 年的 1200 万美元增至 1996 年的 3 亿美元；而全美报纸广告占美国广告市场的份额却由 1994 年的 22.8%递减至 1995 年的 22.5%和 1996 年的 21.7%。美国报协的高级经济师迈尔斯·格罗夫斯估计，如果报纸的分类广告份额被侵吞了 50%，那么，报纸的平均利润将从现在的 14%下降到 3%；如果报纸的分类广告额被侵吞 70%，那么所有报纸都将破产。看来报业老板们惊呼“狼来了”并不是没有根据的。

另外，“入世”后中国承诺开放 ICP 领域。ICP（Internet Content Provider）即因特网内容提供商。国外大 ICP 商进入中国，加上国内的百强网站，以及电视广播等传统媒介将与报业共同分割受众市场，争夺注意力资源，报业的生存空间将变得更加狭小。

（三）贯彻中央“两办”30号文件精神，报业面临“下海”

1999 年 11 月 16 日，新闻出版署发布了《关于落实中央“两办”30 号文件调整报刊结构的意见》。该意见指出：中央和国家机关各部原则上不办机关报；其所办的报纸，发行量在 3 万份以下的予以撤销，自 2000 年 1 月 1 日起一律自负盈亏；不再发文征订；其直接主管主办的期刊只保留一种；各司、局主管主办的报刊一律停办或划转。各省、自治区、直辖市厅局除保留一份指导工作的期刊外，不得再与党报、出版社等联合主办报刊；各地（市）级（含省会城市）局、办、部委不办报刊，现有报刊一律划转或停办。

总之，我国报业面临新一轮结构调整。这次结构调整，可以说是挑战与机遇并存。一方面，计划经济时代残留的公款办报和公费市场将逐步消失，所有的报纸将面向市场公平竞争，从市场中取得自身的价值增值和价值补偿。报纸数量的减少为主力报业进一步扩容拓展了空间。但另一方面，报刊业的调整，又意味着报业的大动荡、大竞争的开始，谁能在此次市场化进程中增强自身实力，拓展自己的生存空间，谁就能在未来的竞争中处于主动地位。

二、应对策略

适者生存，这是生物有机体生存发展的基本法则；优胜劣汰，这是市场经济体制的一个基本规律。我国报业要适应新的生存环境，在竞争中立于不败之地，就必须不断深化改革，采取新的应对策略。

（一）品牌经营战略

随着国外传媒大鳄的渗透、第四媒体的崛起，我国的媒体市场将会被重新分割，报业的生存空间将变得相对狭小，而报纸所占的市场份额将决定其生死存亡。正如斯特里普斯报系总裁所说："在可以预见的未来，报纸的最大挑战和机遇是报纸的读者数量。"那么，中国报业靠什么来维系进而发展自己的读者群呢？那就是品牌。我们常常可以看到这样的现象：有些读者面对琳琅满目的报摊，会不假思索地买一份便走。这是因为这张报纸拥有他所认可的产品利益和服务质量。可见拥有品牌就意味着拥有一大批忠诚的消费者。品牌是一笔巨大的无形资产，拥有它就会在激烈的竞争中取得主动，占尽先机之利。我国的一些老牌报纸，经过数代人的努力，已成为“知名品牌”，如《人民日报》《光明日报》等。但这些报纸品牌的大多数是“公费市场”培育起来的，没有很好地经受过自费市场的洗礼，因而其品牌具有脆弱性，甚至可以说不是真正商品意义上的品牌。面对生存环境的巨大变化，它们能否在新的市场竞争中保持自己的品牌，令人担忧。因此，在市场中重新构筑自身的品牌是当务之急。那么，这需要从哪些方面去构筑品牌呢？

第一，准确、科学的定位。综观报业市场，所有的品牌报纸都是有自己准确、科学的定位的。在读者个性日益鲜明、需求日益多样化的今天，一张报纸想要吸引所有读者、满足所有读者的信息需求，是不现实的。报业经营史也一再证明，针对一切人的报纸等于没有读者的报纸。办报人必须结合自身的优势，选择特定的读者群，选择为其服务的内容，满足其需求。《精品购物指南》当年之所以一炮打响，就是因为经营者发现缺少一份为读者消费活动提供信息服务和生活服务的报纸这一市场空白点，准确定位，适应读者需求的结果。

第二，为读者提供特色鲜明的产品。科学的定位，只是成功的第一步。因为，市场竞争是一种比较级的竞争，它钟情于有特色、有个性的产品。一张报纸如果没有特色，没有个性，就意味着失去了其在报业市场上存在的理由。办报人要关注自己报纸读者群的变化，不断研究读者的需要，针对形势的变化和竞争对手的反应，为他们提供色香味俱佳的精神大餐，使这张报纸成为他们生活中必不可少的精神伴侣。

第三，加强发行与促销。报纸只有发行到读者手中，取得读者的信赖，才能最终完成品牌的打造，否则定位再准，内容再有特色，也无济于事。要搞好发行，需要综合运用人员推销、广告宣传、营业推广、公共关系等多种促销方式，以吸引自己的顾客，增强读者对报纸品牌的知晓度和忠诚度。在实践中，许多报纸已探索出一些卓有成效的方便读者、扩大发行的经验和方法，值得参考和学习。比如，《今晚报》首创“送报上楼”，《华西都市报》倡导“敲门发行”，《广州日报》实行“报刊销售连锁店”，《辽沈晚报》与保险公司合作实施“捆绑式”发行，《服务导报》利用南京市980个奶站发行报纸等，都收到了良好的效果。此外，有些报社搞有奖发行、折扣减让、购买优惠、买大送小、组织读者俱乐部及举办多种社会活动等，也颇受读者青睐。

（二）规模经营战略

为了加强在市场竞争中抗御风浪的能力，我国也需要打造自己的报业“航空母舰”。目前，我国报业格局存在许多弊端：报纸数量多，但规模小，造成资源浪费严重，竞争力差。虽然我国已组建若干报业集团，但它们与国外的大型媒体集团相比显得太小了。广州日报报业集团在国内的报业集团中算是比较大的了，但其1999年的营业额仅为20亿元，而日本朝日新闻集团则为4179.39亿日元（约合35亿美元）。正如拳击场上相差几个重量级的拳手比赛一样，其结果可想而知。近年来，中国报业市场上富者愈富、贫者愈贫的“马太效应”日益明显。1994年，上海报纸的广告收入共计6.08亿元，其中《新民晚报》《解放日报》《文汇报》三家报纸就占全部广告收入的87%，其余80多家报纸仅占13%，从中可见规模优势之一斑。中国报业面对强手如林的竞争，必须通过扩张和整合，尽快扩大自己的规模，以增强竞争力。

一是主业扩张战略。据新闻出版署统计，我国1997年千人日报拥有量34份，与联合国教科文组织对发展中国家制定的到20世纪末千人日报拥有量100份的目标相比，还有巨大的增量空间。从成人读报率来看，拉脱维亚为96%，德国为79%，而中国仅为56%，这也正是国外大媒体对中国媒介市场虎视眈眈的原因。因此，我们必须抢抓机遇，寻找市场空白点，开发报纸新产品，适度扩大规模，占有更多的市场份额。

二是行业整合战略。面对大媒体的竞争，将“蛋糕”做大是发展的必然趋势。主业扩张是一条途径，但这种方法需要一个资金、人才和技术的积累过程。要迅速打造出报业的“航空母舰”，还必须实施整合战略，实现报业之间的强强联合，乃至跨媒体合并。

面对第四媒体的崛起，国内报纸纷纷上网抢滩占地，但大多数报纸网站由于技术与人才缺乏，财力投入不够，办得缺乏特色，因而不能很好地吸引广告客户和社会的投资。许多报纸是“吐血”养网站。西方有句经营金言：“挡不住它就与它合作。”美国在线与时代华纳的合并给我们以启示。互联网站拥有网络技术优势和人才优势，传统媒体则拥有庞大的受众群体、稳定的专业记者队伍、广泛的新闻来源等优势。因此，报业与网络的整合将是一场双赢行为。通过整合报业不用花费人力、资金去建自己的电子版，既降低了成本开支，又实现了资源互补，从而迅速集聚力量抗衡竞争对手。

（三）多元化经营战略

多元化经营是通过新建企业、参股控股和兼并等形式，打破行业界限，将报社经营的触角伸入多种经营领域的一种全方位的立体经营方式。目前，报业的主要收入来自广告。据《国际广告》的调查统计，我国媒体广告供求关系中，供不应求者占3%，供求平衡者占68%，供过于求者占29%，也就是说，供求平衡者占大多数。这种单一的经济来源，在面对强大竞争对手时，难以有效地分散经营风险，抵御市场风浪。西方有句名言：“不要把所有的鸡蛋都放到一个篮子里。”报社这个“篮子”也不应只装报纸而要实行多元化经营战略。

近年来，多种经营被一些报社逐渐重视起来了，但仍是非常不够的。比如，经营较好的《新民晚报》，1995年其多种经营收入仅占总收入的2%，国外这个比例一般为15%~20%。因此，中国报业应加大多元化的投资，扩大多元化经营的收入，这样才能有效分散经营风险，增强报业运作的安全性。

多元化经营一般有以下做法。第一，纵向延伸。即报社各经营内容相互依存，采用前向、后向一体化，递延推进。国内许多报社对这种做法的实施一般都比较成功，它们往往向前延伸建立发行公司、印刷厂、咨询公司等，向后伸展建立造纸厂等。第二，横向拓展。即报社经营所涉及的领域或行业平行发展。这是一种全方位的多元化经营形式。如日本产经新闻报团首先经营的是与信息有关的杂志、书籍等，然后扩大到与信息无关的行业，如房地产、咖啡馆等。到1980年，其多种经营收入占总收入的20%以上。

广州日报报业集团在多元化经营过程中总结的功能延伸的发展途径值得借鉴。比如，将广告处的功能向外延伸，成立了大洋广告公司；发行处的功能向外延伸，成立了连锁店公司和报刊发行公司；基建处的功能向外拓展，成立了大洋房地产开发公司和同乐拆迁安置服务公司；招待所的功能向外延伸，办成了可以接待国内外宾客的新闻服务中心；供应部门的功能向外延伸，成立了新闻纸张供应公司；印报厂的功能向外延伸，成立了印务中心；等等。这是一条从熟悉处着手，扬长避短的多元化经营之路。

三、需要解决的矛盾和问题

为了保证上述战略的实施，需要解决以下矛盾和问题。

（一）报业的非市场化与产业化发展的矛盾

我国还未建立起统一、开放的报业市场体系。其一，是报业市场条块分割。绝大部分省市机关报局限于条块分割而形成的有限市场，加之有些地方部门的地方保护主义，造成市场壁垒严重，难以实现资源的跨地区流动。其二，是国家规定报业不能涉足广播、电视领域。这种规定在计划经济体制下曾经起过积极作用，但在市场经济体制下则成为媒介经济发展的桎梏。其三，表现在报业法人地位问题上。改革开放 20 多年来，报业顶着“事业单位”的牌子，进行着企业经营的实践，缺乏作为市场主体应有的自主权。

要解决这些问题，首先需要解放思想，引入新的观念，对报社进行现代企业制度的改造。要给报社以更多的自主权，建立报社的法人制度。具体应包括：（1）它所承担的国家管理部门对报纸所规定的法律责任；（2）报社独立负责的经济责任；（3）报社所享有的企业经营权，即对国家批准并授予其经营的报社财产享有占有、使用和依法处置的权力；（4）报社享有对自己出版的报纸的销售权，并对其产品的质量负责；（5）打破行业界限，消除地区壁垒，建立统一开放的市场体系。

（二）报业人才结构不合理

其一，知识构成中重文轻理倾向严重。最近中国记协有关部门对全国范围内的新闻从业人员进行的一次调查显示，目前新闻从业人员所学专业，绝大多数集中于人文社会科学。具有大专以上学历的新闻从业人员 91.3% 所学的专业为人文社会科学，其中 30.6% 为新闻学专业，4.7% 为外语专业，56% 为其他文科专业，而毕业于自然科学专业的如理工、农医专业的人只占总数的 8.4%，所属社会科学专业与自然科学专业的比例为 11∶1。这种人才结构难以适应未来新闻业务专业化的需要。其二，报业经营管理人才缺乏。如人民日报社，在其620名新闻系列专业技术人员中，具有研究生学历的占28%，大学本科学历的占42%。总的来看，其学历层次还是比较高的。但在经营管理人员中，大学生很少，研究生更是凤毛麟角。这一状况很不适应未来新闻市场竞争的需要。

造成这一状况的深层原因是长期以来“左”的思想对人们的束缚，只强调报业作为“喉舌”、宣传舆论工具的政治属性，却忽视它的信息属性、文化属性和经济属性。人才观上则表现为只重视社会科学人才，却忽视自然科学人才；只重视采编人才，却忽视经营管理人才。

要解决这一问题，报社从业人员尤其是领导需要革新观念，认识到报业不但是意识形态媒介，而且是产业经营媒介；不但具有喉舌功能，还要满足读者多方面的需求。要加强经营管理人才的培养，通过举办定期或不定期的培训班、研讨班，以及选送一批高素质年轻人到国外大的报业集团去学习等形式，提高他们的业务素质和能力。另外，还要加强高校新闻经营管理专业教育和研究生的培养工作。

（三）报业资金缺乏

面对21世纪的竞争，无论规模扩张还是多元化发展，都需要大笔资金的支持。报业经济虽然近年来发展迅速，许多报社的经济实力有了很大增强，但是，经历了两次技术改造和建设现代化报业大厦，大多数报社的资金比较缺乏，要实施上述一系列扩张和整合战略，可以说困难重重。

要解决这一问题，报业就需要进军资本市场。即允许报业以上市公司的身份出现，从社会上获取资本。目前传媒业上市有三种方式，可供报业参考。一是直接上市，媒体通常要先成立一家具有独立法人资格的企业，将媒体的核心业务与经营性业务分开，将经营性业务注入该企业，然后申请公开募集资金上市公司，如电广实业。二是媒体与上市公司合作，设立合作企业。通常上市公司出资金，与其合作的媒体出资源。采取这种方式，上市公司可获得稳定的高额回报，媒体则可获得发展急需的资金，如湖南投资、东方明珠。三是媒体通过间接方式收购上市公司进入资本市场，将其发行、广告等边缘性业务注入上市公司，如成都晚报社兼控四川电器。这些方式各有利弊，报业可根据自身的情况，加以借鉴和采用。

参考文献

[1] 屠忠俊. 当代报业经营管理［M］. 武昌：华中理工大学出版社，1999.
[2] 唐绪军. 报业经济与报业经营［M］. 北京：新华出版社，1999.
[3] 吴文虎. 新闻事业经营管理［M］. 北京：高等教育出版社，1999.
[4] 陈思，任湘恬. 加入 WTO 对我国传媒业的影响［J］.《中国记者》1999年增刊：31.
[5] 唐小兵，姚丽萍. WTO：中国新闻界的契机［N］. 中华新闻报，1999-12-9.
[6] 章平. 新闻出版署出台调整报刊结构意见［N］. 新闻出版报，1999-11-12.
[7] 王震国. 中国报业的内外环境与扩张战略［J］.《新闻大学》，2000（春）：82-86.
[8] 广州日报编委会. 建设社会主义报业集团的探索与思考［A］. 中国人民大学新闻学院《新闻传播学术报告会论文集》［C］. 北京：中国人民大学出版社，1997：68-74.
[9] 吴湘韩. 传媒与资本市场“眉来眼去”［N］. 中国青年报，1999-10-15.
[10] 胡武，唐海江. 我国报业跨世纪发展的八大结构性矛盾［J］. 新闻传播，1999（6）：18-19.

（与商建辉合作。本文于 2000 年 10 月在中国人民大学新闻学院召开的“世界新闻传播 100 年”国际学术会议上宣读，并收入由方汉奇先生主编的会议论文集，中国人民大学出版社 2004 年出版。《河北大学学报》（哲学社会科学版）2001 年第 4 期刊载。《中华新闻报》2001 年 4 月 2—7 日连载。）

变与不变：报纸周刊的哲理与艺术

信息技术的飞速发展，特别是电视、网络媒体的强劲崛起，给报纸提出了严峻挑战。为了吸引读者抢占市场，各报纷纷开辟专版，创办周刊。报纸周刊承担着某些新闻版的消息、通讯、言论等新闻主打产品无法完全担负起的报道任务。周刊与新闻版二者之间，既有不同之处，又有相似之点。相对于新闻版，周刊的变与不变的辩证关系是其生命线。

周刊与新闻版有很大差异，可以说它是新闻版的异化。周刊不但在宽广度和纵深度方面对新闻版进行延伸，表现形式也越来越多样化，已逐渐成为当前报纸上一道亮丽的风景线。周刊相对于新闻版的变化，主要体现在以下三方面。

一是从内容的宽广度上看，周刊是由新闻版的“点”拓展成的“面”。

新闻版的报道内容涉及方方面面，但由于版面空间以及报道要求的限制，就生活的某一方面而言，其报道又是比较狭窄的，可以说是一个个“点”。周刊则可以抓住新闻版的某一个“点”，对相关的问题进行多角度、全方位的反映，形成一个比较宽广的“面”。例如，2001 年 7 月 23 日《人民日报》的《经济周刊》刊发了《奥运带给我们什么》的一组文章。其中，分析性报道《奥运推着经济跑》《商机来了莫错过》和言论《奥运经济机会多》三篇文章，分析了奥运对我国经济发展的促进作用。运动场馆的设计效果图和有关住宅、绿化、交通的照片等，则展示了奥运在促进基础设施建设和改善人们生活条件方面的作用。奥运会将给北京带来的收入的图表和奥运会促进经济增长的小资料，又从侧面表明了奥运将推动我国经济的迅速发展。这个副刊版面提供给读者的是一份全方位的配套“大餐”。

周刊从“点”到“面”拓展的方法多种多样，可以通过类比的方法联想到相似的事物，也可以通过对比的方法联想到相反的事物；可以就事物的几方面具体展开，也可以按照事物的组成部分进行分解。不管采用哪种方法，其基本要求是找出与某个事物相关的其他事物或与事物的某方面相关的其他方面，在宽广度上进行延展。2001 年 11 月 3 日《经济日报》的《证券周刊》刊发了题为《国债市场直面入世》的一组文章，分析了“入世”后国债市场如何应对挑战。这组文章对“入世”后的国债市场如何运作进行了分解，分别剖析了机构投资者如何操作、如何扩张一级市场、如何运作二级市场等问题，视野相当开阔。

二是从内容的纵深度上看，周刊是由新闻版的“结”拓展成的“链”。

新闻版的时效性要求比较严，总是力求抓住事物发展的最新变化，也就是事物发展历史长链上的最新的“结”，而对其他较旧的“结”较少涉及。尽管在消息、通讯的写作中也会有背景材料的插入，以及对事物发展前因后果的分析，但这些报道很难给读者提供事物发展完整的“历史链条”。周刊则可以利用版面集中的优势，从新闻版的一个“结”拓展开去，把事物的发展脉络及前因后果较完整地展现给读者，形成一条“链”。2001 年 11 月 6 日《光明日报》的《法制周刊》发表了题为《著作权法修正了什么》的文章，对 10 月 27 日全国人大常委会顺利通过修正著作权法进行了分析。文章回顾了修正著作权法的背景及其过程，分析了修正该法的原因，介绍了这次修正的主要突破，展望了这次修正对我国出版业发展的影响。这种既回顾历史又展望未来的“链”式拓展，使读者对著作权法及其修正的理解更加系统。《羊城晚报》为 2001 年 8 月 1 日起改版而做的广告提出了“精彩的，才是有魅力的。昨天已知其然，今天怎能不知其所以然”的口号。其实，“使读者知其所以然”正是周刊“链”式拓展的魅力所在。

三是从体裁样式上看，周刊是由新闻版的“草木”拓展成的“绿洲”。

长期以来，新闻版的主要体裁是消息、通讯、言论和新闻图片等，而周刊的体裁则相当丰富。近年来兴起的“精确报道”就是一件新闻版不便使用但周刊可以灵活运用的有力武器。精确报道要求记者运用调查、实验和内容分析等社会科学研究方法，收集资料，查证事实，报道新闻，主要在周刊及专刊中使用。另外，周刊可以用“讲故事”的方式把新闻讲出来，也可以以人带出故事，以人引出新闻，还可以运用编辑点评、记者感言、数据库、座右铭、个人档案等形式加以烘托，运用图表等形式进行配合，甚至可以使用漫画进行点缀和深化。例如，2001 年 10 月 15 日《人民日报》的《国际周刊》刊发的《聚焦上海：APEC 的新里程》的一组文章，就使用了图表的形式，配发了亚太经济合作组织的示意图。如果把新闻版上单个的体裁形式比喻为一棵棵“草木”的话，那么周刊则是由草木组合成的“绿洲”。

总之，周刊相对于新闻版而言有许多优势、许多变化，但无论如何变化，如何创新，它仍然是报纸整体不可或缺的一部分，它不能脱离报纸的整体而“另立山头”。办好周刊应把握好“不变中之变，变中之不变”。

内容方面，周刊不变的是“新闻性”。报纸是新闻纸，新闻是报纸的生命线，是报纸存在的根据。周刊无论如何变化，都不能丢掉新闻性这一安身立命的根本。舍弃了这一根本，也就终结了周刊的生命。但是，有些周刊偏偏背道而驰，抛弃了新闻性这一天然优势，一味追求杂志化。有的很少刊登动态消息，只是刊登一些坐而论道的长篇大论；有的不是抓住某一领域的最新动态组织文章，而是脱离实际，讨论一些空洞、陈旧的话题。例如，刊发于 2001 年 11 月 5 日某报《科技周刊》的《中国科学家点评 2001 年诺贝尔自然科学奖》，是就 10 月 9 日和 10 日公布的诺贝尔自然科学奖展开的，不但时间上晚了近一个月，而且内容也比较陈旧。这样的文章新闻性较差，读者会感到索然无味。

当然，周刊毕竟和新闻版不完全一样，它们对新闻性的具体要求也有所不同。在实际工作中，可以考虑从以下几方面加强周刊的新闻性。

首先，要多报道一些动态消息。动态消息可以简单明了地反映出某一领域的最新动态，告诉读者该领域的最新发展。为了加强新闻性，周刊可以适当地多报道一些动态消息。在实际工作中，许多周刊开辟有消息专栏。《经济日报》的《汽车天地》周刊有“车坛快讯”专栏,《理论周刊》有“专家视点”专栏;《光明日报》的《科技周刊》有“一周科技回顾”专栏,《经济周刊》有“经济短波”专栏,《理论周刊》有“理论动态”和“理论信息”专栏,《文化周刊》有“艺文在线”专栏等。另外,《人民日报》的许多周刊也经常刊登一些动态消息。这些动态消息大大增强了周刊的新闻性和鲜活感。

其次，周刊的选题要新鲜。相对于新闻版，周刊对时效性的要求较为宽松,它的新闻性要求更侧重于内容的新鲜性。周刊的内容应该是鲜活的,而不是陈旧的。应该密切关注某一领域的最新动态，而不是和现实严重脱节。2001 年 11 月 8 日《经济日报》的《信息时空周刊》刊登了题为《盖茨要对中国软件业说什么》的文章。该文就“盖茨在上海 APEC 会议期间表示要为中国培养 2000 名软件高级研发主管人才”的热门话题展开分析,抓住了信息领域的最新动态。

最后，要加强策划。新闻版也有策划，但由于时间的紧迫及新闻来源的不确定，策划受到了一定的限制。而周刊一周的时间间隔和较大的版面空间为进行策划提供了比较充分的条件。加强策划，可以按照既定计划尽快组稿，增强周刊的时效性。

形式方面，周刊不变的是“生动性”。从理论上讲，周刊的形式应该是生动活泼的，因为它能更自由地运用丰富多彩的表现形式。但现实情况并不完全如此，目前许多报纸的周刊更多地注意了内容的深和广，而忽视了表现形式的生动活泼。有些周刊的文章过长，动不动占据大半块版，令读者望而生畏。另外，有些周刊的版面过于单调、呆板，常常是从头题到末条都是板起面孔讲大道理的文章，好像一字排开都是“大碗炖肉”，是难免会让读者腻烦的。

从当前的情况看，要活跃周刊的版面，增强其可读性，一个重要的问题是处理好长文章。周刊和新闻版一样，文章应力求短小。但是，由于周刊要在宽广度和纵深度方面进行拓展和延伸，所以文章容易写得长，尤其是那些理论文章，为了讲清道理更容易长篇大论。所以“刹长风”对周刊来说显得尤为重要。对长文的处理，可以利用引题、导读、提要、前言等增强其明晰性；也可以化整为零，将一篇长文分解为一组短小的文章发表；还可以通过配发照片的方式进行点缀。刊发于 2001 年 12 月 25 日《光明日报》的《理论周刊》上的《对当前宏观经济形势的看法》一文就使用了提要，从文中提炼出了六个观点，用楷体置于文章的开头，简洁醒目，赫然明快，效果很好。

最后，还应充分运用图片。图片不但可以活跃版面，还可以传达信息，即所谓“一图值万言”。刊发于 2001 年 11 月 12 日《人民日报》的《经济周刊》的《百姓看“入世”》的一组文章中就配发了六幅照片，用以说明“入世”对我国的影响，既扩大了信息量，增强了现场感，又活跃了版面。

总之，周刊对新闻版而言，是变中有不变，不变中又有变。正是这种对变与不变的恰当把握，才形成了周刊自己的特色和适应时代发展的生命力。

（原载《采写编》2003 年第 2 期）

历史性的接轨

——参加河北省报纸系统新闻奖评选感言

1992年度河北省报纸系统新闻奖评选工作圆满结束了。我作为被邀请参加历届河北省新闻奖评选的评委，一名新闻教育和新闻学研究工作者，想谈谈参加这次评选后的感想。

1992年是不平凡的一年。年初，邓小平同志发表了南方谈话。嗣后，党的十四大又确定了我国要建立社会主义市场经济体制的目标模式。从此，我国的改革开放和“四化”建设进入了一个历史新阶段。我觉得，应该从这样一个大背景下来审视和分析全省报纸系统去年的新闻宣传工作。

建立社会主义市场经济体制，对我们新闻工作者来说既是机遇，又是挑战。说是机遇，因为新闻事业依靠自己所掌握的现代化的传播手段，完全应该也完全可能为推进市场经济体制的建立发挥强大的舆论功能与信息服务功能；说是挑战，因为我们的新闻工作者长期以来习惯于计划经济体制下的宣传报道，而对于市场经济体制是全然陌生的，可以说是“老新闻遇到了新问题”。不说别的，1992年陆续出现的那一大堆与市场有关的经济学名词，就足以让人眼花缭乱了。可喜的是，全省报纸系统的新闻工作者在各级党委领导下，勇敢地迎接了这一挑战。他们在干中学，在学中干，用自己的彩笔描绘出河北大地改革开放和“四化”建设的壮丽画卷，并以前所未有的首创精神，推动新闻宣传与社会主义市场经济体制的历史性

“接轨”。

那么，从报纸系统看，我省的新闻宣传工作在1992年度发生了哪些深刻的变化，取得了哪些巨大的成绩呢？下边我想谈几点不成熟的看法。

首先，以通讯《饼干市场话沉浮》(《河北日报》，1992年2月11日）为“带头羊”，相继涌现出一大批较深刻揭示商品经济发展规律的报道，推出一批“重头戏”。

如省直几家报纸和《保定日报》《秦皇岛日报》等推出的旨在探讨白沟市场迅猛发展奥秘的一批“白沟新闻”、《河北经济日报》的《“三沿”突破天宽地阔》(1991年5月5日)、《唐山劳动日报》的《丰南县改革开放纪实》系列报道（1992年6月16日至7月6日)、《河北税务报》的《改革开放与税收》(1992年7月17日）等。这批报道风格凌厉、气势宏大、扎实厚重，具有较强的震撼力和推动力。更可贵的是，这些报道无论从采写的基本视角还是价值取向上看，都取得了一些新的突破。

在“以阶级斗争为纲”的年代，经济报道大多是从政治的角度报道经济，而不是从分析经济活动、经济现象入手去揭示经济运行的内在规律；采写经济报道的目的，或曰价值取向，主要的也不是推动经济自身的繁荣和发展，而是为了印证大好形势，诠释某个政治观点。正如中共河北省委一位负责同志在克服新闻宣传“一般化”研讨会上所指出的：“党的十一届三中全会以前……不仅大讲阶级斗争，而且把政治看得高于一切，大于一切，甚至可以代替一切，即使有经济宣传，也都要为政治服务，涂上一层强烈的政治色彩，大都成了‘政治性经济新闻’，很少能揭示经济本身固有的规律，显得非常概念化和枯燥无味。”这种状况近年来虽然有所改变，但由于长期以来受计划经济体制的束缚，经济报道并未实现历史逻辑的“自我回归”，并实现根本性突破。正是从这个意义上，我们对“饼干市场”“白沟新闻”等一批报道给予高度评价。王利同志从解剖“饼干”

这个商品入手，“按照经济现象本身固有的‘分子式’进行材料组合”，深刻揭示了人们消费观念的变化、商品的科技含量、竞争机制的优胜劣汰等几方面对商品在市场上浮沉变化的巨大影响，以及企业应采取的新战略。“白沟新闻”则从“先有市，后建场”、价值规律对商品流通的巨大作用、市场发育的软硬环境等几方面，为市场建设提供了许多可资借鉴的宝贵经验。从这些报道中可以看出，我省报纸系统新闻工作者在经济报道方面迈出的历史性步伐。

其次，以改革开放形势的迅猛发展为契机，我省新闻宣传也初步形成全方位开放的新格局。

在计划经济体制下，各家报纸基本上都是以报道本地、为本地服务为宗旨，条块分割，封闭保守，画地为牢。有的报纸甚至借口办出地方特色，除少量新华社通稿外，拒绝传播外地的信息。1992 年在商品经济的大潮冲击下，这种局面开始改变。许多报社派出精兵强将南下北上，闯京津，察沿海，去寻找本地经济发展的“坐标点”。还有的报社派人去国外考察，学习借鉴资本主义国家那些对我们有用的办报经验。我省报纸系统的新闻奖评选已举办了九届，评委们第一次看到参评稿件中有一些是报道外地、外省经验的精品，如《“过失性人才”在深圳》《白沟市场探秘》《京津采风》等。当然，报道外省外地的情况和经验，是为了引导人们放开眼界，解放思想，其出发点还是为本地服务的，并不是要取消地方报纸的地方特色。上述作品也正是这样做的。

新闻宣传工作开放性的另一个表现，是俯察全局的宏观性报道得到加强。在计划经济体制下，“一厂一品”“一地一事”的微观报道充斥版面，量大质差，可读性不强。这也是一种封闭意识、保守意识的典型表现。1992 年这种局面开始受到强烈冲击。各家报纸几乎都推出了一些高屋建瓴、立体透视、气势宏大的宏观性报道。如前面提到的《“三沿”突破天宽地阔》《丰南县改革开放纪实》等，均属此类。作为一张报纸，微观报道和宏观报道都是需要的。没有微观报道，信息量就小，时效性就差，就会出现“杂志化”倾向；而没有宏观报道，就缺乏深度、力度和气度，就显得凌乱。正确的做法应该是将二者有机地结合起来。1992 年我省的新闻宣传在“两结合”上前进了一大步。

新闻宣传的开放性，是商品经济发展的必然要求。因为市场经济是大流通、大市场经济。在现代社会，商品流通是不分地界和国界的。正如马克思和恩格斯所指出的：商品经济的巨大发展，“使一切国家的生产和消费都成为世界性的了”，“过去那种地方的和民族的自给自足和闭关自守状态，被各民族的各方面的互相往来和各方面的互相依赖所代替了。物质的生产是如此，精神的生产也是如此。”（《马克思恩格斯选集》第 1 卷，第 254—255 页）

最后，以社会主义市场经济体制的不断发育为动因，我省报纸系统新闻宣传的竞争机制正在形成。

市场经济是一种竞争经济。竞争的动力是利益的驱动，竞争的结果是优胜劣汰。我们要报道市场经济，就不能不报道竞争。反过来说，要报道好竞争，新闻宣传本身也必须建立起一种竞争机制。很难设想，墨守成规、四平八稳、慢慢腾腾、不思进取的新闻宣传能够推动商品经济迅速发展。新闻事业作为上层建筑的一部分，它必须与经济基础相适应，才能充分发挥其舆论功能。令人欣喜的是，我省许多家报纸在商品经济大潮的推动下，竞争意识明显增强。用有的同志的话说，叫作“群雄并起，各展所长”。为了在竞争中立于不败之地，各家报纸都拿出了自己的招数：有的改版扩版，增加报纸的信息量；有的在贴近读者、贴近生活上下功夫，创办生活味很浓的专栏，如《燕赵晚报》的“心声热线”专栏、《秦皇岛日报》的“方程式该怎样解”专栏等；还有的是在抓取热点问题、搞好深度报道上惨淡经营，不断推出自己的“拳头产品”赢得读者……

新闻竞争是特色竞争。没有特色就缺乏竞争力。所谓特色是在大方向一致的前提下，扬长避短，发挥自身的优势，找准自己的位置，在“人无我有”上所显示出来的独特魅力。特色如同风格，是多种多样的，有的以快取胜，有的以知识性、趣味性见长，还有的以深度报道、重大新闻征服文化层次较高的读者。有人认为党报受限制比较多，不容易办出特色。这种看法虽然有一定道理，但具有片面性。其实，党报的优势正在于它是党报。在我们国家，共产党是执政党，党报的权威性是其他报纸无法比拟的。党报利用自身这个优势，在宣传解释党的路线方针政策、报道重大新闻、对事物进行深入分析、发挥指导作用等方面，是完全可以办出自己的特色的。党报应该博采众家之长，尽量办得生动活泼，但如果“党报晚报化”，就恰恰失去了自己的特色和优势。综观 1992 年我省的各家报纸，在处理这些问题上做得还是比较好的。

“竞争”这个词被大家所认同，所接受，是改革开放以后的事。1980 年 10 月 7 日国务院公布了《关于开展和保护社会主义竞争的暂行规定》。在此之前，竞争长期被认为是资本主义的歪门邪道，与社会主义是不相容的。其实，竞争作为事物发展的一种机制、一种手段，如同市场一样，它本身是无所谓“姓资”还是“姓社”的。优胜劣汰是事物发展的一种普遍性规律。在新闻传播活动中引入竞争机制，将会使我们的新闻事业出现一种朝气蓬勃的局面，是一件好事。据说英国每年大约有 400 份新报刊问世，而有 300 多份旧报刊“死亡”，这是很正常的。如果一张报纸办得毫无生气，读者不爱看，但还是照老路子办下去，对社会的发展又有什么好处呢？

以上所谈 1992 年我省报纸新闻宣传工作发生的几个深刻变化、取得的一些巨大成绩，只是和我们自身过去相比而言的，如果和先进省市相比，上述几方面可能恰恰是我们的缺点和不足。我们应该看到差距，应该有危机感。我们虽然进步了，但进步得不如人家快，这就是差距。我们不应该有丝毫的满足和懈怠，应该奋起直追，使新闻宣传工作迈上一个新台阶。

（本文系作者于1993年5月在石家庄召开的河北省新闻奖评审会议闭幕会上的发言提纲。作者时任评委会副主任。该文编入《新时期新闻学论稿》，河北教育出版社，1997年。）

杂文散论

一、“杂”字三解

杂而不纯谓之“杂”。纪昀《杂家类叙》有云：“杂之义广，无所不包。”至于杂文之“杂”，至少包含以下三层意思。

第一，取材广泛。杂文家王春元说：“杂，是就取材和内容而说的。花花世界，人事纷纷，兼收并蓄，无所不包。”老作家林语堂说：“宇宙之大，苍蝇之微，皆可取材。”因为其取材至为广泛，“无所不包”，当然就成了“杂”。

第二，形式多样。随笔、小品、序跋、日记、对话、书信、寓言、杂感等，都可以是杂文（当然不一定都是杂文），真是杂七杂八，应有尽有，光怪陆离，杂然并陈。

第三，从内容上说，它一般不是系统地论述某一个问题，而是片段的感想或偶然的一得，散玉碎珠，七零八落，谓之“杂感”。

杂文之“杂”不管怎样解释，有一点必须明确：它不是杂乱无章的杂，而是一种杂的艺术。秦牧同志说得好：“杂文的内容常常很杂。这种‘杂’，是有机配合的杂，而不是东拉西扯的杂，前一种‘杂’引人入胜，后一种‘杂’，使人厌烦。”（《杂文小识》）

二、杂文源流小考

杂文在中国，源远流长。正如鲁迅所说："其实'杂文'也不是现在的新货色，是'古已有之'的。"（《〈且介亭杂文〉序言》）先秦诸子的论辩体散文、寓言故事，其中有不少是很好的杂文。在以后的历史长河中，杂文作为我国一种独具特色的文章样式，历久不衰。

"杂文"作为一种文体名称，始见于南朝宋人范晔的《后汉书·文苑传》。他在谈及杜笃、苏顺等人的作品时，列有"杂文"一项。如他说杜笃"所著赋、诔、吊、书、赞、《七言》《女诫》及杂文，凡十八篇"，苏顺"所著赋、论、诔、哀辞、杂文，凡十六篇"。梁代刘勰在他的鸿篇巨著《文心雕龙》中，则把"杂文"专列为一章。此后，杂文在我国古代的文体论中便占了一个位置。

不过，据范文澜先生的解释，《文心雕龙》中所说的杂文，指的是文笔混杂，即间于韵文和散文之间的一种文章。六朝时代有"文""笔"之分。"今之常言，有文有笔，以为无韵者笔也，有韵者文也。"（《文心雕龙·总术》）刘勰说："详夫汉来杂文，名号多品。"但他重点评议的是三种：对问、七体、连珠。这三种文体恰好都是文笔混杂的。有人据此得出结论：刘勰所说的杂文与我们现在的杂文"风马牛不相及"，这未免有点单纯从形式上看问题了。不错，文笔混杂并不是现代杂文的一个主要特征，但对问、七体、连珠在内容上有一个共同特征：多是讽喻、劝诫之词，这不能不说是杂文具有讽刺性、干预性的一个传统。此外，刘勰还说：杂文系"文章之枝派，暇豫之末造也"。这话乍一听觉得对杂文好像有点不恭，但仔细想想，却不是全然没有道理。即便是在今天，那些杂文作者，与那些正宗的文学家、诗人相比，也难免有点"枝派""末造"的苦衷，不然，杂文界为什么一个劲地高喊"杂文重要"呢？总之，刘勰对杂文的见解是很值得研究的，在我国历史上为杂文正名的，当首推刘勰。

杂文被世人公认是文学的一个品种，堂而皇之地列进文学殿堂，是“五四”以后的事。个中原因，在很大程度上取决于鲁迅杂文的辉煌成就。鲁迅及其同时代的一大批杂文作家，继承、发展并全面革新了我国古代杂文写作的传统，从而创造了一种具有崭新体式的现代杂文。鲁迅说：“杂文这东西，我却恐怕要侵入高尚的文学楼台去的。”鲁迅的预言在现当代文学史上实现了。

三、关于杂文定义

杂文有广狭两义。广义的杂文包括各种以议论为主的杂感、短论等文字体裁。鲁迅说：“……凡有文章，倘若分类，都有类可归，如果编年，那就只按作成的年月，不管文体，各种都夹在一处，于是成了‘杂’。”（《〈且介亭杂文〉序言》）鲁迅说“不管文体”，其实是管了的。他自选的八部杂文集，都是以议论为主的文字，而没有把他的小说也选进去。可见，他所说的“不管文体”，实指一种广义的杂文概念。比如，选入《二心集》中的《对于左翼作家联盟的意见》，是在左翼作家联盟成立大会上的演讲稿，单从体式上说，和我们今天的许多演讲稿并无二致，但后人都说是杂文，而且是很好的杂文，就是从广义的杂文概念上来看的。

狭义的杂文，也就是我们今天所说的杂文，指的是一种文艺性的社会论文。瞿秋白说：杂感这种文体，将要因为鲁迅而变成文艺性的论文（阜利通，feuilleton）的代名词。“文艺性的论文”这个定义，揭示了杂文的两个最基本的特征。

其一，杂文具有文艺性。这里的“文艺性”，主要指的是形象性，而不包括文艺作品可以虚构的意思在内。而杂文的形象性，又大致有两种情况。一种是全文有一个或几个鲜明的形象，或即事喻理，或托物言志，叙述、描绘占的比重比较大，间以画龙点睛、简短有力的议论。这类杂文更接近于文学作品中的一般散文，如鲁迅的《记念刘和珍君》《春末闲谈》等。另一种是通篇以议论为主，并没有一个具体鲜明的形象，它的形象性主要体现在语言的幽默传神、形象生动上，如鲁迅的《“友邦惊诧”论》等。

其二，杂文具有政论性。杂文总是针对时事、针对社会人生而发的，因而具有鲜明的政论性和社会性，许多杂文本身就是政论。杂文的叙述、描写，杂文的形象，都是为了更生动有力地表现论点服务的。

四、关于杂文的特征

其实前边已经谈到杂文的特征了，这里只不过再比较具体地说一说。

杂文的特征，有人归纳了许多条，依我看，主要是这样三条。

第一，诗意和政论的结合。

好的杂文，往往具有诗的形象和诗的意境；同时，它又常常用概念、判断、推理这种逻辑形式发表议论，阐述道理，所以我们说它是诗意与政论的结合。在一篇杂文中，道理是形象的深刻内涵，而形象又是道理的生动体现，二者密不可分，融为一体。

举个例子。鲁迅先生的《春末闲谈》，用简洁的笔触，生动地刻画出细腰蜂与小青虫的形象，深刻地揭露了反动统治阶级凶残而又虚伪的本质，是诗意与政论结合的典范。作品写道：“……这细腰蜂不但是普通的凶手，还是一种很残忍的凶手，又是一个学识技术都极高明的解剖学家。她知道青虫的神经构造和作用，用了神奇的毒针，向那运动神经球上只一蜇，它便麻痹为不死不活状态，这才在它身上生下蜂卵，封入窠中。青虫因为不死不活，所以不动，但也因为不活不死，所以不烂，直到她的子女孵化出来的时候，这食料还和被捕当日一样的新鲜。”鲁迅用细腰蜂与小青虫做比喻，深刻而又辛辣地揭露了反动统治阶级鼓吹封建伦理道德，目的在于麻痹人们的灵魂，以便任其宰割的本质。在这里，细腰蜂和小青虫被人格化了，其形象极为鲜明，又十分含蓄，耐人寻味，这正是诗的意境。同时，这形象中又包含着深刻的道理——反动派的虚伪凶残。总之，作品将诗意与政论结合得浑然一体。鲁迅用杂文的形式塑造了许多典型形象，如“落水狗”的形象、巴儿狗的形象、苍蝇的形象、蚊子的形象等，这些其实都是人的形象。

应该提出的是：杂文因为是知人论世的，所以它的诗意常常包含着一种深刻的哲理，给人以思考和联想的余地。杂文家刘甲同志说：杂文是思辨的艺术，所表现的是艺术的思辨，这话讲得是很精到的。

第二，短小精粹。

杂文的内容十分凝练而集中，它所表现的是作者思想的某一闪光、智慧的某一火花，因而在内容上不能旁生枝蔓，文字上要求极为简练，这就形成了它短小精粹的特点。

杂文在取材上，要求大中取小，以小见大，“借一斑略知全豹，以一目尽传精神”（鲁迅《〈近代世界短篇小说集〉小引》）。它在论述问题时，不是全面包抄，而是中心爆破。它往往抓住某个大问题中最关键、最核心、最要害、最致命的一点，实行精兵突击，中心捣毁。

例如，鲁迅的《“友邦惊诧”论》，其写作的背景是这样的：1931 年九一八事变后，全国的爱国学生示威游行，反对国民党反动派的投降卖国政策。反动当局出动军警对学生进行逮捕和枪杀，并说学生的抗日要求使

"友邦人士，莫名惊诧，长此以往，国将不国了"。对这样一个重大政治事件，涉及中国和日本、中国和英美等国、学生和反动当局的复杂事件，鲁迅先生并没有一一历数反动当局的卖国行径，也没有全面揭露英美等国怂恿日寇侵华的阴谋，而只是抓住"友邦惊诧"这句最能暴露反动当局丑恶嘴脸的话，立题作文，实行中心爆破，彻底捣毁。这可说是将"大中取小，以小见大"的技巧运用到了极致。鲁迅说："太伟大的变动，我们会无力表现的，不过这也无须悲观，我们即使不能表现它的全盘，我们可以表现它的一角，巨大的建筑总是一木一石叠起来的，我们何妨做做这一木一石呢？"从一定意义上说，杂文正是"一木一石"的艺术。

第三，憎爱分明，幽默生动。

杂文作者是所谓"情感型"作者，其感情经常处于两个极端：爱则一往情深，恨则痛快淋漓。表现在语言风格上，是憎爱分明，幽默生动。正如鲁迅先生所说的："……乐则大笑，悲则大叫，愤则大骂。"（鲁迅《华盖集·题记》）这当然就要时时提防不要发生片面性。至于感情的表现方式，可隐可显，可藏可露，可像火山爆发那样喷薄而出，也可用散淡的方式含而不露。关于语言的幽默生动，后面还要列题论述，这里就不多说了。

五、杂文构思的基本思维形式

杂文既然兼有政论性与文艺性两个特点，那么，它的构思立意就不同于一般的政论，也不同于一般的文学作品，而具有自己的鲜明特点、特殊规律。

杂文构思的特殊规律，集中到一点，就是设法找到一种艺术的说理的方法，或曰说理艺术化的方法。杂文是说理的，但这种说理不能只靠形式逻辑上的三段论式，而应该说得形象，说得生动。

怎样才能找到一种说理艺术化的方法呢？就杂文而言，是经常采用比、兴二法。比是打比方，即比喻或类比；兴是起兴，即抒发感想、展开论述的引子、因由。“兴者，先言他物，以引起所咏之词也。”说得再明确一点，是设法将某个抽象的道理和具体的事物联系起来，在二者之间架起桥梁。这个“架桥”的工作，是通过联想来实现的。可以这样说：小说家最富于想象，而杂文家最富于联想。如果说想象是小说家的基本思维形式，那么，联想则是杂文家的基本思维形式。

这里有必要对“想象”和“联想”做一点界说。

想象是一种“再造”性思维形态，它是形象思维的一种基本方式。小说家可以对自己所积累的大量生活素材，加以取舍、生发和缀合，通过想象创造出一种不同于生活原型的新的艺术形象，所以，想象是和虚构联系在一起的。而联想从词义上讲，是由此及彼的连贯思索，它是一种辩证的思维形态。它的哲学基础是客观事物相互依存、相互联系的观点。联想的目的是发掘客观事物外在和内在的相互联系，开阔人的思路，从而把握事物的内在规律。联想的起点和终点都是真实存在的客观事物。所以，真实和“再造”就是联想和想象的一个首要区别。其次，从思维的特质上来说，想象作为形象思维的独特形式，是“用形象来思考”（别林斯基语）。想象的起点是形象（生活原型），终点也是形象（艺术典型），它是一种艺术的“纯思维”。而联想从本质上说，是一种伴随着形象的逻辑思维，它是一种理性和感性交叉结合的思维形态，它的起点可以是形象，也可以是理念，而其终点则是理念。

让我们以张雨生的《虎皮鹦鹉之死》(《人民日报》1980 年 11 月 7 日）为例来加以说明。这篇杂文的大意是：邻居家的一只虎皮鹦鹉，在笼子里养着，很漂亮，叫得也很醉人。后来因为主人一时疏忽，让它逃出了笼子，飞进了山林。按理说，“鱼入水，鸟归林”，各得其所，虎皮鹦鹉应该生活得更加自由自在，长得更加漂亮。但没想到，十来天后，它竟饿死在山坡上。原因是它被人喂养惯了，失去了自己觅食的本领。作者以这件形象性的事物为起点，进而联想到社会上的某些“笼子现象”：有些做父母的对自己的子女一任娇宠，有的高级干部依仗自己的“特权笼子”为子女搞不正之风，而其结果往往是并不美妙的。毫无疑问，联想，正是这篇杂文构思的基本思维形式。在联想过程中，作者由鹦鹉笼子联想到“社会笼子”，由自然现象联想到社会现象，由感性事物生发出理性内容，最终推出作品的主题思想。这篇杂文的基调是说理的，但它采取的不是一般的三段式的说理方法，而是通过联想赋予这种说理以生动的艺术化形式。正是这种艺术化的说理形式，将杂文的政论性与文艺性有机地结合起来。可见，联想这种思维形式特别钟情于杂文的构思，是由杂文的基本特征决定的。

杂文构思中的联想，是寻找和探求所譬之事、所即之物与主题思想的内在的恰似点。这个恰似点找到了，将具体事物与主题思想沟通了，一篇杂文的构思也就基本完成了。

六、关于幽默

“幽默”这个词，最早见于《楚辞》，作“寂静无声”解。作为审美范畴中的一个艺术概念，是 20 世纪 20 年代由林语堂从英语中译介过来的。幽默是一个喜剧性范畴。一般来说，它能引人发笑，但引人发笑的不全是幽默。贫嘴滑舌也可以引人发笑。

那么，幽默的特质是些什么呢？我们还是先看一个实例。

谢云写过一篇题为《妙策》(《杂文报》1988 年 9 月 23 日）的杂文，

大意是说：时下送礼之风盛行，小者名烟名酒，大者冰箱、彩电。送礼者花钱且不说，还得四处奔波去购买，不胜其苦；受礼者因不是“计划供应”，造成某些礼品积压，不堪消受。为送礼者和受礼者计，出一“妙策”，制定一个“办事条例”，其内容大致如下：

“办某类事 ×× 元，办某类事 ×× 元，办某类事 ×× 元（具体事项及钱数可按自己能力及‘市场’行情酌定）。凡送礼物食物，总不如人民币为妙，公之所送，未必弟之所好也。送现钱则心中喜乐，办事必定加倍尽心。鉴于人民币不断贬值，如能送美元或其他硬通货，尤为欢迎，办事保证既快且好。”

实行此法，好处甚多。于受礼者更为实惠有用，以免某种礼品收得过多，消受不了，难于处理，而需要享用者又或感不足，仍须花钱去买。于送礼者，则可省去不知送何者为宜及送多少为适当之苦，且可免奔走选购之麻烦。同时，可以减少对于名烟名酒以及诸如大虾、螃蟹、鲥鱼，以至彩电、冰箱等可做敲门砖的商品的冲击，有利于稳定市场，窃以为一举数得，功莫大焉。

自然此事真办起来也有困难，即为党纪国法所不容。不过根据生活中的经验，办法还是有的，不妨先在“地下”（或称“内部”）试行，以后再视情况由公开的秘密，走向秘密的公开。

本人献此良策，志在为国分忧，兼为受礼者及送礼者解困，绝无私念。凡愿采纳者尽管采纳，绝不要求分文报酬也。

这是一段极漂亮的幽默文字，我们看后先是忍不住发笑，发笑之后还要深思：这行贿受礼的不正之风实在可恶！

从这段文字，我们可以看出幽默具有以下特质。

其一，蕴含生活的哲理，它是某一种社会现象、某一种社会心理的高度概括。

其二，具有潜台词、弦外音，含蓄，蕴藉，耐人寻味。

其三，多数具有讽刺意味。

其四，能给人的精神带来愉悦和快感，引人发笑。正如秦牧所说，幽默像一只奇妙的手，“来搔我们精神上的胳肢窝，使我们忍不住微笑和大笑”。

幽默是这几种特质所统一表现出来的一种喜剧性的审美效果。

简单些说，幽默是庄重深刻的哲理内容与诙谐、风趣的表现形式所造成的一种巨大反差。它是作家的一种敏感，一种睿智，一种自信。所以，别林斯基说：“只有深刻的、强大的发展了的灵魂才能够理解幽默。”

幽默是杂文经常运用的一种表现形式，是杂文艺术性的一种表现。虽然不能说每篇杂文必须幽默，但不会幽默就成不了杂文家，这是被无数杂文家的经验证明了的。

七、关于杂文味

杂文居然有“味”，这是从“通感”上说的。什么是通感？通感是客观事物作用于人的感官所产生的一种变通效应。人的感官，其功能本来是有严格分工的，如眼睛主视觉，耳朵主听觉，鼻子主味觉，等等。从生理上来说，人的感官功能是不能够相通的（除非有特异功能），但从审美意识上说，人们为了将某种抽象、玄秘的感觉具体化、形象化，常常采用象征性手法加以表现。如说某某歌星的声音很“甜”、某某的性格很“辣”等，这样的说法虽然违反生理科学，但已约定俗成，所以人们还是能够接受的。不过需要说明，任何通感只具有象征意义，“杂文味”的说法也不例外。

就文体来说，它的“味”是人们对某种文体风格的通感。比如，一般政论文章具有“哲理味”，抒情诗具有“抒情味”，等等。就杂文而言，它的“味”也是由杂文这种文体的独特风格决定的。作者写出的文章，如果能有某种味道，那就说明他对某种文体的风格有了很好的把握，他的修养和才力达到了相当的水平。

那么，杂文具有什么味呢？

一是艺术的哲理味。这是最基本的味。杂文既然是说理的，当然具有哲理味。但是，我们前边讲过，杂文的说理不是一种机械呆板的逻辑推理，而是艺术化的说理，是将深刻的哲理与生动的形象高度统一、熔于一炉的说理。这就使杂文具有了一种独特的风格、独特的韵味——艺术的哲理味。好的杂文不仅言之有据，言之有理，而且言之有味。正如林帆先生所说的，杂文之味，“体现在战斗和议论的艺术上”，“体现在比、兴二法之中”(《海阔凭鱼跃——关于杂文》)。

二是幽默风趣味。杂文的说理除了形象化之外，还要有理趣，即把一个抽象的道理讲得幽默生动、妙趣横生。好的杂文除了在思想上给人以启迪之外，还使人得到精神上的愉悦与享受。“杂文不正经。”这话好像很难听，但如果将杂文的说理方法与那些“正经”说理的政论文比较一下，就不难看出它的“不正经”来。比如，杂文有时正话反说，有时反话正说；有时寓庄于谐，有时寓谐于庄；有时大题小做，有时小题大做。还有，杂文常常在诸如苍蝇、蚊子、巴儿狗、鬣狗、鳄鱼、螃蟹之类的东西身上大做文章，这就使杂文的面目显得不那么“正经”了。然而正是这种“不正经”，使杂文具有一种独特风格，具有一种幽默生动的味道。

三是战斗的辛辣味。这当然指的是那些揭露和批判性的杂文。

杂文是匕首，是投枪，是战斗的“阜利通”，因而尖锐泼辣是它的又一个鲜明特点。这种“论时事不留面子，砭痼弊常取类型”的战斗风格，再辅之以“幽默”“讽刺”的“作料”，就使杂文显得辣味十足。

[原载《河北大学学报》(哲学社会科学版)1991年第3期]

杂文赏析二则

一、《剃光头发微》

（一）原文

余生也晚，关于头发的惊心动魄的故事，大都来自耳食。什么清朝初年勒令汉人把发髻剃成辫子，否则“留发不留头”呀，什么清末的留学生在外国剪去了辫子，回国后要装一根假辫子才能平安无事呀，等等，都未尝眼见。所以读到鲁迅的小说《头发的故事》，除了恍若有悟的吃惊以外，实在很难有切肤之痛的感受。并且，知道在旧社会，与头发关系最密切的理发工人，是颇受社会贱视的，连家谱都不许上，也就是开除其宗籍，还很为他们不平。更值得一提的是，虽然年轻时在进步的历史书籍里，读到太平天国起义是如何如何正义，但真正佩服太平天国的英雄，却是看到了一副据说是翼王石达开的对联以后。对联曰：

磨砺以须，问天下头颅几许；
及锋而试，看老夫手段如何？

联语的对仗既工稳，造意又豪迈，用之于理发师，更是想象诡奇，出于意表，妙不可言。一面惊叹这位太平天国将领的不羁之才，一面也想到这位王爷对理发师的感情，不但没有旧社会上层人物那样卑视，还将自己睥睨人世的豪情寄托在他们的职业风姿上，真是物与民胞，平等亲切极了。

不料，3 月 2 日读到《人民日报》一封读者来信，却使我大大不舒服了一阵，那封来信正是关系到理发工人的。说是济南市一家理发店的理发工人，拒绝给一个“乡下佬”剃平头，认为乡下佬只配剃光头。当“乡下佬”碰了壁跑掉以后，一对男女理发师还说：“乡下佬还想理平头，没门！”“也不瞧瞧自己那模样！”……

“乡下佬”是不是只配剃光头，以及什么模样的人才配剃平头，这问题是够深奥的，我答不上来。既答不上，也只好避开，置之勿论。我只记得古代有一种刑法，叫“髡”，那办法就是把古圣人所说的“身体发肤，受诸父母，不敢毁伤”的诸种东西中之一的头发给去掉，而且似乎是和罚做苦役即今语之所谓“劳改”结合起来的，那就是“髡钳为城旦舂”。但那是秦制，沿用了千把年，至少到隋唐以后就废止了。现在许多国家的罪犯也剃光头，但那并非刑罚，恐怕多半出于习惯，或便于辨识之类；如果容许用胡适博士的考据方法，来一下“大胆假设”，还可能是由于旧社会监狱里卫生条件不好，怕犯人头发里生虱子，所以干脆让他们牛山濯濯也说不定，但要我“小心求证”却求不到。这很抱歉，胡适博士的考据方法只能学到一半。

时至今日，剃光头既不是在政治上或人格上有什么差池的象征，也肯定不会是因为“身体发肤，受诸父母，不敢毁伤”，才舍不得剃光。无非是保护头颅和美观上的讲究，这才有人不愿剃。那封读者来信中的“乡下佬”便正是为了怕剃光头太冷，才要求剃平头的。但从认为“乡下佬还想理平头，没门”的理发师看来，似乎是“乡下佬”的“模样”不够格，所以才只配剃光头，倒是从美观这面着眼的。当然，问题不在于什么标准，也不在于这位城里人的理发师为什么瞧不起“乡下佬”（那里面当然大有文章的），而在于为什么他可以任意决定谁该剃平头，谁只能剃光头，可以这样为所欲为？

原因简单之至，剃头刀在他手里。

这就是权。虽然仅仅是一把剃刀，但掌握在手里，就有那么一点剃头权，在这点权限里，谁撞在他手里，就得看他的脸嘴，听他的发落。你要剃平头，没门！权在他手里，“乡下佬”只好悻悻而去，乃至悻悻也不敢悻悻。幸亏他只有这么点儿小权，如果他掌握了用人的权，配房子的权，乃至更大的权，那就不仅“乡下佬”，更多的人在更多的事上也只好“没门了”。

希望少有乃至没有这种有点权就要要的人。如果有权就想戏弄，就想顺着自己的意思胡来，那么，至少要在“读者来信”栏里让他亮亮相，直到剃光头那样地把他剃下去。这才叫作“试看剃头者，人亦剃其头”。（何满子）

（二）赏析

杂文的取材很“杂”，大自天体宇宙，小至沙砾鱼虫，都可以拿来入笔，涉笔成趣。这篇作品将“剃光头”这类芝麻小事拿来入题，就显得很有“杂”味。不过，杂文的取材虽然十分广泛，但不管取什么材料，都需要有精巧的构思。就杂文来说，它的构思常常借助于丰富巧妙的联想，依托这种联想，将某种具体的事物与世事人生挂起钩来，在二者之间架起桥梁。就拿剃光头来说，如果就剃光头说剃光头，那恐怕没有多大意义。作者不是这样，而是就剃光头这件看来不起眼的事，展开了一连串的联想。

首先，由剃光头联想到掌权。谁手里拿着剃头刀，谁就掌握着“剃头权”；谁有剃头权，谁就可以滥施权柄，决定你剃光头还是剃平头。由此联想到，如果那些掌握了用人权、分配房子权，乃至更大的权的人，如果也像这位理发师那样，“有点权就要耍”，那老百姓不就遭殃了吗？遗憾的是，这样的人并不鲜见，这也正是种种不正之风的一个重要根源。总之，“剃光头——掌权”，就是《剃光头发微》这篇作品构思立意的基本模式。这种模式恰好验证了杂文写作要以小见大的基本规律。“小”指的是具体事物，“大”指的是社会人生的大问题。以小见大，体现出作者的价值取向和艺术匠心。

其次，由剃光头联想到清代“留发不留头”，联想到古代的“髡”刑（剃掉头发），联想到当今世界上许多国家给犯人剃光头……这些联想文字，表面看来似乎是闲笔，实则不然。作者的用意是进一步开掘作品的思想内涵，同时也为后边由剃光头联想到掌权做好铺垫。试想一下，假如把这些文字都删去，只保留由剃光头到掌权的联想文字，虽然作品的主旨也可以表现出来，但给人的印象就浅淡得多了，作品的内容不免显得单薄，作品的结构也就缺乏回廊曲道，只剩下干巴巴的一条筋。另外，作品一上来就写由剃光头联想到掌权，也难免显得突兀、生硬。有了古代和现代这些具有鲜明政治色彩的种种关于剃头的材料，再由剃光头说到掌权，就显得水到渠成、自然贴切了。可见，联想需要有丰富的知识，如果知识贫乏，只知其一，不知其二，联想的翅膀也是难以飞腾起来的。

写法上，作品用去四分之三以上的篇幅，极力挥洒古代和现代种种关于剃头的故事，摆出了一副真个要对“剃光头发微”的架势，云山雾罩，但读到后边，我们才恍然大悟：作者的本意原来是要对那些滥施“权威”者加以嘲讽。读完全篇，我们禁不住要拍案叫绝！这种既放得开，又收得拢，回黄转绿，婉而成章的写法，显示出作者的深厚功力。（吴庚振）

（原载《中国杂文鉴赏辞典》，山西人民出版社，1991 年。2003 年被选入《高中语文》第二册教师教学用书，人民教育出版社。）

二、《“和尚动得，我动不得？”》

（一）原文

阿Q伸手去摩静修庵小尼姑新剃的头皮，小尼姑满脸通红地说：你怎么动手动脚的……阿Q的答复是：“和尚动得，我动不得？”

说“和尚动得”，不免有诬蔑之嫌，且不去管它。但这句话实在精辟，它简洁而又活脱脱地勾出了一些人的一种心理和处事原则。本来并不认为“动”得有理，但既然有人先动了，那么我也来动一动，便是理直气壮，至少无可非议的了。“和尚动得，我动不得？”能化非为是，变无理为有理，既有助于鼓起自己“动”的勇气，又可以充当抵御责难的挡箭牌，功能多样，效用明显，所以这一原则便被一些人广为采用。

但这种处事原则，通常只施于弱于己者。阿Q只把它应用于小尼姑。当年列强的“门户开放，利益均沾”政策也只加于贫弱的中国。此外，有时也用于某些公物或近于无主之物，近六十年前杭州乡下人纷纷去挖雷峰塔的砖，便是一例。

不幸的是，旧社会的这种分泌物至今仍然顽强地附着某些人的身上。现在，缺少自卫能力的弱小者已经很少（因为有人民的政权保护着），而公物却日见其多起来，而这公物在一些人的心目中却又似乎与无主之物难以区别，于是“和尚动得，我动不得？”这一原则的施用范围，便越来越广泛。看见别人在那里用公款大吃大喝，我至少也得小吃小喝一番。你多占了三间房，我便也来多占三间，如果没有你那么大的能耐，便多占一间也行。既然你开得后门，我有什么开不得？……于是，对于种种不正之风，尽管颇为不满，却又往往不免多少沾点边。然而，虽然沾了点边，却仍然心安理得，因为有“和尚动得，我动不得？”的原则在。

“和尚动得，我动不得？”是一种泯灭良知的麻醉剂，一种自我欺骗的借口，一种向邪恶看齐的哲学。这样一种心理或处事原则，如果在社会上弥漫开来，不但扶正祛邪难以实现，而且会形成一种破坏力量。当年的雷峰塔终于倒掉，西湖至今缺了一景；今天某些厂矿设备遭到哄抢，某些森林被乱砍滥伐，不过是小焉者。其大焉者则是是非观念的淡漠以至混淆，人们灵魂的受到污染和销蚀。

在“和尚”动手的面前，可以有三种态度：出面制止，不许他动，这是革命者和先进分子；他动我不动，不失为洁身自好的正直之士；你动我也动，便属于无赖甚至可恶了。这里没有硝烟炮火，但我们每个人都面临着一场考验。“和尚动得，我动不得？”固然要不得，应该受到谴责制止。但有这种想法的人毕竟不是首恶，我们应该首先斥责、制止、惩处那些先动手并且在那里大动特动的“和尚”。否则，不但有欠公允，而且可能于事无补。

至于有的人，本身就是一位大“和尚”，却也在那儿大嚷大叫，批什么“和尚动得，我动不得？”的，更应该加以揭露，还他一个本相。（谢云）

（二）赏析

“搔痒不着赞何益，入木三分骂亦精。”《“和尚动得，我动不得？”》这篇杂文，对某些人的一种病疾、一种不良习气、一种处事哲学的讥刺和批评，可谓入木三分，精到之至。这篇作品精到在何处？

一是构思精巧。作品以“和尚动得，我动不得？”这句阿Q的“名言”穿针引线，结撰全篇，这就不仅使全文的结构十分严密，而且极大地增强了作品的形象性和幽默感。作品的思想内容是严肃的，然而由于作者赋予这严肃的思想内容以阿Q式的无赖形象，就大大拓宽了作品的思维空间，使作品顿然产生一种情趣，一种令人忍俊不禁的幽默味道。作者还将动手的“和尚”分作“大和尚”和“小和尚”，并尖锐地指出：“至于有的人，本身就是一位大‘和尚’，却也在那儿大嚷大叫，批什么‘和尚动得，我动不得？’的，更应该加以揭露，还他一个本相。”这样的分析不仅淋漓痛快，而且情趣盎然。

二是分析透辟。作者对论题采取的是纵横交错的分析方法，这就增强了作品的历史感和穿透力。作品指出：“和尚动得，我动不得？”这种处事哲学，是旧社会的一种“分泌物”，在全民所有制占主导地位的社会主义的今天，它更加“发扬光大”了。因为在这些人看来，公物“近似于无主之物”，更可以“动一动”了。这是纵的分析，历史的分析。紧接着，作品又对这种处事哲学的实质、危害及其影响，做了横向剖析，指出：这种处事原则“是一种泯灭良知的麻醉剂，一种自我欺骗的借口，一种向邪恶看齐的哲学”。其危害在于混淆是非观念，污染和销蚀人们的灵魂。这些锦言妙语像千钧重锤，句句敲击着人们的心房。

三是勾神摄魄。作者对“和尚动得，我动不得？”这种无赖哲学的鞭笞，没有停留在静态的理论分析上，而是注重动态的心理刻画。“本来并不认为‘动’得有理，但既然有人先动了，那么我也来动一动。”“看见别人在那里用公款大吃大喝，我至少也得小吃小喝一番。……既然你开得后门，我有什么开不得？……于是，对于种种不正之风，尽管颇为不满，却又往往不免多少沾点边。”这些动态性的白描文字，准确地描摹出某些人的社会心态，活画出某些人的灵魂。读者读这样的文字，会情不自禁地去联想现实生活中类似的人和事，甚至情不自禁地自己去“对号入座”。这也正是作品的典型意义之所在。（吴庚振）

（原载《中国杂文鉴赏辞典》，山西人民出版社，1991年。2003年被选入中等师范学校《阅读与写作》第五册教师教学用书，人民教育出版社。）

试论形象思维中的飞跃

马克思主义的认识论告诉我们，在逻辑思维过程中，存在着由感性认识能动地发展到理性认识和由理性认识能动地指导革命实践这样两次飞跃。那么，作为文艺创作规律的形象思维，在其过程中有没有认识的第一次飞跃？如果说有的话，那么，第一，它是在什么条件下，遵循着什么途径来飞跃的？第二，这种飞跃与文艺创作中的典型化过程又是一种什么关系？探讨一下这些问题，对研究文艺创作的特殊规律可能是有好处的。

一

思维是人的一种特殊本质。思维的过程，就是对客观事物不断深入认识的过程。正如高尔基所说："认识——这就是思维。"（见《我怎样学习写作》）一般来说，思维有两种形式：逻辑思维和形象思维。这两种思维形式虽然不同，但它们都是认识客观事物的一种能动的过程。逻辑思维是通过抽象推理的形式，将感性材料抽象为理论、范畴。形象思维则不然，它虽然也必须以感性材料为基础，为起点，但在其过程中，它又一刻也不脱离感性的形象材料。这种思维的结果，是造成活生生的形象。简言之，逻辑思维的结果是造成理论，而形象思维的结果是造成形象。

但是，不管是逻辑思维还是形象思维，只要它是科学的，它就一定能够正确地反映事物的本质和规律。形象思维论是一种文艺科学，它是文艺创作必须遵循的规律。形象思维虽然与逻辑思维有着不同的形式和特点，但它还是能够反映事物的本质的。列宁在《列夫·托尔斯泰是俄国革命的一面镜子》一文中说："如果站在我们面前的是一位真正的艺术家，那么他至少应当在自己的作品里反映出革命的某些本质的方面来。"他接着指出，"托尔斯泰的观点和学说中的矛盾不是偶然的，而是十九世纪最后三十年中俄国社会生活所处的各种矛盾状况的表现。"我国古典名著《红楼梦》被誉为封建社会的百科全书。它正是通过对以贾府为代表的封建家族由兴盛到衰败的淋漓尽致的描写，反映出封建社会必然崩溃的历史规律。可见，用形象思维方法进行文艺创作，完全可能揭示出客观事物的本质和规律。这也正是形象思维能动作用的表现。

既然形象思维是能够反映事物本质的，那么在它的整个思维过程中，也应该有飞跃。因为不管是逻辑思维还是形象思维，它们在反映事物本质的过程中，不可能是一下子完成的，而必然有一个由浅入深、由低级到高级、由量变到质变的过程。毛泽东同志在《实践论》中说："社会实践的继续，使人们在实践中引起感觉和印象的东西反复了多次，于是在人们的脑子里生起了一个认识过程中的突变（飞跃），产生了概念。"毛主席在这里讲的是马克思主义认识论的一般规律，但它对形象思维也完全适用。作家在深入生活的过程中接触了大量的人和事，观察和感受了各种社会现象，这种接触、观察和感受经过多次反复，一方面会形成理性认识，同时也会对某种人物或事件产生或爱或憎的感情，并对某种人物的形象特点加以把握。这就是说，作家通过深入生活，可以提高认识、丰富感情、积累形象。而这几方面的"收获"又是相辅相成、交融在一起的。在这个基础上，作家采取形象思维方法，运用头脑这个"加工厂"，对自己所获得的大量形象化的素材，进行一番"去粗取精、去伪存真、由此及彼、由表及里”的改造制作，就会创造出一种典型形象来。在这个过程中，形象的本质化和个性化是同时进行的，它们都朝着既反映现实生活的本质，又体现形象的个性化特征这个统一的目标前进。这是一个形象思维的过程，同时也是一个形象典型化的过程。任何典型都包含着两种特质：共性和个性。没有共性，没有代表性，就失去了典型的本质意义。没有个性，不是“这一个”，而是抽象的“乌有先生”，也就失去了典型本身。正如列宁在《谈谈辩证法问题》一文中所说的：“一般只能在个别中存在，只能通过个别而存在。”作家依据形象思维的规律所造成的典型形象，是对现实生活的本质的、形象的概括。这种艺术概括的过程，也就是形象思维的飞跃过程。典型形象（当然不只是人物形象）的形成之时，也就是形象思维过程中飞跃现象的实现之日。所以，形象思维的第一次飞跃，表现在由生活素材到艺术形象的突变。这显然与逻辑思维的第一次飞跃是有区别的。这里也用得着黑格尔的一句话：“在艺术里不像在哲学里，创造的材料不是思想而是现实的外在形象。”形象思维中由生活素材到艺术形象的飞跃，犹如逻辑思维中由感性认识到理性认识的飞跃。

举例来说。鲁迅在创作《故乡》这篇小说时，首先深刻地观察分析了辛亥革命后的中国社会特别是中国农村的状况，充分把握了现实生活中的闰土、杨二嫂各色人等的性格特征和他们所处的阶级地位。在这个基础上，鲁迅用形象思维方法和艺术的典型化原则，对现实生活中若干闰土式的人物的本质和个性特征，进行了提炼和概括，从而创造出了闰土这个艺术典型。闰土是有血有肉的，是有鲜明的个性特征的。你看，少年时代的闰土，“项带银圈，手捏一柄钢叉”，在金黄的圆月下，“向一匹猹尽力的刺去”，那是一个出现在“神异图画”中的活泼可爱的小英雄。然而三十年之后的闰土，却完全变成了另外一个人：“先前的紫色的圆脸，已经变作灰黄，而且加上了很深的皱纹”；他头戴“一顶破毡帽，身上只一件极薄的棉衣，浑身瑟索着”，竟“像一个木偶人了”。少年时代的闰土天真无邪，和“我”本是哥弟相称；而如今的闰土却神情麻木，恭恭敬敬地称“我”为“老爷”。这些描写，使闰土这个人物的个性极其鲜明，简直呼之欲出。这些个性化特征又是典型意义的具体体现。因为闰土的从外部形象到内心世界的惊人变化，体现了辛亥革命后广大农民的典型遭遇，揭露了当时社会的深刻矛盾，表达了鲁迅先生希望创造一种新生活的强烈愿望。在这里，个性化和典型意义统一在了闰土这个形象上。这也正是形象思维实现了由生活素材到典型形象飞跃的结果。

这里值得提出的是，在人们的一般习惯中，往往认为理性的东西就一定是抽象的概念或范畴，而任何具体的、形象的事物，就一定是感性的东西。文艺作品中的形象是再具体不过了，以至人物长着什么样的鼻子、什么样的眼睛都刻画得活灵活现。因此有的人就认为，艺术形象是感性的东西。这是把形象思维的艺术形象同逻辑思维的感性认识混淆了。判断一个对象究竟是理性的还是感性的，应该有两个标准：其一，看它是不是客观事物的本质的概括、本质的反映；其二，看它是原始的东西、印象的东西，还是经过人的头脑这个“加工厂”加工制造出来的东西。任何理性的东西，都是在人们的社会实践中，客观事物反映到人的头脑中来，并经过人的头脑加工厂提炼的产物，也就是“让我想一想”的产物。艺术形象虽然是具体的，但它并不是生活素材，而恰恰是经过作家的头脑加工提炼，即运用形象思维方法，经过反复的艺术构思的产物，它同理性的东西一样，也是“想一想”的产物。而且，成功的艺术形象都是社会生活本质的反映。因此，它根本不是什么感性的东西，而是一种以“现实的外在形象”出现的理性的东西，是包含着一种个性特质的理性的东西，只不过它的“理性”，就像恩格斯所要求的那样，不是作家“特别地说出”，而是“它自己从场面和情节中流露出来”的。(《给明娜·考茨基的信》)

由此可见，形象思维这个艺术概括的过程，也是一个由感性认识能动地发展到理性认识的过程，只是有它的特殊形式而已。

二

唯物主义观点认为，不管是逻辑思维还是形象思维，要实现思维过程中的飞跃，都必须具备必要的条件。毛泽东同志强调指出："只有感觉的材料十分丰富（不是零碎不全）和合于实际（不是错觉），才能根据这样的材料造出正确的概念和论理来。"（《实践论》）这就是认识过程中实现飞跃的两个必要条件。它不仅适用于逻辑思维，同样也适用于形象思维。但是，由于两者的特点不同，所造成的结果各异，所以它们实现飞跃的条件，也就有所不同。

首先，逻辑思维实现由感性认识到理性认识的飞跃，它所需要的感性材料虽然也应该是丰富的、真实的和具体的，比如，具体的人，具体的事，必要的统计数字等；但是，在一般情况下，并不需要过多的形象化的感性材料，比如，形象、动作、场景、精神气质以及生活细节等。而形象思维则不然。它要实现思维过程中的飞跃，即由生活素材造成典型形象，作家就必须掌握大量的形象化的生活素材，必须把握人物的个性特征，积累丰富的生活细节，而这些又都是合乎生活实际的。没有这样的条件，缺乏这样的积累，作家不管有多么丰富的创作经验，也不可能创造出栩栩如生的人物形象和描摹出诗情画意的意境来。这是文艺创作中一个基本的唯物主义观点。因此，作家就必须"长期地无条件地全心全意地到工农兵群众中去，到火热的斗争中去，到唯一的最广大最丰富的源泉中去，观察、体验、研究、分析一切人，一切阶级，一切群众，一切生动的生活形式和斗争形式，一切文学的和艺术的原始材料”。作家应该养成这样一种职业性的习惯，即善于从形象的角度去观察和理解生活。高尔基说过：“我是一个文学工作者。这个职业逼着我注意琐细的事情，这个职务已经变成习惯了。”鲁迅也说过：“若作者的社会阅历不深，观察不够，那也是无法创造出伟大的艺术品来的。”否定形象思维，实际上就是否定作家深入生活的极端必要性，取消了认识过程中实现飞跃的两个必要条件，这显然是违反马克思主义认识论的。

其次，逻辑思维中由感性认识到理性认识的飞跃，并不排斥感情的作用，但它所需要的主要是冷静的周密的思考。而形象思维中由感性认识到理性认识的飞跃则不然，它当然一点也不忽视理性的作用，但特别需要的是感情，也就是作家常说的“创作激情”。有人说科学家需要的是“冷静，冷静，一百个冷静”，这话可能说得并不全面，却也不无道理。文艺家与此相反，从一定的意义上说，他所需要的是创作的“冲动，冲动，一百个冲动”。比如写病人，如果为了作品主题的需要，作家可以用许多笔墨去描写病人的痛苦。医生就不然了，他首先考虑的是如何减轻病人的痛苦，因而就需要进行冷静的、科学的诊断和治疗。由此可见，形象思维离不开形象，也离不开感情。歌颂人民群众，暴露反动派，这里边就有个立场和感情问题。我们常说成功的艺术典型是有血有肉的。这里所说的“血肉”，包括丰富的生活细节，也包括作家所赋予人物的强烈的激情。好的文艺作品，作家创作时往往激动得“泪下沾襟”，读者在阅读时也每每“珠泪成行”，这就是形象思维所造成的特殊艺术效果。

最后，形象思维过程中的飞跃，是受作家的思想和世界观所制约的。作家一踏上形象思维征途，就开始了对生活素材的观察、分析、研究、提炼和选择，以探索生活的本质意义。同时，还一定在他的世界观的支配下，确定创作意图，提炼主题思想，审查艺术构思。鲁迅在谈到《狂人日记》的创作时说："前曾言中国根底全在道教，此说近颇广行。以此读史，有多种问题可以迎刃而解。后以偶读《通鉴》，乃悟中国人尚是食人民族，因此成篇。"可见，狂人这个典型形象所体现的深刻思想，正是伟大的思想家鲁迅对当时中国社会的许多狂人式的人物进行细致的观察，并研究中国社会的现状和历史所取得的认识成果。不言而喻，这里已经涉及文艺创作中的逻辑思维问题了。逻辑思维和形象思维在文艺创作中，二者是互相配合、互相渗透、相辅相成的。如果完全抛弃了逻辑思维，就不能由生活素材跃进到典型形象，从而实现形象思维中的飞跃。较强的逻辑思维能力（认识能力），是实现形象思维飞跃的一个主导性的条件。

三

实现形象思维中的飞跃，除了在所需要的条件上，与逻辑思维有着若干不同的特点以外，在飞跃的具体途径上，或者说在实现形象思维的飞跃的基本手段上，也有一些明显的区别。如果说逻辑思维飞跃的基本手段是抽象概括，那么，想象和虚构则是形象思维飞跃的基本手段，在造成典型形象中具有特别重要的意义。

作家在深入生活的过程中，积累了大量素材。在艺术构思的初期阶段上，作家往往还不能一下子跳出真人真事的圈子。随着艺术构思的不断发展和深入，作家就会摆脱真人真事的束缚，进入一个真正的艺术创造、艺术概括的阶段——想象和虚构的阶段。这时候，作家凌驾于真人真事之上，"精骛八极，心游万仞""思接千载"，"视通万里"，此正艺术构思纵横驰骋之际，艺术形象喷薄欲出之时，形象思维的飞跃也就实现在望了。想象和虚构是实现形象思维飞跃的必由之路。因为只有通过想象和虚构，将

“浙江的嘴、北京的脸、山西的衣服”（鲁迅《我怎么做起小说来》）集中到所写的人物身上，创造出的人物形象才能突破生活的真实而跃进到艺术的真实。当然，进行想象和虚构绝不是漫无边际地胡思乱想，而是以生活为基础，以主题思想为出发点，以人物性格为依据。作家总是根据主题思想的需要和人物性格的必然发展，对生活素材进行取舍、剪裁、缀合、生发，以造成思想和性格统一的典型形象。高尔基说过：“作家需各式各样的想象自己底观察和印象、思想和生活经验等而将他们装进各种的形象、情景和性格里去。”（《给青年作者》）歌剧《白毛女》的创作经验就说明了这个问题。作者在深入晋察冀广大农村生活的过程中，积累了大量素材，观察了许多喜儿、杨白劳、黄世仁式的人物，并了解到在群众中广泛流传的“白毛仙姑”的故事。在这个基础上，作者运用想象和虚构的手段，对“白毛仙姑”的故事“加以相当的改变、补充和修正”，并从作者生活积累的仓库里去选择和提炼那些能够表现这些人物的生活情节和细节，使人物性格和矛盾斗争更加典型化，从而创作出了这部成功的作品。很显然，想象和虚构在这里起了突出的作用。（《〈白毛女〉的创作与演出》）

特别有意思的是，形象思维中飞跃的实现，有时候（当然不是说都是这样）是在作家艺术构思的苦闷中，现实生活中的一个偶然的机遇（比如，某人的一两句话或一两个有特征性的生活情节等），启开了作家的心扉，引起了对生活的联想和对情节的缀合，使艺术构思进入一个新的境界，作品的雏形居然在作家的心底很快形成了。这样，形象思维也就实现了一次飞跃。产生这种情况，也并不是神秘莫测的，它也是由形象思维的特殊规律决定的。原来，作家在进行艺术构思时，有时候是从研究现实生活中确定了一个基本的立意，但还没有找到一个与之相适应的形式（基本的情节结构）；有时候是对人物的形象特征、生活情节的艺术特征及其意义有了比较充分的把握，但还没有找到一个使之赖以依附的充满着艺术生命的立意。在这两种情况下，内容和形式都还没有有机地统一起来。而现实生活中的这个偶然的机遇，给作家提供了他正在寻找的东西，或者提供了寻找这种东西的线路，因而达到了内容和形式的有机统一，实现了形象思维的一次飞跃。这时候，作品就有了血肉，变成了作家心目中的独立的艺术个体。这样，作家就可以按照这个基本成熟了的艺术构思，更准确地选择和提炼生活情节，典型而又逼真地塑造人物形象了。也只有在这时候，作家才“文思如泉”，思想不游离，笔锋不凌乱，得心应手地进行创作。文艺创作中这种特有的现象，说明形象思维是形（形象）、情（感情）、理（思想）同时交融在一起进行的，这显然与逻辑思维有所不同。

［原载《河北师范大学学报》（哲学社会科学版）1981 年第 4 期］

书序是作者的“名片”

序，又称叙、前言、引子等，它一般置于图书正文的前面，对读者起一种引领、导读的作用。“读书先读序”，这是读书人的广泛共识。

明代人徐师曾在《文体明辨序说》中从字义上对“序”进行了界说：按《尔雅》：“序，绪也。字亦作‘叙’，言其善叙事理，次第有序，若丝之绪也。”不过，这里的“序”，不能简单地理解为事物的“次序”。大致说来，在汉魏六朝时期，“序”“理”（纹理）这些概念，往往是作为一个哲学范畴来使用的，它指的是事物的理序、理路，即客观事物的外在和内在条理，客观事物的本质和规律。书序则是对书的基本内容、逻辑结构、社会价值等进行评述的一种文章体式。也有一些书序是对作者及成书背景进行简要介绍，为读者打开一个理解本书内容的“窗口”。宋人王应麟《辞学指南》有云：“序者，叙典籍之所以作。”

我国的书序早在战国时期就出现了，宋玉的《神女赋序》是我国书序的开山之作。书序有“自序”和“他序”两种。自序当然由书的作者自己撰写，而他序则是请有关专家学者撰写的。大致说来，汉代之前，书序基本都是自序，而且放在书的后边，和今天的“跋”相似，如司马迁为《史记》所写的《太史公序》、许慎的《说文解字序》等著名序文，都是放在书后的。魏晋以降，书籍作者请人作序渐成风气，乃至“无序不成书”；而且为了突出书序的地位和作用，同时也表示对书序作者的尊重，将书序移至正文的前面。西晋左思的《三都赋序》，被学界认为是他序之滥觞。

书序是序作者学识、情怀、识见和功力的象征，也是序作者人格和风范的象征。正是从这个意义上，我们说“书序是学者的名片”。因此，历来的专家学者对撰写书序是非常看重、非常认真的，而且越是大专家、大学者，对撰写书序愈加谨慎和认真。许广平在《鲁迅先生序跋集序言》中回忆说，鲁迅先生凡写序，都不是空泛敷衍，必定从头至尾将著作细读一过，然后才动笔。他为贺非所译肖洛霍夫的《静静的顿河》写后记之前，很认真地读了全书，“每天夜里将译本一句句地校改，到写完后记后，实在因为工作太繁累赶忙而没有休息之故，曾经生了一场并不算轻的病”。

坚持实事求是，坚持为书籍作者和广大读者“双负责”的精神，是我国绵延几千年的书序写作的优良传统。凡是书序的优秀之作，总是在对书籍的价值和贡献充分肯定的同时，也要恰如其分地指出其不足，提出进一步修改与提高的建议和希望。不说违心的话，不溢美，不拔高，使书序既对书籍作者有益，也不会对广大读者产生误导。

反观时下数量巨大、五花八门的书序，优秀之作当然也有一些，但违背书序的基本要求，不坚守人格和“学格”底线，恣意将书序商品化的也委实不少。归纳起来，这些不正派的书序大致有以下几种。

一是胡吹乱捧的“人情序”。序作者因为是书作者的老朋友、老领导，或是师长、熟人、老乡等，写起书序来便不讲原则，不看实际，一味地胡吹乱捧，溢美拔高。明明是东拼西凑的学术垃圾，也大吹特吹其“开拓”“创新”价值；明明是改头换面的重复之作，也吹嘘其“填补了空白”；明明是缺乏学术品格的一般读物，也说是“具有重要的学术价值”。凡此种种，不一而足。

二是宣传“卖点”的“广告序”。书序是一种高端文化，本应格调儒雅，造意稳健，文采斐然，具有深厚的文化内涵，然而，某些书序却以“经济效益”为宗旨，大肆鼓吹某书的“卖点”，弄得斯文扫地，不伦不类。如将研究决策科学的某部著作说成“决策宝典”；将某高考辅导读物说成“北大清华考取指南”；将某英语学习读物说成通过英语四六级考试的“神奇法宝”……更有甚者，某企业家为某书所写的所谓“序言”，干脆“借贵方一块宝地”，直截了当地推销本企业的产品。

三是东拉西扯的“擦边序”。有些学者写书序显得十分“潇洒”，常常是用很少的时间，将所序之书大致翻一下，有的甚至连翻也不翻，只看看标题，便提笔作序。本来对书籍的内容并不了解，写什么呢？于是便古今中外，天南海北，东拉西扯，洋洋洒洒，“自我感觉良好”地写将起来。你别说，这样还显得自己很“博学”。当然，在序文的末尾也打一下“擦边球”，生硬地和书籍、和作者联系一下，再缀上个“是为序”，便完事大吉。很显然，这样的书序对读者理解该书是没有什么意义的。也许有的学者确实因为太忙，又推托不过，不得已才写这种“擦边序”的。然而，这并不能成为敷衍其事的理由。一个严肃的、有责任心的学者，要么保持一份知识分子的矜持和清高，在自己不方便时不接受别人的请托；而一旦接受了任务，就要严格按照事情的章法去做。

以上列出的不健康的书序可能不够全面，但由此也可以看出书序领域乱象之一斑。切望学者们在撰写书序时，摒弃浮躁情绪，自珍自爱，认真负责，用自己的实际行动捍卫书序这份高雅的传统文化的纯洁性。

（原载《中国社会科学报》2011 年 9 月 13 日。原题为《摒弃浮躁方能写出好书序》。）

峥嵘人生谱华章

——品读张锡杰的新著《红枫集》

读了张锡杰的新著《红枫集》之后，颇为兴奋和激动。这部著作以其深刻的思想内涵、精湛的艺术技巧、新鲜丰富的各种知识，令人爱不释手。该书收选了作者几十年来散文创作的精品力作，记录了作者的人生足迹和感悟，是作者大半生心血的结晶。

一、赤子情怀，真情放歌

张锡杰的人生经历，他的成长历程，决定了他是党和人民忠诚的儿子。张锡杰出生在河北省枣强县索泸河畔一个贫苦的农民家庭。这里历史上属于土地贫瘠、黄沙漫漫的黑龙港地区，改革开放之前人们的生活异常艰苦。孩提时代，张锡杰就下地干活，和大人一样，“晴天一身土，雨天一身泥”。因家境贫寒，他中学没有读完就辍学了，之后痴迷读书和写作，并参加了公社（乡镇）的新闻评论组，成为一名“泥腿子”业余记者。在此期间，他撰写出大量当时称作“小评论”的作品，有的文章还发表在《人民日报》《河北日报》等报刊上，成为衡水地区小有名气的“农民评论员”，并因此被推荐到河北大学中文系学习。

大学毕业后，张锡杰被分配到河北日报社工作了20余年，先后担任记者、记者站副站长、记者部副主任、总编室副主任、科教部主任等。其间，他受命采访过包括国家主席、总理、省委书记、省长在内等许多高层人物，并有多篇作品获得国家或省部级新闻奖。就人的一生来说，这是相当不平凡的。后来，由于他良好的全面素质和出色的新闻工作成绩，20世纪90年代初，他先是被借调，后来正式调到中共中央办公厅调研室工作。用他的话来说，是“从沙窝窝走进了中南海”。20多年，他先后担任过中共中央办公厅调研室政治组组长、调研室副主任、中共中央办公厅直属的北京电子科技学院党委书记等。

应该说，张锡杰的身世和经历，是很不平凡的。这样的身世和经历，使他对党的理想信念、对党和人民的忠诚，渗入他的骨髓，融入他的心灵，幻化出他的灵魂，铸就他的一颗赤子之心。对张锡杰而言，“没有党就没有自己的一切”，绝非虚言。正是这样峥嵘不凡的人生经历和赤子情怀，使张锡杰对党和人民真情放歌，使他的文字总是高扬主旋律、传播正能量。那些风花雪月、靡靡之音、“千冏百酷”、个人至上的东西，那些戏谑现实、脱离群众的所谓“纯文学”的东西，与他是无缘的。正如鲁迅先生所说：“从喷泉里出来的都是水，从血管里出来的都是血。”(《革命文学》)

《红枫集》虽然分作“寻踪觅迹”“红墙情结”“域外采撷”等七个部分，但其主体内容主要是两个部分：一是游记散文，二是回忆录。

第一部分，即游记散文。这一部分一反我们常见的某些散文耽于山水、浮光掠影、虚靡浅薄的弊端，具有丰富深刻的思想内涵。对某些不良官员来说，出国考察是满足自己好奇心和虚荣心，游山玩水，进而为崇洋媚外找到一些根据、增加一些谈资的大好时机。而张锡杰不是这样。由于工作的需要，他考察过亚洲、欧洲、北美洲、大洋洲的十几个国家和地区。在考察中，他时刻不忘自己作为一个共产党员的坚定信念和庄严使命。在德国的特里尔，他怀着十分崇敬的心情拜谒了马克思的故居，并深情呐喊："马克思创立的伟大学说，必将指引和激励中国共产党人，沿着中国特色社会主义道路继续前进！"（《从特里尔走来》）在俄罗斯，他怀着极其复杂的心情，瞻仰了列宁墓，探究了苏共覆亡、苏联解体的真正原因。"望着对面钟楼塔楼上依然闪烁的红星，我不由得感慨万千！"（《列宁墓前的感慨》）"苏联解体，红旗落地……起决定作用的是内部原因"，是"苏共领导对马列主义的背叛"。（《重走生命之路》）

张锡杰是党的儿子，也是人民的儿子。在他的游记散文的许多篇章中，深情表达了他对劳动人民的挚爱情怀。登泰山，他看日出，领略祖国山河的壮丽，更看到了泰山挑夫那比风景更美丽的劳动人民的优秀品质和灵魂。（《泰山挑夫》）在长江小三峡地区，张锡杰看到广大群众顾全大局，流着眼泪毅然决然搬出祖祖辈辈生活的热土，激情呼喊："此时此刻，我的心底涌现出一种难以形容的激情，我要说，我要喊，小三峡的山美水美景美，比不上小三峡儿女的心灵美！"（《惹人心醉的小三峡》）

第二部分，即回忆录。这一部分表现了张锡杰对故乡、亲人、朋友以及他在人生道路上所遇到的种种难以忘怀的人和事的深挚感情，许多篇章读来是颇为震撼和激动人心的。他"蘸着泪水用'心'写成的《描绘母亲的形象》"，读来令人回肠荡气，唏嘘不已。他对40多年前帮助他走上新闻工作道路的《衡水日报》编辑李普月，"始终怀着一颗感恩的心"。他用最美好的词语赞颂李普月："就像他的名字一样，他把那明亮皎洁的月光，无私地洒向基层通讯员，照亮了我前进的道路。"（《月亮知我心》）

张锡杰离开家乡虽然将近半个世纪了，但他对家乡的一草一木依然深情满怀。在他的心目中，家乡的土地、水井、湖水、春雨，家乡的油菜花、红枣树、绒花树、红薯、红枣等，都是有灵性的。"'七月十五红眼圈，八月十五动枣竿。'那意思是说，农历七月十五，大枣红了眼圈，可以挑熟了的尝鲜儿，到了八月十五就要拿枣竿打枣了。每到这时，也是院子里最热闹的时候。大人们一竿子打下去，熟透的红枣就噼里啪啦地落下来，碰到孩子们的头上、身上，有的笑，有的叫，有的闹……”(《枣树情》)这段生动传神的白描文字，传达出作者对家乡的几多深情！

二、散文其形，通讯其骨

《红枫集》的主要特色和美学价值，可以概括为这样八个字：散文其形，通讯其骨。

我们知道，散文和通讯本来是不分家的。唐宋之前，散文是相对于韵文来说的，凡是没有韵律的散行文字，统称为“散文”，包括写人记事的文字，也包括政论文章。从这个意义上来看，通讯也是散文的一种。到了20世纪初叶，“远生通讯”产生之后，通讯才成为一种独立的新闻体裁。已故著名记者穆青同志曾提倡写新闻要借鉴一些散文笔法，写散文式新闻。其实我们也可以反其意而用之，写散文可以适当借鉴一些通讯笔法，以增强散文作品思想内容的深刻性和感染力。

张锡杰做了几十年新闻工作，并采写过大量优秀的新闻通讯，新闻工作的党性观念、新闻记者的时代敏感和拥抱现实的职业精神，深深地烙印在他的脑海里，这些会很自然地影响他的散文创作。事实也是这样，他创作的散文，从写人、记事、状物、写景、抒情等表达方式乃至“形散神不散”的结构形态上来看，都具有散文的特征，但从作品的基本内容、时代精神和作者构思立意的思维方式等方面来看，又具有新闻通讯的某些特色。写散文当然要立足于散文，但张锡杰不是墨守成规，而是兼取散文和通讯的优势，将散文和通讯的两种“基因”嫁接融合，从而产生一种幽深厚重的审美效果。

首先，作者站位高，善于从人们司空见惯却又习焉不察的事物中，提炼出深刻的思想，使作品具有较高的思想品位。散文属于文学的范畴，它的功能主要是通过审美愉悦来感染人、陶冶人。而通讯经常用来报道重要典型，较之于散文，它更注重于大局观念和思想教育功能。因此，深刻而具有现实意义的思想内容，是通讯的风骨之所在。张锡杰将通讯的这种“风骨”移植、嫁接到散文中，大大增强了作品的思想性和感染力。例如，《珍珠梅》这篇散文，写的是一种开白色小花的灌木花卉——珍珠梅，它的花色既不艳丽，也没有浓郁的香味，实在是再普通不过了。但是，珍珠梅的生命力极强，对土壤和施肥要求不高，花期又很长。对这样一种看起来“不起眼”的花卉，作为中共中央办公厅一员的张锡杰通过层层联想，从中挖掘出深刻的富于警醒意义的思想。第一层，作者由花想到人。作者写道：真正爱上珍珠梅，是在读了王安石“墙角数枝梅，凌寒独自开。遥知不是雪，为有暗香来”的《梅花》诗之后。这首诗名为写花，实为写人，表现出不求索取、勇于奉献、甘当无名英雄的品质。第二层，由此生发开去，进一步联想到那些血洒工作岗位的英烈，如全心全意为人民服务的张思德、电影《永不消逝的电波》中的主人公李侠的原型李白等人的感人事迹。第三层，由战争年代的无名英雄，联想到和平建设时期那些长期在中央机关做机要、文秘、保卫、档案等工作的人员的默默奉献精神。经过层层开掘，作品向我们展示出博大精深、感人肺腑的“珍珠梅精神”，也寄寓了当时作者的心境与抱负。

其次，作为一名资深记者，张锡杰总是习惯性地将他在散文中所写的人和事、景和物，放在时代大背景下来展现，使作品具有强烈的时代感和针对性。这样的例子在《红枫集》中比比皆是。例如，《赣南松》这篇作品，所写的是赣南人民植树造林、绿化荒山的事迹。改革开放初期，当地政府制订了绿化荒山的宏伟计划，并付诸实施。但由于当地的红土酸性强、黏性大，不适合杉树、马尾松等树种的生长，所以绿化工作收效甚微。吉安县林业局副局长邱崇鸿，看到革命先辈浴血奋战的山山岭岭，如今面貌依旧，“感到无地自容”。后来，他经过千辛万苦，从外地讨到一小包原生在美国的名叫“湿地松”的种子，经过繁育，获得成功。如今的赣南大地，郁郁葱葱，林木茂盛。这件事本身就是改革开放的一个成果。作者将这件事放在革命老区人民继承和发扬老一辈革命家的革命精神，在改革开放中建设美好家园的大背景下来表现，极大地提升了作品的时代感和思想品性。

当然，在散文创作中借鉴一些通讯笔法，并不是要作者直接站出来发议论，而是用散文之“形”去表现通讯之“骨”，用散文的形象表现深刻的思想内容。张锡杰正是这样做的。一部《红枫集》，描摹出许多鲜活的人物形象、美不胜收的山水画面和感人至深的生活场景，读者可以在美的享受中获得教益和思想启迪。

三、知识密集，内容丰厚

《红枫集》的绝大多数篇章，知识点都很多，鲜活有趣的知识让人目不暇接。这些知识既有人文科学的，也有自然科学的；既有现代的，又有历史的；既有本土的，也有外域的。走进作品所创造的世界，给人以“遍地是黄金”的感觉。

无论是写人记事还是状物写景，作者总是喜欢对所写的对象多侧面、全方位进行观照和展现，创造出一种立体化的意象和图景。如《家乡的红薯》这篇不足两千字的短文，所包含的知识之丰富，令人惊叹。作品开篇写道：“红薯，又名番薯、白薯、地瓜、山芋等，在植物学上的正式名字叫甘薯。”继而状写红薯的外形：家乡的红薯“模样俊”，块形匀称，顺溜，色泽粉里透红，瓤口金黄。接下去写红薯的口感和营养价值：家乡的红薯“生吃似脆梨，熟吃甜似蜜”，营养十分丰富。它富含蛋白质、淀粉、果胶、纤维素、维生素及多种矿物质，有“长寿食品”之誉，近年来还被专家们推荐为“太空保健食品”和“最佳抗癌食品”。再接下去，写红薯的繁育：红薯的生命力极强，播种红薯无须育秧，只需将几尺长的红薯蔓剪成几段，插到土里，浇上水，就成活了。最后，写红薯是怎样传入中国的：红薯原产于南美洲的秘鲁、厄瓜多尔、墨西哥一带，1492年由航海家哥伦布带回欧洲，又由欧洲经西班牙传入非洲，再由太平洋群岛传入亚洲。明万历二十一年（1593）五月下旬，福建华侨陈振龙从菲律宾将红薯带回福州，试种成功，并很快传播到大江南北。可以说这篇散文将红薯的有关知识基本上一网打尽，读者阅读后会感到一种由衷的满足和惬意。

当然，散文不是教科书，散文中写知识，并不是以传播知识为主要目的，而是通过对知识的叙写，在开拓作品视域、丰富作品内容的同时，创造出一种以特定事物为载体的审美意象。例如，上面提到的《家乡的红薯》，虽然写了有关红薯方方面面的知识，但我们读后并不感到作品中的红薯只是一般科学意义上的红薯，而是一个鲜活的红薯意象，一个蕴含着作者深情与理想的可爱的尤物和小精灵！正如作者所说：红薯能在500多年的时间里，迅速引种到全球110多个国家和地区，靠的不是官方的行政命令，不是托门子、拉关系，而是自身的优势和内在活力，是一种“红薯精神”，这不正是需要我们学习借鉴的吗！

还应该强调的是，散文中写知识，不能像教科书那样冷静、客观，而应该将拟写的知识纳入作品的整体构思之中，使这些知识成为散文意象中一种不可或缺的元素。行文笔法上，则应力求简洁明快、生动活泼、通俗易懂、情趣盎然。

张锡杰的散文，知识密集，这也和他的记者身份有关。记者是杂家。这就是说，记者应该广闻博识，具有多方面的知识。勤于学习，善于调查研究，不断积累知识，是记者应有的职业素质。张锡杰曾说记者要建立自己的“资料库”。(《感悟人物通讯》）散文《邓六金的故乡情》等作品，就是在资料库的基础上写成的。

总之,《红枫集》是一部思想性和艺术性俱佳的散文作品，它的出版是我国散文创作的一个重要收获。当然，它也不可能是完美无缺的。如果从严要求，我觉得在篇目的选择上还可以更严格些，以使全书的艺术风格更加和谐统一。

（原载《文艺报》2015 年 3 月 18 日）

学术不端如同滋生裂变的病毒

什么是学术？学术是科学的人格化形式。哲学社会科学则是自然界和人类社会客观规律的人格化形式。这就是说，学术总是和人格相联系的。正因为这样，真正的学术被认为是真理的象征，是一种人格、一种理想、一种崇高，甚或是一种神圣。相反，一切学术不端、学术腐败，都是对学术的一种亵渎、一种扭曲、一种戕害，也是一种低俗、伪劣和不齿的人格。

怎样认识学术不端对社会的危害？这是一个相当复杂的社会问题。表面看来，学术不端和绝大多数人并无直接的利害关系，它并不直接影响人们的衣食住行，好像无关大局。难怪学术不端行为远未引起有关部门和全社会的足够重视，以致在教育界和研究界等十分广泛的领域，存在着对学术不端行为不应有的“宽容”和“大度”。

不过，如果我们深长思之，存在上述问题，一个重要原因是学术不端对社会的危害具有四个鲜明特性：柔性、潜在性、渗透性和衍生性。这四个特性如同四个“护身符”，使我们很难一下子认清它的全部危害性。

所谓“柔性”，是说学术不端和经济领域、政治领域那些贪污腐败、违法乱纪行为相比，它对社会机体的破坏显得更温和、更间接、更滞后些，因而很难引起人们对它的切齿痛恨，更难形成“老鼠过街，人人喊打”的局面。

所谓“潜在性”，是说学术不端对社会的危害常常潜藏在社会机体的内部，且在一个较长的时期内才能逐步显现出来。它如同潜伏在人体内部的病毒，人们看不见，摸不着，但随着时间的推移，它逐步滋生裂变，恶性发展，最终会给人体造成祸端。

所谓“渗透性”，是说学术不端行为对社会的危害，作用于人们的思想观念、价值尺度、道德情操，如细雨润物，无声无息，点点入地，逐步扭曲人们的灵魂。

所谓“衍生性”，是说学术不端行为对社会的危害，既有现实的、直接的危害，还有延时的、次生的危害，而且后者对社会的危害更为广泛、持久和深重。

以上四个特性，决定了学术不端对社会的危害是一个多环节的、逐步放大和加深的“链式结构”。这个“链式结构”主要包括现实的直接危害和延时的次生危害两个环节。

先看第一个环节——现实的直接危害。假如某人通过“拉关系”“走后门”等不端行为，将一篇质量低下的所谓“研究成果”刊登出来，其现实的直接危害是多方面的：一是助长了学术不公，败坏了学风。列宁说：“阅读黑格尔的逻辑学是引起头痛的最好的办法。”学术研究要深入思考问题，要殚精竭虑，因而是会“头痛”的，而靠学术不端发表论文，不花气力就当上什么“家”的人，当然是不会“头痛”的，但这对那些常年坐冷板凳搞科研的人不是一种嘲弄和不公吗？二是催生了大批学术垃圾，降低了国家的整体学术水平。近年来由于学术不端行为的侵袭和搅扰，产生的学术垃圾还少吗？那些连文法都不通的所谓“学术论文”，以及那些东抄西拣、胡乱拼凑的所谓“研究成果”，堂而皇之地刊登在某家报刊上，实在让人匪夷所思。难怪有人“拜读”了这些“学术论文”之后发出诘问：“这也叫‘学术论文’？这也叫‘研究成果’？这就叫‘科学研究’？”

再看第二个环节——延时的次生危害。这种危害又大致包括几个下位环节。

其一是制造出更大的学术不公、社会不公。某人借报刊的“一块宝地”发表若干篇文章，再通过“拉关系”“走后门”等不光彩手段获得某项大奖，就使其在诸如评职称、评先进、授学位等各种活动中占得先机，获得“加分”条件，从而有可能很顺利地如愿以偿，出人头地，而真正优秀者也可能被挤压下去。

其二，历时已久，学术不端对社会的危害还极有可能渗透到社会上层和权力部门。那些靠学术不端行为获了奖，当了先进，当上专家、教授、博导的人，就获得了一块“敲门砖”，一有机会，便可能顺理成章地进入社会上层和权力部门。

上边列出的学术不端危害社会的“链式结构”的几个环节，是环环相扣、逐步延伸的。它像一抔祸水，流到哪里就祸害到哪里。不过，这还只是一种单向的直线式结构。实际上，学术不端对社会的危害是一个纵横交错、恶性互动的复杂系统。它败坏学风，毒化社会风气，消弭国家的“软实力”，其危害可以说罄竹难书。

（原载《中国社会科学报》2010年1月5日）

综合治理学术腐败

对于学术腐败，骂的多，提出建设性治理对策的却比较少。学术腐败当然应该骂，应该揭露和批判，但只靠骂，只靠揭露和批判，恐怕解决不了问题。产生学术腐败的原因十分复杂，但最根本的原因，是学术的运行机制出了问题。从 20 世纪 90 年代初，学术的运行机制逐步进入了这样一个怪圈：量化学术←→弄虚作假←→购买版面。

所谓量化学术，是指主要以公开发表的科研成果数量来衡量和评价一个人、一个单位的科研实绩和贡献大小。时下，量化学术几乎涵盖了学术领域的方方面面，诸如评职称，评奖，授学位，评各种学术职级、学术头衔（如院士、学术带头人等），以及各种名目繁多的考核、评估等，有关部门或单位都规定了一定的学术量化指标。不仅如此，量化学术甚至延伸到了许多非学术部门，如提干、晋级、评先进，乃至教科文卫等部门发展党团员等。有人戏言，就连某些年轻学子谈恋爱，也要看一看对方学术成果的多寡。

为什么量化学术如此大红大紫，成为社会的“拜物教”，以至渗透到社会的方方面面？其原因并不复杂，乃是政府有关部门主导的结果。随着改革开放的逐步深化，各级政府有关部门对学术单位和高等学校的领导方法也发生了很大变化，由过去主要靠深入基层、调查研究、抓典型、带一般，转变为以各种形式的考核、评估、评审为主导，而这些活动都是以“量”的形式来体现的。以高等学校为例，现在的校长、院长和各职能部门，每年都要拿出相当多的时间和精力来应对上级部门一个接一个的考核、评估等，统计名目繁多的各种数据，填写数不完的各种表格，可以说苦不堪言。本人在一所高校担任过十多年系主任（院长），对此深有感受和体会。

量化学术本身也许并没有错。如果单从评聘、考核、授学位等环节去考虑，制定一些合理的量化指标（包括量化学术），是必要的，其初衷是排除领导个人说了算，使各种评聘活动具有客观性和公正性。但辩证法是无情的。许多事情都有个“度”，超过这个“度”，就会走向反面。量化学术也是这样。

如今的量化学术，已发展成为一种不成文的制度性安排，其基本导向是“量”，即将学术活动引导到片面追求数量上去。特别是当量化学术被科研部门和高等学校提升为一种科研管理和竞争机制时，它就必然走向全局性的“异化”，使学术队伍中片面追求科研成果数量而忽视质量的心态恶性膨胀。以“量”为导向的量化学术昭示人们：学术的“量”是一道“坎”，越过这道“坎”，就会获得大把的金钱和荣誉。相反，如果越不过这道坎，不管你做科研工作如何认真，如何辛苦，科研的质量如何高，那也无济于事。在这种情况下，人们对科研成果的“量”心向往之，孜孜以求之，不是再正常不过了吗？纵然有哪位大师一再苦口婆心地说科研应该如何看重质量，不要一味追求数量云云，对绝大多数一般科研人员来说，恐怕也是枉然，因为他们要生存啊！

被“异化”了的量化学术的基本导向既然是“量”，那就必然激发起人们“多发论文、快发论文”的愿望和冲动，迫使人们想尽一切办法获得发表学术成果的机会。

我们再看看出版方的情况。从 20 世纪中期之后，国家对出版社和报纸杂志社逐步实行“断奶”或部分“断奶”，要求它们走向市场。在这种情况下，许多学术性期刊因为读者面窄、出版周期又比较长而缺乏“造血功能”，导致经费拮据，难以为继。严酷的现实让他们必须做出抉择：要么出卖版面，继续生存；要么拒绝“向钱看”，关门大吉。他们当然会选择前者。

就这样，出版方和作者“我在这一头，你在那一头”“一家愿打，一家愿挨”，相互依存，“互利共赢”，一个巨大的“论文市场”便在我国迅速发展起来。学术腐败也就在这个链条中滋生蔓延。

现实表明，过度的、不合理的、严重“异化”了的量化学术，是催生学术腐败的总根源之一；而不看具体情况，不分青红皂白，将许多学术期刊一下子都推向市场，都实施“断奶”，是催生学术腐败的另一重要根源。

治理学术腐败必须对症下药，必须从源头上着手，从学术的运行机制上着手，釜底抽薪，才能从根本上解决问题。

一是科研单位和高等学校的上级主管部门，要下决心改革领导方法，大刀阔斧地削减那些形式主义的、给基层造成巨大灾难的评审、评估、考核等，把科研人员从“表山数海”中解放出来。

二是国家将学术真正视为“社会之公器”，对学术期刊，特别是那些办得好的高端学术期刊，实行全额拨款，精心扶持。与此同时，禁止将学术商品化，禁止一切学术期刊出卖版面，也不允许随意出“增刊”。近闻国家新闻出版总署某负责人提出议案，主张“设立国家重点学术期刊建设工程”。该议案强调，以政府为主导，设立专门项目，重点扶持一批学术期刊。果能如此，善莫大焉！

三是一切部门和单位在评聘专业技术职务和学术头衔、学术职级以及其他一切评优、评奖、考核、授学位等活动中，对购买书号和版面出版的图书、发表的论文，一律不予承认。

以上三条，是一个相互关联的完整思路，如能认真实行，最多五年，定会收到明显效果。

（原载《中国社会科学报》2011年4月21日。2011年4月28日河南省某“211”大学党委宣传部《思想动态》第10期印发全校干部教师学习参考。）

下篇

试论党报社论的改革

——为纪念建党80周年而作

党报社论随着党的成长而成长，随着党的宣传任务的变化而变化。它作为党和人民的喉舌，在各个历史时期的党报宣传中发挥了重要作用。但是，进入新时期以来，党报社论面临着许多新的问题，遇到了一系列严峻挑战。

一个不容回避的基本事实是：报纸上的评论特别是社论等一些大型评论，不大受读者欢迎。社论的这种尴尬处境近年来虽然有了一些改变，但也很难尽如人意。从总体上看，社论的题材比较狭窄，时效性比较差，表现形式单调僵化，以及脱离实际、脱离群众等弊病还相当普遍地存在着。在今天这样一个“注意力经济”时代，这些问题不解决，就足以使它在“眼球争夺战”中失去应有的竞争力。从新闻实践来看，社论的轰动效应渐趋弱化，读者日益减少已是一个不争的事实。报纸社论如不进一步深化改革，即使承载了再多的思想、背负了再多的权威性，也很难发挥其应有的作用。

社论改革的主要任务，或曰中心目标，就是要增强它的可读性，强化其舆论功能。有了可读性，才会有战斗力，才会产生社会效益。可以说，在坚持正确舆论导向的前提下，可读性强不强，是评判社论改革成功与否的一条重要标准。可读性强了，读者喜闻乐见，看过之后才能入脑入心。

反之，如果大家对社论避犹不及，还有什么社会效益可言呢?

增强社论的可读性是一个复杂的系统工程，既包括内容问题，也包括表现形式问题，还有一个发表时机问题。下面，仅就如何增强社论的贴近性、力求精短、丰富社论的表现形式、合理安排见报数量等问题，进行一下初步的探讨。

一、增强社论的贴近性

一篇社论能否吸引读者，关键在于它是否贴近读者。读者关心的话题是不是得到了及时的讨论，读者遇到的问题是不是得到了正确的解答，读者的思想感情是不是得到了恰当的反映……这些问题都决定着读者对社论的态度。如果社论对此漠不关心，漠然处之，那么读者完全有理由不去阅读它。可见，贴近性问题实际上是社论要不要读者的问题，绝对不可小觑。

下面，就如何增强社论的贴近性问题略述己见。

第一，社论的选题应该兼顾“两头”:“上头”和“下头”。既要“下传”，又要“上达”，既要宣传上级领导的指示精神，又要反映群众的愿望和呼声。只有这样，社论才会“顶天立地”，才会具有鲜明的党性和深厚的群众基础。但是，目前社论写作中存在的一个比较突出的问题，是作者总是偏重于从领导干部的讲话、指示中去选题，从重大会议、重要活动的决议、材料中寻找观点，给读者的印象是：社论总是在关注“上头”的情况，而对“下头”的实际不大关心，因而对社论的阅读兴趣大减。

以 2000 年 1 月为例，《人民日报》发表的 4 篇社论中，元旦献词 1 篇，配合中央农村工作会议和省部级主要领导干部财税专题研讨会的各 1 篇，另有 1 篇是纪念江泽民同志《为促进祖国统一大业的完成而继续奋斗》讲话发表五周年。在笔者查阅到的《北京日报》《解放日报》《重庆日报》《海南日报》《云南日报》《南方日报》《福建日报》《贵州日报》《浙江日报》《新华日报》《湖南日报》《湖北日报》《安徽日报》《四川日报》《江西日报》《河南日报》《河北日报》《大众日报》《山西日报》《甘肃日报》《青海日报》《辽宁日报》《吉林日报》《黑龙江日报》《内蒙古日报》《广西日报》《新疆日报》《西藏日报》28家省、市、自治区党委机关报中，除转发《人民日报》社论以外，共发表社论57篇。其中元旦献词3篇（《青海日报》《湖北日报》《吉林日报》），企业扭亏脱困的1篇（《湖北日报》），其余53篇均是围绕各地人大、政协会议的开幕、闭幕和省内较重要的其他会议而发，占到了社论总篇数的93%。情况表明：目前社论的选题绝大部分来自“上头”，而直接来自群众、来自现实生活的是很少的。

第二，社论在写法上也要注意贴近性问题。目前，许多社论在写法上也是远离群众的，特别是那些专门阐释和宣传上级党委的路线方针政策和指示精神的所谓“阐述型社论”尤甚。许多评论员为避免犯错误，总是诚惶诚恐地抄文件，摘报告，引语录，而不是在准确把握党的路线方针政策的精神实质的基础上，有所发挥，有所变化，使之与现实生活、群众需要结合起来。其结果是大部分社论成了路线方针政策、指示精神的摘抄、缩编或复印。这样写，政治上的保险系数增大了，但群众看了是会倒胃口的。本来，党的路线方针政策与群众的切身利益是密切相关的，如果换一个思路，换一个写法，真正把读者奉为“上帝”，密切联系他们的实际去写，情况就大不一样了。

20世纪80年代关于“翻两番”的宣传也证明了这一点。1982年9月，党的十二大提出到本世纪末实现国民生产总值翻两番的奋斗目标后，一些同志心存疑虑：翻两番有没有可能？是不是又是“高指标”？是不是又“冒进”了？会不会重蹈“大跃进”的覆辙？对于这些问题，《人民日报》

的社论一开始并没有触及，而是从“宏伟的目标”这个角度去评论。结果，有关“翻两番”的评论虽然发了不少，但影响不大。后来，中央领导同志提出批评，《人民日报》才发表社论《回答一个问题——翻两番为什么是能够实现的》。[①] 正是由于从群众关心的角度去阐发，这篇社论的影响和作用才远远超过前面的社论。

第三，增强社论的贴近性，还应及时抓住社会上出现的矛盾和问题进行论述，不推诿，不回避。社论不仅要宣传党的路线方针政策，也要针对实际生活中出现的矛盾和问题发言，分析其利弊，褒贬其是非，强有力地发挥舆论导向作用。目前，有些评论员怕惹麻烦，对社会上的热点问题或佯装不知，或视而不见，因而写出的社论缺乏强烈的针对性和战斗力。

第四，增强社论的贴近性，还要努力贴近读者的思想感情。一篇社论能否感染读者，打动读者，很重要的一点在于它是否与读者心贴心，是否反映了读者的喜怒哀乐，是否贴近读者的思想感情。是，则读者对社论喜闻乐见；否，则社论对读者可有可无。马克思早就告诫我们：报刊“生活在人民当中，它真诚地和人民共患难、同甘苦、齐爱憎”[②]。现在有些社论存在的一个问题，就是作者与读者之间缺乏感情上的沟通和交流，不少评论员没有机会或不愿意到社会实践的第一线去，离丰富多彩的现实生活越来越远，对老百姓的喜怒哀乐越来越不关心，写出来的作品自然很难打动读者。

总之，增强社论的贴近性关键在于写社论时不能只唯上，而要联系实际，找到“上”与“下”的结合点，把中央的要求和群众的愿望结合起来。

---

① 范荣康．待开垦的处女地［J］．新闻战线，1984，29（1）：20-22.

② 马克思恩格斯全集：第1卷［M］．北京：人民出版社，1995：187.

二、丰富社论的表现形式

我们的党报社论的表现形式，基本上是几十年一贯制的“三段论式”，呆板僵硬，缺乏活力。现在，是应该变一变的时候了。

怎样变呢？

首先，要变思想，增强创新意识。有些评论员写社论时满足于亦步亦趋地模仿，只知一味套用以往的写作样式，使得社论表现形式日益单调和趋同。特别是一些地方媒体，在写相同题材社论时，唯《人民日报》马首是瞻，不仅论述形式，就连段落划分、遣词造句等都极力模仿，毫无创见。许多编辑编发社论时也墨守成规，总喜欢用固定的模式去套稿件，套得上的就用，套不上的，或枪毙不用，或退回重写，或亲自动笔改写成自己所熟悉的套路。这就把社论禁锢在一个模式里，使得社论千篇一律，单调乏味。

其次，要解放思想，突破“禁区”，大胆探索和使用一些新颖的表现形式。

一是突破单纯乞灵于文字符号的窠臼，大胆引入一些形象化的说理形式。文字符号长于分析、推理，主要诉诸人们的逻辑思维。在传统的印刷媒介时代，它培养了一批适应此种思维方式的读者，发挥了很好的作用。然而电子媒介产生以后，在电视提供的形象、直观的画面影响下，人们的欣赏习惯正在悄然发生变化，现在的受众更喜欢接受画面信息。有人认为，随着“厚报时代”的到来，新闻的“读图时代”也即将来临。

根据内容的需要，有些社论和新闻图片配套发表，可以增强说理的形象性。由于新闻图片在瞬间浓缩了广阔的社会内容、浓郁的现场气氛、强烈的形象力量和感人的情感因素，因而具有很强的纪实性、实证性和实感性，如果把它恰当地引入社论写作中来，无论是作为由头还是论据，都会取得比单纯的文字论述更强的说服力和感染力。“一图值万言”，何乐而不为！

和漫画相配合，也是一个使社论形象化的好办法。与其他评论方式不同的是，漫画的评论是用艺术形象来表现的，既能说理，又有艺术欣赏价值，而且其画面简洁明快，通俗易懂，读来不费时间，也不受文件程序的限制，读者面要比文字评论广泛得多。一幅好漫画，所起的作用有时并不逊于一篇精心写作的社论。

二是突破说理论证一味恪守“三段论式”的樊篱，大胆借鉴文学的一些表现形式。作为一种传统的说理论证方式，“三段论”是最为稳妥的，但是一味求稳，不敢创新，社论的表现形式就会程式化乃至僵化。有些纪念型、庆贺型社论，如果恰当地借鉴文学的一些表现形式，效果可能比较好。《经济日报》于 1997 年 7 月 1 日发表的《回归赋》，对我们很有启发。

三、力求精短

一篇文章的篇幅是长一些好，还是短一些好？这个问题不能一概而论，而应当视内容来定。一篇文章的内容比较单纯，本来用三五百字就可以讲清楚了，作者却写了 1000 多字，尽管篇幅不算长，但也不能算“精短”；相反，一篇内容比较繁复的文章，需要两三千字才能说清楚，作者写了一二千字，尽管篇幅不是很短，但也算是“精短”。可见，“精短”不单纯是篇幅长短的问题，这里还有个内容问题，而且首先是个内容问题。我们提倡的是一要精，二要短。社论改革的一个重要方面，就是力求精短。

诚然，与“文革”期间动辄数千字乃至洋洋万言的“两报一刊”社论相比，现在的社论在“精短”方面有了很大改观，一般都控制在两三千字甚至更少。但是不是已经到了无可删减的地步了呢？从实际情况来看并非如此。最近，作为党报排头兵的人民日报社主要领导又一次提出“多写短新闻，多写短文章”“努力解决‘长风’”。读者对精短的呼唤也不绝于耳。可见，这方面仍然大有改革的余地。

为什么要提倡精短呢？这是因为，社论冗长、拖沓，严重影响着人们的阅读兴趣。读者阅读社论，主要是看它提供了哪些新观点、新思想，解决了哪些新问题，而不是看那些人所共知的大道理，更不是要看空洞无味的套话，不着边际的大话，不可操作的空话。冗长拖沓的社论恰恰是注入了大量的套话、大话和空话，淹没了文章的精华，对读者的阅读造成严重干扰。反映在版面上，这样的社论往往会“像大地主一样占据着大块版面”①，呆滞难看。应该看到，报纸的版面是报纸最可宝贵的资源，拉拉杂杂，长篇大论，是对报纸资源最严重的浪费，不仅读者不欢迎，对报纸的“可持续性发展”也会带来不利影响。胡乔木同志形象地指出：“长文章像一个大胖子那样，一个人一躺就把一张大床占得满满的，应当不让胖人上报。”②

那么，怎样才能做到精短呢？

首先，要解决一个认识问题。有些编辑记者认为，长篇大论才有分量，才见水平，占的版面越大，越说明自己是“大手笔”，越能证明自己的文章重要。其实，社论的战斗力如何，是否有分量，见水平，与其篇幅的长短并没有必然联系。但有一点可以肯定：没有真知灼见，只靠拉长篇幅来体现文章的“水平”“分量”，恰恰是没有水平的一种表现。真正的写作大家，没有一个是赞成空洞的长篇大论的。他们的文章，总是以一字一句无可删减为最高境界。

---

① 杨尚德 . 刹“长风”［J］. 新闻战线，1995（1）：6-7.

② 叶永烈 . 胡乔木［M］. 北京：中共中央党校出版社，1994：134.

在整个社论写作过程中，评论员要去掉私心杂念，时时处处为读者着想。动笔之前，先要考虑哪个问题是读者最关心的，紧紧围绕这个问题展开思索；落笔时，更要考虑如何突出核心部分，不在无关紧要的问题上浪费笔墨；修改时，要去除那些旁逸斜出、枝枝杈杈的部分，不让它干扰读者的阅读。这样写出来的社论，呈现给读者的是浓缩的精华，自然会受读者欢迎。

其次，应该明确，精短的前提是“精”，先做到精，而后才能短。所谓精，是指社论写作要精辟、透彻，点出读者没有想到或想得不深的意思，给读者以多方面的思想启迪。要像韬奋先生所说，写文章“不但内容要精彩，而且要用最生动、最经济的笔法写出来。要使两三千字短文所包含的精义，敌得过别人的二三万字的作品。写这样的文章的人，必须把所要写的内容彻底消化，然后用敏锐活泼的组织和生动隽永的语句，一挥而就”①。要做到这一点，评论员应该在“高、远、深、透”上下功夫，即“站得高，看得远，想得深，讲得透”，取一种俯瞰的视角，高屋建瓴地驾驭所论述的问题。评论员对一个事物理解得深刻，在文字表达上才会精练，写作时才会一针见血。

四、合理安排社论数量

社论改革的另一个重要问题，是合理安排见报社论的数量。一定时期社论安排得过多，不管有无必要，天天发社论，难免会小题大做，降低社论的质量，读者也不堪其扰；而安排得太少，读者望眼欲穿地等待社论对

---

① 韬奋. 经历［M］. 北京：生活·读书·新知三联书店，1979：77.

某一问题发表意见、表明态度，却久而不得，就会降低社论的威信。可见，社论的多少并不是一个无足轻重的小问题。

从历史上看，社论数目多少为宜，一直是党报发展过程中一个颇有争议的问题，也出现过几次反复。以抗战后期至解放战争时期，代表党报社论最高水平的重庆《新华日报》和延安《解放日报》社论为例：《新华日报》每日在头版固定位置刊登社论，后来由于屡遭国民党当局的封杀，被迫自 1941 年元旦起不再每天发表社论；《解放日报》则师法苏联《真理报》，每天发表一篇社论。继杨松之后担任解放日报总编辑的陆定一同志改变了这一做法。他在 1942 年 12 月 7 日的编委会上提出：社论是报纸的灵魂，是打击敌人的重型炮弹，是组织动员、教育人民的教材。因此，社论不必天天有，重在提高质量。陆定一在一篇回忆文章中介绍说，他到任后，时任解放日报社长博古就要求他像杨松一样，每天写一篇社论，其理由是："你看《真理报》，不是每天一篇社论吗？我们要学《大公报》嘛。"对此，陆定一回答道："第一，我不做杨松；第二，我的社论十年以后还要经得起审查，不能像《大公报》的社论只管二十四小时。"①

《人民日报》的社论，经历了一个由少到多，又由多到少的变化过程。1949 年 8 月，《人民日报》改版为中共中央机关报，邓拓担任总编辑以后，重点抓了当时报纸的薄弱环节——社论写作，并主张《人民日报》天天要发表社论。这是因为，1949 年全年，《人民日报》社论的总数仅为 8 篇，这显然是不能满足当时急剧发展变化的形势需要的。为改变这种状况，邓拓和编辑们谈话，打破写社论的神秘感，督责编辑们读书练笔。在他的努力下，1950 年，《人民日报》月平均发表社论 11 篇，1951 年、1952 年月平均 14 篇，1953 年月平均 19 篇，1954 年月平均 22 篇，1956 年达到了

① 在新闻研究所举办的座谈会上陆定一谈延安解放日报改版［J］. 新闻战线，1981，26（4）：2-3.

每天一篇。但是，这时候邓拓发现，实际生活中并不是每天都发生重大事件或重大问题，硬要每天发社论，有时找题目就得搜索枯肠，匆忙撰写，修改，审定，弄得疲于应付。发现这个问题后，邓拓很快改正了这一做法。①

《新华日报》、《解放日报》社论由每天一篇转为不定期刊出。《人民日报》社论由一年 8 篇转为每天一篇，最后仍转为不定期刊出。这一过程告诉我们，党报社论写作有其自身的规律，人为地划定篇数，强求每天一篇，是费力不讨好的。

笔者对 2000 年 1 月部分省级党报发表社论情况的粗略统计也说明了这一点：在这一个月内，《湖北日报》发表社论 6 篇，《贵州日报》4 篇，《河南日报》4 篇，《福建日报》3 篇，《四川日报》3 篇，《安徽日报》3 篇，《湖南日报》3 篇，《河北日报》3 篇，《山西日报》3 篇，《内蒙古日报》3 篇，《广西日报》3 篇，《新疆日报》3 篇，《北京日报》2 篇，《重庆日报》2 篇，《海南日报》2 篇，《南方日报》2 篇，《甘肃日报》2 篇，《青海日报》2 篇，《云南日报》1 篇，《西藏日报》1 篇，《大众日报》1 篇，《吉林日报》1 篇，《解放日报》0 篇，《浙江日报》0 篇，《新华日报》0 篇，《江西日报》0 篇，《辽宁日报》0 篇，《黑龙江日报》0 篇。

上述 28 家省级党报在 2000 年 1 月共发表社论 57 篇，其中 6 家报纸没有发表社论；发表社论的，主要也是为了配合省内人大、政协两大会议的召开，这类社论共计 44 篇，占总篇数的 77%。可想而知，如果没有两会的召开，发表社论数量为零的，绝不会只是这 6 家。

那么，近年来社论数量缘何如此之少呢？

一是社论写作神圣化、神秘化。社论是代表编辑部发言的一种权威性

---

① 周修强 . 社论是报纸的旗帜——略论邓拓关于报纸社论的理论［J］. 新闻战线，1986，31（5）：6–10.

评论，这是其最显著的特点之一，但是，对权威性过分强调、拔高，则会使它一步步走上“神坛”，令人望而生畏。目前的社论写作就处于这样一种境地。一谈到写社论，为维护其权威性，避免出现差错，往往由评论部主任或资深评论员担纲，一般的编辑记者根本无从参与。时间一长，给人的印象是社论并非人人都能写，它只是编辑部内几个人的“专利”。可以说，这种对社论的神秘感、神圣化，吓退了很多原本有能力写社论的编辑、记者。

二是不少编辑、记者认为写社论“费力不讨好”。社论写作是一项政治性很强的工作，容不得半点差错，需要作者兢兢业业、一丝不苟，付出艰苦的劳动。同时，由于代表编辑部发言，社论都是不署名的，哪怕它引起的社会反响再大，转载率再高，其作者都很难被读者所了解，只能做甘苦自知的“幕后英雄”。相反，发表了一篇好消息、好通讯，其作者就会声名鹊起，成为万众瞩目的“名记者”。同样是倾注了大量心血，同样是引起广泛关注，仅仅因为体裁的不同就导致作者的知名度大有差异，自然会使评论作者的心理不平衡，挫伤其写社论的积极性。

三是总编辑疏于组织，被动应付。一些总编辑对组织撰写社论有畏难情绪，总是担心社论出问题，惹麻烦，因此对于写社论并不是很热心。有些报社的总编辑既不制订选题计划、主动组织撰写社论，也不太注重评论员队伍的培养建设工作，放任自流。毛泽东同志在谈到评论写作时曾经说过:“总编辑是统帅，要组织大家写，少数人写不行。”[①] 我们应该重温毛主席这个教导。

我国加入 WTO 已成定局，西部大开发方兴未艾，“十五”计划刚刚开始，南水北调等四大工程先后进入实施阶段……经济的发展也必然带来

① 毛泽东论新闻宣传［M］. 北京：新华出版社，2000：46.

社会、文化等方方面面的冲突、碰撞。这些问题都需要社论给以分析、解答。虽然我们不必机械地划定社论的见报间隔，但对于像《人民日报》这样的党中央机关报来说，每月发表6~8篇社论，省级党报每月发表3~4篇社论，还是可以做到的。只有保持适当的见报率，才能及时针对新事物、新问题发出党报的强音，很好地发挥其舆论导向作用。

参考文献

[1] 毛泽东论新闻宣传[M].北京：新华出版社，2000.

[2] 邓小平论新闻宣传[M].北京：新华出版社，1998.

[3] 中国共产党新闻工作文献汇编[M].北京：新华出版社，1980.

[4] 毛泽东选集[M].北京：人民出版社，1991.

[5] 胡乔木文集[M].北京：人民出版社，1994.

（与刘赞合作。原载《新闻与传播研究》2001年第3期。本文在2001年6月中国社科院为庆祝建党80周年举办的全国大型学术研讨会“中国共产党与党报”上宣读。）

大主题　大制作　大气魄

——读一组新华社特约评论员文章有感

2001年9月26日，党的十五届六中全会通过了《中共中央关于加强和改进党的作风建设的决定》(以下简称《决定》)。它是全面落实“三个代表”重要思想、加强和改进党的作风建设的纲领性文件，标志着我们党对新的历史条件下加强自身建设的规律有了新的认识，党的作风建设进入一个整体推进、与时俱进的新阶段。10月2日至17日，新华社发表了一组七篇特约评论员文章。这组文章站在全局和战略的高度，对《决定》进行系统阐释，既有一般评论员文章的特点，又独具特色，可谓大主题、大制作、大气魄。

其显著特点之一是高屋建瓴、气势宏大。这组文章以历史的眼光，站在时代潮头，高瞻远瞩，激扬文字，宣传加强和改进党的作风建设的极端重要性和紧迫性，深刻阐明《决定》是全面贯彻党的基本理论、基本路线、基本纲领的迫切需要，是开创改革开放和现代化建设新局面的必然要求，是党永远立于不败之地的重要保证。首篇《把党的作风建设放在更加突出的位置》，重点是阐述党的十五届六中全会的重大历史意义。文章抓住党的作风建设中存在的“不适应”和“不符合”这个关键问题，凝神运笔，深刻揭示了党的六中全会召开的历史背景和《决定》的现实针对性，着墨不多，读来却给人以酣畅淋漓、势如破竹之感。古人云：写说理文贵在“识理而破”。这组文章的可贵之处正在于抓住肯綮，顺势运斤，具有恢宏的气势、凌厉的风格和较强的说服力。

其显著特点之二是说理透辟、针对性强。七篇文章围绕党的作风建设这样一个大的题目，从不同侧面展开系统分析论证，既是一个整体，各篇又抓住一个主要问题重点突破，深入开掘。

这组评论的任务是阐述党的六中全会的基本精神，帮助读者全面、准确、深刻地理解并贯彻执行之。写这类评论很容易落入摘抄文件和领导讲话、复述政策条文内容的窠臼。诚然，阐述性评论必须宣传党的有关路线方针政策，不能随意发表“个人之见”，不能搞“学术争鸣”，但政策上不能“超越”，思想上却可以“深化”。如果阐述性评论一味地在政策条文上原地踏步，还有什么意义呢？这组文章的可贵之处在于既准确地阐述了《决定》的精神实质，又深化了思想，读后给人以启迪。如《选贤任能是作风建设的关键》，它主要阐释的是“用好的作风选人，选作风好的人”。为什么选贤任能是关键？评论从虚实两方面回答了这个问题。文章从选贤任能与作风建设的辩证关系入手，进而摆出“千秋大业在用人”，这是“关键问题”，是“必然要求”，以上是论虚。接下来，联系实际情况，指出好的方面是主流，但“不正之风相当严重”，这是论实。虚实结合，推导出作风建设的关键是选贤任能这一论点。继而评论向纵深推进，说明解决问题的标准是什么，即什么是好的作风，怎样选作风好的人。而后指出“用好的作风选人，选作风好的人”，必须制度化，“用好的制度选人”。这样，评论就深刻而又系统地揭示了选贤任能这个问题的内在逻辑，深化了我们对这个问题的思想认识。通观这七篇评论，析理精微，说理透辟，具有很强的说服力和感染力。

其显著特点之三是生动隽永、短小精粹。通常的特约评论员文章，动辄数千言，往往陷入冗长乏味的境地。而这组文章，独辟蹊径。作者心系群众，联系实际，写得深入浅出，短小精粹，言之有物，生动隽永。例如，在《核心问题是保持党同人民群众的血肉联系》中，在描述官僚主义的主要表现时，作者写道：他们同群众的关系不是“鱼水关系”，而是“油水关系”，甚至是“水火关系”……还有的不讲科学、胡乱决策、盲目蛮干，群众形容他们是“先拍脑袋决策，再拍胸脯蛮干，后拍屁股走人”……三言两语，将官僚主义者的嘴脸刻画得活灵活现。再如《真正把六中全会精神落到实处》中，在阐述现在基层存在的作风问题往往与上级机关有关时说:“催生”“糊弄”“上行下效”“上‘逼’下做”“上面害病，下面吃药”，通俗简洁而又生动传神。在讲到落实全会精神时，指出决不能重复“以文件落实文件，以会议落实会议，以讲话落实讲话”的老套路，而要见之于切实可行的措施和具体的行动；决不要在层层表态、层层开会、层层造声势上做文章，而要在层层抓落实、层层解决问题上下功夫。简短有力，节奏明快。七篇文章均在 2000 字上下，最长的一篇也不过 2500 字左右。可以说，短小精粹，也是这组评论一个难能可贵之处。

总之，这组评论员文章，既有宏观的鸟瞰，又有微观的分析，理深而语浅，意远而幅短，称得上是近年来新闻评论的精品力作。

（原载《中国记者》2002 年第 2 期）

一种新的评论形式
——报刊讨论式评论

近年来，一种新的报刊评论形式——报刊讨论式评论悄然兴起。它是有两人以上参与，以谈话的语言、口吻，比较自由灵活地评价事物或分析问题的一种评论形式。

报刊讨论式评论是由广播电视谈话体评论演变而来的。随着新闻媒体尤其是广播、电视、报刊之间竞争的日趋激烈，相互取人之长、补己之短成为它们增强自身竞争能力、探求繁荣发展的重要途径。对报刊来说，讨论式评论的兴起就是它为了拓展更大的生存空间，取广播、电视之长，充分利用版面独特的编排空间和视觉效果，经过加工改造而形成的一种新的评论形式。

报刊讨论式评论的一个显著特点和优势，是视觉立体化。这是相对于文字作品在版面上的视觉展现而言的。对一般的报刊评论来说，无论其语言运用得多么准确、贴切，结构安排得多么不拘一格、别出心裁，它在版面展现上的视觉效果始终是平面的。而报刊讨论式评论从广播、电视谈话体评论借鉴来的就是“说”。它体现在版面上，多个参与者各自不同的观点和意见独立成文，自成局部，同时又在同一个论题下集中编排，形成整体。在读者看来，好像他们正在围绕一个话题，各抒己见，议论纷纷，犹如某一生动场景的再现，给人以立体的视觉感受。

报刊讨论式评论的另一个特点是语言口语化。这种评论虽然以文字作品的形式出现，但它毕竟是“说”出来的，是经过“讨论”形成的。因此，除了在整个作品的外在形式上要体现“讨论”特色，在写作上也要求尽可能少用“字化”的语言，而多用通俗易懂的生活化口语。

此外，报刊讨论式评论的观点还有鲜明的个性化特征。这种评论是若干个体发言的集合体。多个参与者根据自己对话题的理解，从各个不同的角度阐述观点，发表意见，并经常以个人亲身经历或耳闻目睹的新闻事实和信息，作为立论的由头或论据，运用所熟悉或喜好的论证方法进行论证，因而他们的谈话往往具有鲜明的个性色彩。

目前常见的报刊讨论式评论有以下几种类型。

（一）编辑摘要型

编辑摘要型讨论式评论是由报刊编辑编发评论参与者的讨论发言摘要组合而成的评论形式，是一种大型的报刊讨论式评论。它代表编辑部发言，特定情况下还代表同级党委和政府的意见，传达党委和政府的声音，具有很强的针对性、政策性和指导性。通常情况下，这种类型的评论是为配合特定的宣传任务而安排编发的。

编辑摘要型讨论式评论往往以专版的形式出现，气势宏大，具有强大的舆论力量。在版面组合上，评论的各个独立的局部参与讨论者的发言摘要进行空间组合，并在一个大标题的统领下，有机结合成一个整体。在评论整体中，大标题是精神主线，通常是整篇评论的总论点，各个局部的小标题是分论点，是为总论点服务的。整篇评论纲举目张，条分缕析，浑然一体。此外，这类评论还常常配有参与讨论者的照片，有时还配有简要的文字介绍。这样既活跃了版面，又增强了评论的权威性，使之更具有说服力。

2000年春节前夕，由于中小学生负担过重等原因，连续发生了几起恶性事件，在教育界和社会上引起强烈反响。2月16日，教育部、人民日报社和光明日报社就这一问题联合召开了座谈会。2月21日，《光明日报》专版刊登了这次座谈会上部分领导、专家学者的发言摘要，形成了一篇讨论式评论。这篇评论的大标题是《加强和改进教育工作，切实抓好青少年思想教育》。在这个大标题的统领下，编发了七位专家、学者、领导的发言摘要。这七篇摘要分别有各自的小标题，分别是教育部党组副书记、副部长吕根源的《切实抓好青少年思想教育工作》，中共北京市委常委徐锡安的《努力培养社会主义合格人才》，清华大学党委书记贺美英的《提高教育质量，保证青少年全面成长》，北京师范大学校长袁贵仁的《全面改进学校教育工作》，中国青少年研究中心副主任孙云晓的《教育的核心是做人》，天津市教委副主任、教育局局长李闻玺的《有力的鞭策　巨大的支持》，北京四中校长邱济隆的《统一思想　落实行动》。这7篇摘要各自独立成文，在版面上自成局部，又在大标题的总论点的集中统领下，通过版面编排，有机地形成一个整体。各位来自不同岗位的参与讨论者，围绕话题，从不同的角度以不同的观点，“全面出击”，形成多层次、多侧面的集中“轰炸”，给人以“众口铄金”之感。

（二）主持沙龙型

“沙龙”一词是由法语salon音译而来，原意为“客厅”，指的是19世纪末法国巴黎的文人和艺术家经常接受贵族妇女的招待，在客厅集会，谈论艺术。后来泛指文学、艺术等方面人士的小型聚会。在引入我国以后，沙龙所涉及的内容有所拓展，形式也不拘一格，并广泛运用于广播、电视的节目制作中，如中央电视台的“体育沙龙”等。

这里所说的“主持沙龙型”评论，是指由一人当场主持，引出话题，两人以上直接参与，在交流讨论中发表意见、阐述观点的评论形式。它是由广播、电视谈话体评论中的座谈式评论演变发展而来的，具有分析性强、形式活泼等诸多优点。

生育权一向被认为是女人所特有的。那么男人是否有生育权呢？2000年4月14日，《中国青年报》在“热门话题周末沙龙”栏目中，展开了一场“男人有没有生育权”的讨论。主持人冯雪梅提出话题后，特邀嘉宾各自阐述了自己的观点：

王芳：在是否要孩子这件事上，丈夫应尊重妻子的意见，因为承受压力和痛苦的是女方……

李小姐：女人不是男人生育的工具……男人想要生育权可以，就让他们生孩子好了……

李军：我不同意李小姐的观点。什么叫“男人想要生育权可以，就让他们生孩子好了”？

张惊涛：……既然延续后代是夫妻双方的责任和义务，那么两个人都有权决定是否生育。仅就丈夫目前的行为而言，不构成侵权……

王步峰：……在生育问题上男人也有权利，但是不能建立在侵犯女方的权利的基础上。这是双方行为，一厢情愿是不行的。

在这篇评论中，主持人没有去明确指出评论的论点，对在座参与者的意见的自由发表也是“听之任之”，因而出现了观点的对立，形成了“舆论不一律”的局面。然而这恰恰留给了读者认真分析、思考的余地，使读者在深刻理解其内容的基础上，取优舍劣，自然而然地接受“男人也有生育权，但要尊重女性”的倾向性观点。

（三）记者对话型

记者对话型讨论式评论是通过两个记者对话交谈的方式来阐述某个道理的评论形式，是对话式广播谈话的嫁接品。

这类评论的一个主要特点是以事引理。这里的“事”，指的是记者在采访中了解到的新闻事实。这是这类评论区别于包括对话式广播谈话在内的其他评论的最大优势之所在。在一般的新闻评论中，所引用的事例未必都是新闻事实，即使是新闻事实，也是截取片段，仅仅作为佐证观点的材料而已，其论证过程处于静态当中。而记者对话型评论则以记者的所见所闻作为论据，既将新闻事实摆在读者面前，又顺理成章地得出结论。整个论证过程处于动态发展之中，以观点统领新闻，以新闻推导结论，顺畅自然。这类评论由于记者以某种新闻事实、某种社会现象的“目击者”和“见证人”的身份谈事论理，因而具有极强的说服力。

探索性是记者对话型讨论式评论的另一个显著特点。这类评论通常不是先把结论告诉读者，而是沿着既定的思路，在讨论、交流的过程中逐渐使意见明确起来，观点一致起来。这就像“顺藤摸瓜”一样，先摸着“藤”的思路，然后沿着藤一点一点地摸下去，最后摸着了“瓜”，得出了正确的结论。

2000 年全国人大、政协两会结束以后，西部大开发成为全国人民关注的焦点。中国青年报派出了多名记者前往西部实地采访，并于 4 月 5 日起开辟“西部边走边说”不定期连续性专栏予以评析。在这个专栏中，两名记者有时从自己采访时的所见所闻出发，以对话评论的形式，为西部大开发提出了一些建设性意见。4 月 14 日，在这个专栏第一期当中，记者陈强、孙凯以《带着你的才能带着你的资金带着你的经验回西部创业》为题，展开了“对话”讨论。这篇评论通过呼应、探讨、切磋等方式，随着卓资县“农民成批外流”的背景和“出台了一系列优惠措施”的现状报道，使对话逐步展开，逐步深入，最终自然而然地得出“自我发展是最终的落脚点，西部的开发最终还要靠西部人自己”的结论。整篇评论论证过程犹如汩汩流水，自然畅达，观点得来水到渠成，令人信服。

组织和编写报刊讨论式评论应注意以下几个问题。

（一）着眼全局，选好论题

着眼全局，选好论题，是对一切新闻评论的必然要求，对于报刊讨论式评论尤应如此。因为，一是报刊讨论式评论的选题往往涉及党和国家出台的重要路线方针政策、当前的中心工作，以及人们思想领域容易引发争论的问题等，题材重大；二是报刊讨论式评论是众人评说，虽然它的总论点不会让人产生歧义，但是它的分论点通常相异，甚至相左。所以，报刊讨论式评论的选题必须从全局出发，既通上情，又晓下情，力争做到全面周到，有的放矢。

（二）精心组织，合理安排

首先要物色好参加讨论的人选。由于其选题特别重大，参与讨论者一般应是部门领导、专家、学者等权威人士。主持沙龙型评论由于是在观点的论辩和交锋中进行的，因而应选择那些思想活跃、能言善辩的人参加。其次要编写好发言材料，使之成为一部有机统一的评论作品。这需要几方面的严格要求：第一，参与讨论者的发言（材料）摘要要简明扼要，尤其要符合个人身份，体现个性色彩，切忌千人一面，千篇一律，啰唆雷同；第二，在评论组合中，每篇发言（材料）摘要要根据参与讨论者的权威性大小，合理安排版面位置，切忌轻重、次序颠倒，显得杂乱无章；第三，参与讨论者照片的选择也需讲究，要选取符合主题要求的表情丰富的照片，切勿信手拈来，不加选择，造成版面气氛失调，混淆主题思想。

记者对话型评论虽然也以“讨论”的形式出现，但它只不过以讨论的形式表现思想内容罢了，未必是真正意义上的讨论。这类评论的成败关键在于记者写作。记者在写作中要注意体现“讨论”特色，使评论作品前后传承呼应，波澜起伏，自然流畅，切忌只为论证观点，平铺直叙，生硬死板，让读者读来味同嚼蜡。

（三）适时、适宜、适度

适时指的是要选准评论发表的时机，即要根据当时的社会背景，选择能收到最佳效果的时间发表评论。如《中国青年报》开辟的“西部边走边说”专栏，就是在党中央做出西部大开发重大决策后开辟的，为人们走向西部、了解西部、开发西部及时提供了必要的资料和建设性意见，收到了良好的社会效果。

适宜指的是选择的论题要适合讨论。报刊讨论式评论的选题大多是开放式问题。即使是闭合式问题，也会给讨论者留下足够的讨论、争论空间。但是，论题的开放程度也要有限度，不能涵盖面太广，漫无边际。否则，讨论者各执一词，发言各无关联，评论就会像一盘散沙，毫无整体感和说服力了。此外，选择的论题不能专业性太强，要容易被广大群众理解和接受。

适度，就是讨论的长度、深度要适当。如果太短太浅，涉及不到问题的本质，也就失去了讨论的意义。但如果太长太深，就会影响版面的内容编排，缩小受众的范围，最终的效果也就会过犹不及了。

（原载《采写编》2000 年第 5 期）

评论的嬗变

——新世纪报坛走笔

传统的新闻评论主要是报纸评论，而报纸评论的“常规武器”是“老三样”：社论、短评和按语。其中，社论是主导性评论，数量多，影响大。改革开放以来，新闻评论文体家族逐渐发生变化，不但广播电视评论等声像评论迅猛发展，形成了一些符合自身传播特点的新闻评论样式，而且报纸评论文体家族本身也出现了结构性变革。

一、主导性评论的易位与倾斜

新闻评论的文体有多种，不同文体的规格及其在新闻宣传中所起的作用也有所不同。改革开放之前，社论在评论中起主导作用。近年来，尽管社论的地位仍然很重要，数量却不断下降。与此同时，评论员文章的数量激增，在新闻宣传中发挥的作用越来越大。

新中国成立初期，各报都很重视社论的写作，社论的数量与日俱增。从《人民日报》来看，1950 年月平均发表社论 11 篇，1951 年和 1952 年月平均 14 篇，1953 年月平均 19 篇，1954 年月平均 22 篇，1956 年更是达到了每天一篇。进入新时期以来，社论的数量迅速减少。1997 年下半年，中国经历了香港回归、内蒙古自治区成立五十周年、中国人民解放军建军七十周年、党的十五大、第八届全国运动会、江泽民主席访美等一系列重大事件，但社论数量并没有因此大幅度增加。7—12月，《人民日报》共发表社论31篇，只相当于1956年一个月的社论量；其他报纸除有选择地转发《人民日报》的社论外，本报自己发表的社论也很少。比如，《光明日报》发表社论6篇，转发《人民日报》社论14篇；《中国青年报》发表社论4篇，转发《人民日报》社论7篇……

在社论数量减少的同时，评论员文章的数量不断增加，以往的社论现在多被评论员文章所代替。《人民日报》几乎每天都要发表评论员文章，就当前的重大事件或形势任务进行评论。《光明日报》在党的十六大闭幕后，没有发表太多的社论，却发表了一系列评论员文章，从不同角度阐述了党的十六大精神，引起了比较大的反响。

其实，这种变化是贯彻党的实事求是路线、反对形式主义的成果。改革开放之前，报纸受形式主义的影响较深，往往只考虑形式和规格，很少考虑实际内容的需要。由于社论规格最高，权威性最强，因此，各报经常为了规格的需要而滥发社论。事无论大小，都用社论发言，否则就有不重视之嫌。每逢节日、纪念日，每遇领导人出访、国外领导人访华，都要发社论。这些社论多是例行公事，或照抄文件精神，或套用以前发表的社论，没有多少实际内容。进入新时期后，党的实事求是的思想路线重新得到确立，形式主义在很大程度上得到纠正。各报从实际情况出发，开始重新考虑社论这一评论的“重型武器”的使用，打破了“只有发社论才表示重视”的认识误区，确有必要、确有真切内容时再发表社论。即使那些出于报道规格和礼仪方面需要的社论，作者也不再照搬以前这类社论的写法，而是写得比较简短精粹，不做过多的铺陈渲染，其他报纸也不做转载。因此，各报社论的数量迅速减少。

同时，各报根据实际工作的需要，开始加大评论员文章的撰写力度。评论员文章既在一定程度上代表编辑部和同级党委的意见，具有一定的“官方背景”，同时又标明是“评论员”撰写的文章，带有一定的个人色彩，运用起来比较灵活，更适应当前宣传工作的需要，因而它逐渐取代社论的一部分功能而成为报刊的主导性评论。

二、署名评论大大增加

长期以来，为加大舆论引导力度，增强权威性，多数评论不署名。但随着改革的不断深入，报纸上的署名评论越来越多，小言论、论坛性评论雨后春笋般大量涌现，一些代表报刊编辑部的评论如评论员文章、短评等，也开始允许署名。

近年来，小言论的发展势头强劲。翻开报纸，各种各样的小言论专栏琳琅满目。如《人民日报》的“今日谈”、《光明日报》的“短笛”、《四川日报》的“巴蜀小议”、《河北日报》的“群言堂”、《天津日报》的“津门小议”、《北京日报》的“文明小议”、《羊城晚报》的“街谈巷议”等，都很受读者欢迎。这些署名小言论，在新闻宣传中起着其他评论文体不可替代的作用。而那些新近大量出现的论坛性评论，或集中于诸如《人民日报》的“人民论坛”、《光明日报》的“光明论坛”等论坛专栏中，或散见于各种版面中，凭借较大的容量、精微的析理以及深入的议论，也已经迅速成长为评论家族的一支“主力军”。

署名评论的大量增加是时代的需要。随着我国改革开放的深入、民主政治建设的加强，极“左”路线横行时期那种万马齐喑的局面为之一扫，人民群众参政议政的热情空前高涨，迫切需要通过更多的渠道发表自己的意见和看法。为顺应这一历史潮流，各报纷纷开辟各种署名评论专栏，扩大署名评论的领域，增加署名评论的数量。于是，形成了署名评论和不署名评论交相辉映的局面，大大活跃了新闻评论园地。这也在一定程度上反映了我国当前出现的既有集中又有民主，既有纪律又有自由的生动活泼的政治生活新局面。

署名评论的大大增加与新闻评论工作机制的改革也有很大关系。长期以来，几乎所有的评论由编辑部一手包办，多数作品不署名，评论员属于幕后工作者，干好干坏一个样，干与不干也差不了多少。因此，他们工作起来缺乏动力，缺乏应有的责任心和荣誉感。久而久之，评论员队伍的整体素质势必有所下降，知名评论员越来越少；评论作品数量不少，但精品匮乏。随着新闻评论工作机制的改革，激励机制以及受众参与机制的不断引入，允许署名的评论越来越多。署名评论的增加，尤其是一部分编辑部评论开始允许署名，这便增强了评论员的竞争意识，使评论员开始密切关注读者对自己作品的反应，关心作品的社会影响。机制的改革提高了评论员写作的积极性，进而提升了评论的质量。

另外，署名评论的大大增加也是培养知名评论员的需要。在我国的新闻评论史上，曾涌现出为数不少的著名评论家。从近代的王韬、梁启超、严复、章太炎、宋教仁、于右任、章士钊，到现代的陈独秀、李大钊、毛泽东、陈布雷、张季鸾、王芸生、恽代英、胡乔木、邓拓、林放等，都撰写过大量评论，他们的评论在很大程度上影响过当时的时代。

现在我国正处于改革开放不断深入发展的年代，新旧机制发生重大转换的时期，新闻评论界需要培养当代的权威评论家，造就自己的知名评论员。署名评论的大量涌现，竞争机制的不断强化，定然会激发起评论员的写作热情，从而大大提高评论的生产力。新时期万众瞩目的权威评论家也一定会应运而生。

三、新闻述评空前繁荣

新闻述评，又称记者述评或述评，它是记者采取夹叙夹议、边叙边评的形式，对当前的形势、工作、事态或某种倾向所发表的综合性分析与评述。近年来，这种评论形式发展迅猛，出现了空前繁荣的局面，在新闻宣传中发挥着举足轻重的作用。

现在，各级各类报纸经常发表一些分析形势、总结经验、指导工作的述评。如《中国青年报》的“国际观察”和“国际随笔”专栏所发表的一些有关国际形势的述评，纵论天下大事，切中要害，使人们对国际形势获得较为准确全面的了解。而那些散见于各类报纸的各种版面中的聚焦性、分析性文章，更是涉及经济、政治、文化、教育等社会生活的方方面面。这些随处可见的新闻述评，对澄清人们心头的某些疑惑，引导社会舆论，具有十分重要的作用。

改革开放以来，社会发展日新月异，新生事物层出不穷，人们不但需要从微观上了解各种各样的新闻事实，而且需要从宏观上了解社会发展变化的总体状况和内在原因，以便把握住时代的脉搏，认清社会发展的方向。新闻报道主要是微观报道，报道的多是一时一地的具体事实。如果只有这种一时一地的微观报道，就难以使读者了解全局，有时甚至会使读者“如堕五里雾中”，而新闻述评恰恰可以弥补这种缺陷。述评常常是对某一事态、某项工作或当前形势，站在全局的高度进行鸟瞰式的综合分析与评述。它的任务是帮助读者把握大局，厘清思路，提高认识，明确方向。在大量报道具体事实的基础上，适时发表一些述评，就可以使读者眼界大开，形成对某个问题系统的、带有规律性的认识。

在党的十六大召开之前的一个时期内，各媒体对党的十五大以来我国基础研究方面取得的巨大成就进行了大量报道。人们通过这些报道，了解了我国在基础研究方面所取得的具体成果，但仅凭这些微观报道，很难全面把握我国基础研究的总体水平。《光明日报》的“辉煌成就述评”系列之三《基础研究为科技创新夯实基础》一文，恰好弥补了这一不足。这篇述评从投入力度的加大、科研水平的提高和科技战略的实施三方面，对五年来我国基础研究发展的总体状况进行了全面评述，读者可以从中获得对这一问题的系统而深入的认识。

其实，述评这种文体本身就是适应急剧变化的社会需要而诞生的。作为一种评论形式，述评早在民国初年就已出现，但广泛见诸报刊，是在五四时期。这一时期急速变化的国内外形势，在国人面前出现了许多新问题和新情况，需要新闻界站在全局的高度做出分析和回答，帮助人们解疑释惑。担当这一任务的最有力、最便捷的评论形式就是述评。于是，当时的报刊上诞生了许多述评专栏。在以后的抗日战争和解放战争期间，为适应各种工作的需要，我党的主要报刊几乎都辟有述评性专栏。毛泽东同志就曾亲自为新华社撰写或修改过许多述评。现在，我国处于改革开放的关键时期，述评的繁荣也就水到渠成了。

此外，新闻述评的空前繁荣与新闻和评论相互融合这一文体的发展趋势也有很大关系。以前，新闻报道事实，评论发表意见，二者泾渭分明。但近年来，随着深度报道理念的引入，新闻和评论出现了相互融合的趋势，有些文体开始集报道事实和发表意见于一身。一方面，一些深度报道纷纷打破传统的“新闻只报道事实”的限制，开始在新闻中慷慨陈词；另一方面，某些评论也开始跳出“评论只发表意见”的窠臼，在评论中输入一些新闻信息，使读者既了解新闻事实，又通过新闻事实接受其观点。新闻述评的论述特点是夹叙夹议，边叙边评，更适应这一发展趋势的需要。

新时期评论的嬗变虽然表现在许多方面，但其归旨是更加人性化和多样化。嬗变的动因是时代的变革。毛泽东同志在《新民主主义论》中指出：

“一定的文化是一定社会的政治和经济在观念形态上的反映。”这是我们观察和研究任何文化现象的一个基本的历史唯物主义观点。评论文体的演变是一种文化现象，它是我国不断深入发展的政治体制改革和经济体制改革的产物。随着社会主义市场经济体制的逐步建立和民主政治建设的不断加强，“以人为本位”成为我们一切工作的出发点。关注人，尊重人，一切为读者着想，自然也就成为报刊言论改革的一个基本要求。

历史一再证明：某种文体的“话语形式”只有和时代精神相契合，才会成为时代的宠儿。

［原载《河北大学学报》（哲学社会科学版）2003 年第 3 期］

新闻小言论的审美特征与写作要求

新闻小言论（以下简称“小言论”）是一种立意新巧、见解独到、生动活泼、篇幅短小的评论，一般几百字、千把字。因为这些小言论多发表于一些报纸的专栏中，所以又称“专栏评论”。

近年来，小言论出现了蓬勃发展的势头。翻开报纸，各种各样的小言论专栏琳琅满目。如《人民日报》的“今日谈”、《新民晚报》的“未晚谭”、《解放日报》的“解放论坛”、《辽宁日报》的“每事议”、《四川日报》的“巴蜀小议”等，都很受读者欢迎。这些短小精粹的小言论，在宣传党的政策、表达群众呼声、进行舆论监督等方面，发挥着报纸社论、评论员文章等“大言论”不可替代的作用。本文拟就小言论勃兴的社会历史原因、小言论的审美特征，以及小言论写作的基本要求等，举纲撮要，分而述之。

一、小言论勃兴的社会历史原因

短小精粹是我国政论文写作的一个优良传统。一般认为，我国古代典籍中保存最早的一篇论说文，是《尚书》中的《无逸》。据说它是周公相成王，怕成王“淫逸”误国，为劝诫成王而作的。文章首先劝说成王要了解“稼穑之艰难”，才能了解“小人”疾苦，从而做到“无逸”；然后总结历史经验教训，以殷中宗、高宗、祖甲为正面典型，又以后来的某些君王为反面典型，论述“无逸”的重要性。这篇政论所论述的是事关国家兴亡的重大问题，但全篇不过500余字。先秦诸子的许多政论性散文[①]，大多写得很短，有的甚至几句话。到了两汉时期，政论文有了很大发展。我国历来有“唐诗宋词汉文章”或“唐诗晋字汉文章”之说。但是汉代的许多政论文，写得也很短。以晁错的《论贵粟疏》为例，这篇文章是论述“重农贵粟”主张的，用我们现在的话来说，论述的是重视农业这样的国家重大路线方针政策问题，但全文也不过1000余字。唐宋时期的“古文八大家”，写了大量政论，这些政论大多也是几百字、千把字。柳宗元的《封建论》在古文中算是长篇大论了，但也不过1500余字。其他如韩愈的《师说》、苏轼的《教战守策》、苏洵的《六国论》、王安石的《答司马谏议书》等著名政论，也都是“千字文”。明清时期是随笔、札记的盛行时期，短论名篇更是不可胜数。乾隆四十三年（1778）下过这样的“上谕”：

> 据奏近年风气，喜为长篇；又多沿用墨卷，肤词滥调，遂尔冗蔓浮华，即能文者，亦不免为趋向所累。……嗣后乡会试，及学臣取士，每篇俱以七百字为率，违者不录。

总之，短小精粹是我国政论文写作源远流长的一个传统。它是我国传统文化和中华民族心理结构的一种独特反映。近年来蓬勃兴起的小言论，正是根植于传统文化的深厚土壤之中的。

小言论的勃兴还有着更深刻、更现实的社会原因。毛泽东同志指出：“一定的文化（当作观念形态的文化）是一定社会的政治和经济的反映。”

① 作者按：古代文学中的“散文”，是一个广义的概念，指的是除韵文、小说、杂剧之外的散体文，是包括政论文在内的。

（毛泽东《新民主主义论》）这是我们观察任何文化现象的一个基本的唯物主义观点。文章体裁，文章样式，是一种文化现象，是一种观念形态。它是一定的政治和经济的反映，反过来又对一定的政治和经济产生巨大的反作用。时代的发展变化，政治和经济的发展变化，是诸种文体消长变化的内在动因。历史一再证明：只有当某种文体最适合时代需要，最能够与时代的精神相契合的时候，才能成为时代的宠儿。比如，战国时期论辩一类文章最为盛行，是因为战国时期是“处士横议、百家争鸣”的时代；唐代的诗歌最为繁盛，是因为诗歌这种形式最适合表现盛唐政治和经济的种种景象；宋词在历史上独树一帜，是因为宋代战乱频仍，内忧外患，而词那种特有的抑扬顿挫的节律和韵味最适于表达或慷慨悲壮或凄切哀婉的时代情绪。总之，任何一种备受青睐的文体，都是时代的产儿，都是时代之树上结出的一种果实。

党的十一届三中全会以后，我国进入了一个改革开放的新的伟大时期。亿万人民群众在党的“解放思想实事求是”思想路线的指引下，民主意识大大增强，参政议政的热情空前高涨，极“左”路线横行时期那种万马齐喑的局面为之一扫；同时，生活的节奏加快了，新情况、新经验、新思想、新问题层出不穷。总之，这是一个充满创造、充满活力的时代。正是这样一个时代，为小言论的繁荣发展带来了前所未有的机遇。

小言论是一种个人署名的短论，它最适于表达作者的一得之见，最适于表达社会舆论，表达人民群众的情绪和愿望；它生动活泼，短小精悍，为人民群众所喜闻乐见；它追逐时代的发展变化，能够迅速及时地反映时代大潮中的每一个微波巨澜，表现人们的新思想和新观点。一句话，是改革开放的时代大潮将小言论推向了舆论阵地的前沿。

二、小言论的审美特征

小言论虽然是说理的，但一篇优质的小言论同时也是一种艺术品，具有一种独特的艺术魅力，一种赏心悦目的美感力量。

具体来说，小言论具有如下一些审美特征。

（一）立意精粹，小巧玲珑

黑格尔在谈到艺术作品的审美价值时指出："艺术要把被偶然性和外在形状玷污的事物还原到它与它的真正概念的和谐，它就要把现象中凡是不符合这概念的东西一齐抛开，只有通过这种清洗，它才能把理想表现出来。"①这就是说，美是纯粹的，而不是芜杂的。客观事物只有经过"清洗"，才会焕发出艺术美的光芒。而小言论正是"清洗"的结晶。一篇优秀的小言论，往往是一事一议。它所表现的是精辟的一得之见，或某一饱含着灵慧的思想的闪光。作者在构思一篇小言论时，需要殚精竭虑地凝练思想，需要"聚焦"，从而抓住问题的关键和要害。例如，《台上他讲，台下讲他》这篇小言论，就相当精粹和犀利：

某县有个分房小组负责人，在分房会议上振振有词地讲：这次分房的原则是县委常委定的。分新房，就要交旧房，先交旧房钥匙，才可以领取新房钥匙，等等。他的话还未讲完，人们就窃窃私语起来："他自己没交旧房就住了新房，说一套做一套咋能服人啊！"原来，这位干部不但未交旧房，还在外单位又占了一套，加上县委分的一套，一家六口人就占了三套房。

① 黑格尔．美学（第1卷）［M］．北京：商务印书馆，1994：200.

现实生活中类似的事情常常可以见到：一个人在台上讲的和他在实际中做的不一样，结果就会导致“台上他讲，台下讲他”的场面。实践证明，以“声”作则必不成则。叫台下做到的，台上的人必须先做到。否则，当他在台上讲的时候，就不仅难以制止台下讲他，而且有损于党的原则的严肃性。如果在台上只背“台词”，和自己的行动是两码事，那么台下的人只会把他当成一个“演员”，而不会把他当成一个党员。

（原载《四川日报》1982 年 10 月 19 日）

这篇小言论抨击的是少数党员干部存在的以权谋私、言行不一的不正之风。这样的不正之风其表现形式是五花八门、多种多样的。然而，其要害是什么？群众最不满意的又是什么？作者经过认真研究、精心提炼，概括出这样一个颇为精警的论点：以“声”作则必不成则，言行不一必然激起群众的反讥与不满。写法上，作者以某县分房小组负责人在台上的一番“表演”为由头，以“台上他讲，台下讲他”为“切口”，将繁复的问题单纯化，将抽象的道理具体化，仅用了 340 余字，便把论题论述得十分透彻。打个比方说，它像一根鲜嫩的脆黄瓜，而不是一棵庞然蓬松的大白菜。假如换一个写法，对少数党员干部中存在的言行不一、不能以身作则的不正之风的表现、危害、根源以及纠正的方法等展开全面论述，虽然也自有其理论价值，但就失去了简洁明快、直指要害的特点，也就不会有一种特殊的美感力量了。由此可见，精粹正是小言论的一个重要的审美特征。

（二）据事说理，形象生动

一事一议，据事说理；夹叙夹议，事理融合，这是小言论说理论证的一种常见形式。这种形式的直接效果，是将某个抽象的道理具体化、形象化，从而产生一种美感力量。让我们先看一个例子。

冒富大叔，请放心

听说，月亮湾的冒富大叔最近又愁眉紧锁了，他担心当年劳动致富招大祸的事会不会又要重演？党在农村的好政策是不是又要变？

冒富大叔的愁闷，不是完全没有理由的。在有的地方，奉公守法的“冒尖户”成了打击经济犯罪活动的重点怀疑对象；个别地方，劳动好、贡献大、收入高的社员甚至受到不公正对待。饱经折腾之苦的冒富大叔听了这些消息，怎能不提心吊胆呢？

吹向月亮湾的风啊，请你捎个信，告诉冒富大叔：少数地方出现的这种做法是不符合党的政策的，是一定会得到纠正的。党的十一届三中全会确定的农村经济政策没有变，党中央关于允许一部分农民先富起来的政策、关于允许并且鼓励社员个人或者几户联合发展正当工副业的政策没有变。经济犯罪要打击，搞活经济要坚持，劳动致富要保护，是我们党坚定不移的方针。

冒富大叔，放宽心吧，农村的好形势是不会逆转的。告诉乡亲们，劳动致富总是光荣的。只要走的是正道，利国利民利家的事尽管放心去做！

（原载《解放军报》1982 年 11 月 5 日）

这篇小言论所讲的道理应该说是十分严肃的：党的农村经济政策不会变。但作者在讲述这个道理时，不是板起面孔一味地进行抽象逻辑论证，而是假借给电影《月亮湾的笑声》中的主人公冒富大叔“捎信”的形式，机智巧妙地将文章的主旨传达出来。文中不仅有人物的心理活动，而且有促膝谈心的亲切话语，读起来情趣盎然，美不胜收。美学大师朱光潜说过：“说理文要写好，也还是要动一点感情，要用一点形象思维。”他还说，

“中国古代的散文，包括说理文，都具有美学上的价值。”《冒富大叔，请放心》正是将逻辑思维与形象思维合理交叉，将叙事与说理有机融合，才产生了一种独特的美感力量。

小言论的形象性不仅表现在据事说理上，还表现在语言的运用上。它经常运用比喻或类比的修辞方式，将某个道理讲得深入浅出、生动感人。请看《好马就该多给草》这篇小言论中的一段文字：

按照吃“大锅饭”的原则，国家的投资姓“公”，所谓“公”便是“均”，谁都该有一份才公道。这些年农业、水利投资少，于是你争我夺成了常事。有主事者图省事劳神，或者避免厚此薄彼之嫌，干脆来个“排排坐，吃果果”，利益均等；或者“爱哭的孩子多吃糖”，不管效益如何，谁手伸得长就给谁。这样一来，或者国家的投资被“撒了胡椒面”，“公”则“公”矣，但难以集中起来形成力量；或者苦乐不均，多要的多得，而个别地方多得了并不多干，甚至胡花乱用，把国家的投资变成了高楼大厦、豪华轿车之类。这种情况不改怎么得了！

这是一段纯粹的议论文字，但读来何其生动有味！作者将平均分配农业、水利经费比喻为“排排坐，吃果果”“撒了胡椒面”；将谁手伸得长、争得凶就多给谁，比喻为“爱哭的孩子多吃糖”，既深入浅出，又生动形象。刘勰《文心雕龙·论说》有云：“喻巧而理至。”意思是说，一个巧妙的比喻可以将某个道理阐述得淋漓尽致。小言论在语言表达上经常运用比喻或类比的修辞手法，使其具有一种形象生动的美感力量。

（三）投石击浪，引起共鸣

美的事物具有这样一种特性：它能在欣赏者的深层意识中激起心理感

应，引起共鸣，从而产生巨大的美感力量。小言论虽然不属于文艺作品，但由于它经常选取典型事物作为议论的由头，提出和分析的问题又是广大群众普遍关心的，所以能引起读者的强烈共鸣。例如，《呼吁宣传劳动妇女的形态美》（《解放军报》1982 年 11 月 5 日）这篇小言论，论述的是应该宣传和提倡什么样的审美观的问题。作者首先摆出这样一种倾向：

工厂里一些青年女职工为了追求美越来越害怕从事体力劳动，变得越来越娇弱了。她们害怕露天作业阳光晒黑皮肤；害怕粗笨的机器使手指变粗，手掌变厚；害怕大幅度的劳动动作使腰身变宽，失去苗条；等等。平日在体力劳动岗位上，我们更经常听到叫苦声："阿拉吃不消！"看到请求书："我要调换工作。"有的姑娘，一接触力气活，就"态生两靥之愁，娇袭一身之病"，病假条纷至沓来。

作者所列举的这些社会现象，是我们非常熟悉、屡见不鲜的，它用简约而生动的文字描摹出一种普遍的社会心态。

接下来，作者在论述了两种根本不同的审美观之后，进一步分析了产生这种不良倾向的原因：

青年女工中产生审美观点的这种偏颇，不能不说同近年来我们宣传工作的缺点有关系。不少电影中的女主角化妆越来越洋，塑造劳动妇女形象不突出劳动美、健壮美；一些挂历和刊物封面充斥浓妆艳抹、矫揉造作的美女特写镜头，很少表现劳动妇女的飒爽英姿；一些经过画家"标准化"处理的小说插图，劳动妇女形象"脱胎换骨"，个个像临风弱柳的"深闺小姐"。

通观全文，作品不管摆事实还是讲道理，都丝丝入扣，句句中的。

欣赏心理学告诉我们：只有当作品所写的人和物、事和理与读者的生活体验相契合的时候，才能引起读者的心理共鸣。也就是说，共鸣是建立在作者与读者共识及共情的基础之上的。列夫·托尔斯泰在谈到艺术活动的规律时指出："在自己心里唤起曾经一度体验过的感情，在唤起这种感情之后，用动作、线条、色彩、声音，以及言辞所表达的形象来传达出这种感情，使别人也能体验到这同样的感情——这就是艺术活动。"(《艺术论》第 47 页)《呼吁宣传劳动妇女的形态美》之所以能引起我们的共鸣，正是由于它准确而鲜明地传达出了我们的一种共同认识和感情体验。

（四）富赡哲理，谐趣横生

小言论篇幅虽短，但它总是揭示生活的逻辑、生活的哲理，揭示某种具有普遍意义的规律性的东西，因而能够启发人们举一反三，联翩思考。小言论的这种特性，使其具有一种内在的美感力量。例如，《人微并不一定言轻》(《人民日报》1980 年 3 月 14 日）这篇小言论，是以这样一件事为由头展开评论的：某工厂的一位学徒工，向工厂领导提出一项合理化建议，无人理睬。后来，这位学徒工将建议转由车间主任交给厂领导，很快被采纳了，并收到了很好的经济效益。作者对成语"人微言轻"反其意而用之，提出并剖析了这样一个具有哲理意义的问题：由于封建等级观念的影响，在现实生活中，"小人物"的意见往往不被重视，给我们的工作造成许多损失。文章不仅宣传了我们党一贯倡导的群众路线的基本观点，而且通篇闪现出唯物辩证法的思想光辉。

作品的容量取决于其思想的深度和广度。一篇三五百字的小言论，不可能容纳众多的事实和材料，但由于它的思想高度凝练，它所揭示的是具有深刻哲理意义的问题，因而其容量是并不小的。这种篇幅小、容量大的

“反差”，恰恰是它的美感力量的一个重要源泉。

值得提出的是：小言论在表现某种哲理思想的时候，往往不是采取一种呆板的形式，而是借助某个生动有趣的由头或巧妙的联想，赋予作品一种情趣和意味。我们不妨把这种诙谐的表现形式与深刻的哲理思想的有机结合称作“理趣”。理趣是一个审美范畴，它是说理论证中一种富赡哲理、启人深思的意趣，是作者的机敏和睿智的一种表现。请看下面这则实例。

也谈“小二黑”的愁

“今日谈”专栏曾刊有《“小二黑结婚”添新愁》一文，对今日的“小二黑”们结婚费用少则五千、多则上万而紧锁愁眉的社会现象进行了生动评说。

不过，我认为，该文所论的只是问题的一方面。另一方面，则是有不少“小二黑”其实无须也不曾为高昂的结婚费用发愁。因为，时下虽然少了那种单凭“父母之命”来决定终身大事的婚姻模式，却多有儿女自由恋爱，父母出钱出物给他们成亲的另一种“包办”婚姻。起码，在一部分家庭里，为高昂结婚费用发愁的不是“小二黑”，而是“二诸葛”。往往是老两口从嘴里给小两口抠出彩电、冰箱、洗衣机来，此之谓“可怜天下父母心”。

据我所知，在有的国家，儿女一旦长大成人便独立生活，父母不再从经济上支援。有些人以此来指责人家不近人情，其实呢，这才叫作“道是无情却有情”。要知道，帮助儿女树立自立精神，使他们尽早掌握谋生的本领，不仅对青年一代，而且对整个民族、整个社会都大有裨益。人们倘若真的想通了这一点，老的不再将已成年的子女继续“抱”在手上，小的也笃信“伸手向父母要钱不光彩”，这样，“小二黑”“二诸葛”都能一扫

愁容。(原载《人民日报》1990年6月10日)

我们之所以把这篇小言论原文照抄下来，因为它实在是精到之至，生动之至！作品由“小二黑”的父母为付出高昂的结婚费而发愁，进而论述应该帮助儿女树立自立精神，而不要总是将已成年的子女“抱”在手上，论题是新鲜而又具有普遍意义的。更可贵的是，作者将当前青年男女在婚姻恋爱问题上某些不正常现象，与赵树理的著名小说《小二黑结婚》联系起来，使作品顿然产生了一种情趣和意味。《小二黑结婚》中的小二黑，其愁在于受“父母之命，媒妁之言”封建伦理观念的束缚，没有恋爱自由。而今天的“小二黑”们，虽然早已冲破了封建的禁锢，却又戴上了新的枷锁——高昂的结婚费用。这种枷锁不仅殃及“小二黑”，还殃及“小二黑”的父母。作者通过这种巧妙联想生发议论，不仅使论点显得十分鲜明，而且创造出一种具有喜剧色彩的意境，读来兴味盎然。这使我们想起列宁的著名短评《社会民主主义的宝贝儿》。宝贝儿是俄国作家契诃夫的小说《宝贝儿》的主人公，她是一个见异思迁、毫无定见的典型形象。列宁用这个典型形象比附斯塔罗维尔等机会主义者，深刻揭露了其丧失原则、出尔反尔的丑恶本质。可见，借助典型形象、通过巧妙联想生发议论，是增强小言论的思想性和趣味性的有效方法之一。

以上我们简要考察了小言论的一些主要审美特征。需要说明的是：小言论的思想内容和表现形式是多种多样的。从思想内容说，有赞扬、褒奖式的，也有批评、针砭式的。从表现形式说，有借助由头生发议论的，也有直截了当发表议论的；有语调生动诙谐的，也有语调比较庄重的。但不管其思想内容和表现形式多么千差万别，一篇优秀小言论总是一种美，总是具有一种美感力量，这一点是确定无疑的。某些研究家认为只有文学艺术作品才是美的，而论说文一类的作品无所谓美不美，因而将其排斥在美学研究的范围之外，是并不恰当的。

三、小言论写作的基本要求

这个问题前边已有所涉及，这里再补充几点。

（一）厚积薄发

厚积薄发是一切文章写作的基本要求、基本规律，而对小言论的写作来说，仿佛更应如此。因为小言论一般几百字，从篇幅上说，是很“薄”的。但篇幅的“薄”绝不意味着思想内容的“薄”。一篇优秀小言论，是作者多方面积累、多方面修养的结晶。积之愈厚，发之愈佳。许广平在回忆鲁迅先生的写作时指出：他“脑子里总是储备丰富，无论古今中外，大小题目，也都能应付自如”。

储备，储备什么?

首先，要储备党的路线方针政策。小言论作为新闻评论之一种，它的政策性是很强的。作者不但要熟悉党的基本政策，还要熟悉党在某一时期、某一方面的具体政策，这样才能下笔不离谱，下笔如有神，也才能写出具有强烈指导意义的小言论。

其次，要储备思想。小言论表现的是作者精辟的一得之见，是饱含着灵慧的某一思想的闪光。而这样的见解，这样的思想，是在生活中、实践中产生的。这就要求作者平日在读书看报、阅读文件，乃至谈天唠嗑时，要开动脑筋，“锐意穷搜”，及时将那些新鲜的、有价值的思想和见解积累起来，以作为构思某篇小言论的契机和基础。有人将这种做法称作“攒题”。题目攒多了，作者的思想就丰富了，敏锐了，如果再有某种机遇，或找到某个合适的由头，一篇小言论便脱胎而出了。韬奋在主编《生活周刊》期间，每天大约用半天时间阅读大量的读者来信，边阅读边把那些有价值的情况、问题、思想和见解积累起来。正因为他善于“攒题”，才使他的灵感不断闪现，一篇接一篇地写出那些脍炙人口的小言论。拉发格在《忆马克思》一书中谈到马克思极善于积累思想时曾说：“他的头脑就像停在军港里升火待发的一艘军舰，准备一接到通知就开向任何思想的海洋。”

最后，要储备知识。小言论篇幅虽短，但它如同杂文那样，政治、经济、天文、地理，无不涉足。这就要求作者具有丰富的知识。从构思立意的角度来说，巧妙的联想需要知识，对论题的开掘需要知识，使作品具有某种趣味性也需要知识。假如《“小二黑结婚”添新愁》的作者不知小二黑何许人也，其巧妙的联想何从产生呢？至于行文中恰当选用富有表现力的古典词语，引用符合论题需要的材料或典故，当然也需要知识。总之，作者的知识丰富，写起来才能游刃有余，也才能具有运斤成风之妙。

（二）选好论题

小言论的选题总的要求是紧跟形势，围绕当前的中心工作。但正如著名评论家林放同志所说：“小言论适宜于机动，可以扣紧中心写，但也不一定死扣中心，而是从各方面围绕中心。‘围绕’的意思，是在中心工作的上下、左右、前后、正反各个角度选择做文章的题材，做到配合中心的文章也能多样化。”①一般说来，小言论对社论、评论员文章等“大言论”主要起一种配合作用。大言论担负着全面阐述党的路线方针政策的任务，而党的路线方针政策在贯彻执行中出现了哪些新情况和新问题？有哪些值

① 林放．动笔之前［J］．新闻业务，1963（1）．

得注意的苗头和倾向？这就是小言论这种“轻武器”的用武之地了。

具体来说，小言论的选题应注意以下几点。

一是论题要具体、实在。小言论一般是就某件新闻事实生发议论的。以小见大，由点及面，是它的一个基本特点。因此，作者要以极强的责任感，关注现实生活中那些具有典型意义的人和事。当然，典型事物也不一定都是惊天动地的，有些被人们司空见惯、习焉不察的事物，也可能包含着对人们颇有启发的典型意义。《辽宁日报》1984 年 7 月 16 日发表的《两厢记》这篇小言论，就说明了这一点。作品是就这样一件事展开议论的：某大学函授部的试卷中，有一道题问元代杂剧作家王实甫的代表作是什么，不少学员答《两厢记》。原来，该函授部印发的教材中，误将《西厢记》印作《两厢记》。学员只知死记硬背，不辨真伪，闹出了笑话。这件事看起来是不起眼的，但作者就这件事阐发了一个重要问题：成人教育中不重视质量，单纯追求分数、追求文凭的现象亟待纠正。这可算是以小见大的一个范例。像这样的论题我们好像是看得见、摸得着的，非常具体而实在。小言论最忌讳泛泛而谈、架空议论。其论题应该是在深入实际中发现的，而不是关在屋子里凭空想出来的。

二是论题要有新意。论题有新意，有独到之处，才能给读者以启发。然而，怎样才能有新意呢？就小言论来说，采取逆向思维，别开生面唱“反调”，是行之有效的方法之一。比如，社会上某种“热”热得过了头，出现了值得注意的倾向，你出来写篇小言论泼点“冷水”，唱唱“反调”，就给人以耳目一新之感。前几年各种新闻媒介争相举办知识竞赛节目，这本来是好事，但有的知识竞赛节目专出偏题、怪题，越搞越玄，偏离了普及文化知识的轨道。有人写了篇《给知识竞赛节目泼点冷水》，批评了这种现象，就给人以新鲜感。1988 年前后出现了一种“漂流热”——漂流长江，漂流黄河，前仆后继，不怕牺牲，这本来也是一件好事，它可以激发人们的民族精神。但在英雄儿女已经征服长江和黄河之后，报纸上还在为“漂流热”加温，使许多人做出牺牲，就值得考虑了。对此，有人写了篇《“漂流热”该降温了》，也给人以新鲜感。

小言论选题目的逆向思维，还表现在运用唯物辩证法观点，对别人已经作过的题目从另一方面去思考，提出一个新论题。如《收起对策，执行政策》和《对策也可以当镜子》，《“小二黑结婚”添新愁》与《也谈“小二黑”的愁》，《台上他讲，台下讲他》与《“台上台下一个样”》等，后者都是从前者的对立面谈的，颇有新意。

从根本上说，具有新意的论题来自生活，来自作者不断的学习和调查研究。我们上边介绍的只是一种攫取新意的常见方法。

（三）巧用由头

小言论常常用由头说话。所谓由头，指的是生发议论的因由和引子。它经常放在文章的开头部分，作为全文的缘起。由头用得好不好，有时直接关系到一篇小言论的成败。

小言论中的由头，要新鲜、典型，要与全文的总论点有内在联系。韬奋发表在 1932 年 10 月 1 日《生活周刊》上的《硬吞香蕉皮》，由头是这样一件事：反动官僚吴俊升在一次宴会上吃香蕉，连皮也生吞下去，弄得别人掩面而笑。原来他没吃过香蕉，不知这状如牛角之物怎么个吃法。后来见别人吃香蕉先剥去皮才知道自己出洋相了，却煞有介事地说：“诸位文人，无事不文质彬彬的，我向来吃香蕉是连皮吃下去的！”这件事活画出吴俊升之流无知而又无赖的本性，既新鲜生动，又具有典型意义。文章就事论理，生发开去：“世上像吴氏这样硬吞香蕉皮还振振有词的虽不多见，但明知错了不肯认错，还要心劳目拙地想出种种方法来替自己掩饰，甚至把规劝他的人恨得切齿不忘，这种心理似乎是很为普遍的。这种人穷则独害其身，达则兼害天下！”就实论虚，虚实相生；以事引理，事理融合，作为由头的事实与全文的论点高度统一，浑然一体。

由头的选择要适当，但一个合适的由头选定之后，如何运用它，也是大有讲究的。杜甫有诗云：“文章千古事，得失寸心知。”由头运用的得与失，是应该切实加以注意的。

首先，对由头的叙述要简明扼要。由头既是一篇言论作品构思的契机，又是全文的论据。作为论据，能说明论点就可以了，不必像写记叙文那样不厌其详地铺陈故事情节。报纸上有的小言论用主要篇幅叙述作为由头的事实，到了末尾才“卒章显志”，简单发几句议论，和论点“对对号”，如果删去末尾的几句话，全文是一篇洋洋大观的记叙文，这就有悖于言论写作的基本要求了。

其次，对由头的叙述要紧扣论点，“通向”论点。所谓“通向”论点，即逐步揭示由头和论点的内在联系，由事实顺理成章地推出论点。请看《“台上台下一个样”》(《光明日报》1991 年 2 月 21 日）这篇小言论开头一段对由头的叙述：

据《光明日报》报道，去年 12 月 13 日，《渴望》剧组一行 11 人到大连、鞍山与观众见面、座谈。当得知安排与观众见面联欢的娱乐宫卖出了两场票，票价每张 30 元时，剧组人员一致表示：如果把这次活动搞成商业活动，我们不参加。我们不是来“走穴”的……《渴望》是歌颂无私奉献精神的，我们不能台上台下两个样，不能给《渴望》丢脸。

这段文字大致分两层意思：第一层用极简洁的文字叙述事情的原委；第二层通过转述《渴望》剧组说的一些话，很自然地点了论题：“台上台下一个样。”这段文字没有拉杂之赘，没有“跑题”之嫌，是句句“通向”

总论点的。

小言论的写作同其他文体的写作一样，是一项生动复杂的实践活动，没有公式和定则。有道是太平天国翼王石达开的一副对联，对我们颇有启发意义：“磨砺以须，问天下头颅几许；及锋而试，看老夫手段如何？”写小言论也许与理发师剃头有相通之处：只有反复“磨砺”，大胆实践，才能体会其个中三昧，才能使自己的技巧逐步达到炉火纯青的境地。

［该文系作者在中共河北省委宣传部和河北省记协于 2002 年 7 月在北戴河举办的“新闻评论讲习班”上的讲稿。《河北大学学报》（哲学社会科学版）2003 年第 4 期全文刊载，标题为《新闻小言论论纲》。］

新闻评论写作片论

一、“启发”论

“启发”这个词现在用得是够多的了。读了一篇好文章，我们常常说“受到了深刻启发”；听了一次好演讲，我们也常常说“受到了很大启发”，如此等等。然而，究竟什么是启发呢？又怎样使自己的文章对读者有所启发呢？这就是很值得研究的问题了。

2000多年前，孔夫子在教育他的弟子们时说过这样的话：“不愤不启，不悱不发。”（《论语·述而》）这里的“愤”，指的是蓄积在胸中的思虑；“悱”，指的是心里有许多话但说不出来的情景。这句话的意思是说，我们对某个问题或某件事如果还没有取得深刻的认识和强烈的感情，以至达到悱愤在胸，非讲不可的程度，就不可能启而发之，很好地把它表达出来。今天我们使用的“启发”这个词，就是从这里引申转化而来，它的本义和孔夫子说的“启愤发悱”的意思是相通的。

这个道理对我们写评论文章不无启发。

评论文章是表达作者对客观事物的认识的。写文章无非是“开其意”“达其辞”（朱熹语）。要想把评论文章写得深刻感人，对读者有所启发，作者自己就首先应该对所写的客观事物进行深入的分析研究，取得独到而深刻的认识。认识得深刻，才能表现得深刻；认识得肤浅，表现得也必然肤浅。“吐纳英华，意在笔先”，这是学习写作首先应该弄清楚的问题。但是，有些初学写评论文章的同志，却往往对这一点有所忽视。比如说，有的作者在写作时，时常遇到少理缺词、文思不畅的情况，以致不启不发，“卡了壳”，急得抓耳挠腮，叫苦不迭。产生这种情况，原因可能是多方面的，需要做具体分析。但是，有的作者在遇到这种情况之后，不问青红皂白，一味地埋怨自己词汇贫乏、缺少写作方法等，却很少从自己对所写的对象了解得是否全面、认识得是否深刻去考虑，这就值得研究了。

诚然，要把评论文章写好，是需要有丰富的词汇和娴熟的写作技巧的。但语言是思想的直接现实，技巧是内容的表达手段。没有内容，语言就无所附丽，方法技巧也就无所用之。作者对客观事物想得清楚明白，写作时才能找到清楚明白的词把它表达出来。反之，就难免缺理少词之苦。我们常常有这样的体会：当述说自己最熟悉、理解得最深刻的事物时，往往就能启而发之，脱口而出。这时，脑子也显得灵了，平时所积存的一些词汇也就自然而然地涌现在脑海，供自己挑选使用，因而自己的词汇也就显得丰富了。当述说自己所不熟悉，或者一知半解的事物时，就感到特别吃力。这时，脑子也显得笨了，就很容易陷入一边说一边想，一边想一边找词的尴尬境地。同是一个作者，为什么有时显得很聪明，有时又显得很愚笨呢？其根本原因是作者对所写的对象认识和理解得深浅不同。胸中无悱愤，写不出来硬写，就难免要“卡壳”。即便勉强写出来，这种无病呻吟的文章也不会对读者有什么启发的。

当然，我们这样说并不是否定积累词汇、学习技巧的必要性。也确实有这样的情况：有的作者由于词汇贫乏，缺少写作的方法技巧，写作时词不达意，力不从心。但是，作为一条原则，作为写作的一条基本规律，内容总是第一位的，语言、技巧是第二位的。即便是写作经验比较丰富的同志，如果他对自己所写的问题不甚明了，写作时仍然会感到很吃力，甚至也难免会出现“卡壳”的情况。所以，学习写评论文章必须首先在内容上惨淡经营，同时又在语言、技巧上刻意求工，切不可本末倒置，舍本逐末。我们应该学习鲁迅，他的杂文之所以深刻感人，使我们读后常常会受到很大的启发，其根本原因是这些文章都是悱愤之作。他说过，他的杂文“就如悲愤时节的歌哭一般，那时无非借此来释愤抒情”（《华盖集续编·小引》）。这里的“释愤抒情”，与“启愤发悱”的意思是一致的。“舒蓄思之悱愤，奋久结之缠绵”，这样写出的文章才能启人心扉，发人深省。

以上是就作者写作的角度来谈的。其实，细细玩味，“不愤不启，不悱不发”这句话，同样也适用于读者。如前所说，悱者，有话说不出来之谓也。也就是说，读者虽然对某个问题非常关心，然而又百思不得其解，或者百思不得其要领，以致悱愤在胸，难启难发。这时，如果有一篇文章说出了读者想说而说不出来的话，那么就如同一把钥匙打开了读者的心灵之门，把读者蓄积在胸中的思虑引发出来。这也就是通常所说的使读者“受到了很大启发”。

例如，《鲜菜、垃圾与“市容美”》（《河北日报》1979 年 10 月 5 日）这篇“小评论”，谈的是有些城市的马路旁边堆放着许多因被风吹、雨淋、日晒而腐烂了的蔬菜，给国家造成很大浪费，同时又使城市居民不能充分及时地买到新鲜蔬菜。鉴于这种情况，有些财贸部门提出在人行便道的空闲地方搭些临时蔬菜棚，有关部门便出来干涉道：“影响市容美”“有碍观瞻”，等等。作者就此指出：“难道东边一堆烂白菜，西边一堆烂韭菜，臭气冲天，苍蝇成群，倒是‘市容美’，倒不‘有碍观瞻’吗？”难道因浪费严重而造成蔬菜供应紧张，致使“一个蔬菜供应点上，排着长长的队伍，为买一点鲜菜，顾客之间争得面红耳赤……难道这也是‘市容美’，倒不‘有碍观瞻’吗？”在以反问的语气做了上述评论之后，作者进一步指出：“只怕外国人照相不好看，不怕中国人生活不方便的态度，群众是不高兴的。”我们看，这篇短文所谈的虽然并不是什么高深的理论问题，却是广大城市居民十分关心的实际问题。所以文章一发表，便立刻引起了反响。它说出了人们的心里话，开启了人们思想的闸门。这也就是说，它给人们以很大启发。

从这里可以看到，要想使自己的文章对读者有所启发，还应该抓那些读者最关心和思虑最多的问题。舒读者之悱愤，方可给读者以启发。

二、“灵感”论

不仅文艺创作需要灵感，评论写作也需要灵感。只不过文艺创作的灵感主要表现为一种超常的想象力，而评论写作的灵感主要表现为一种超常的思辨力。

灵感是西方美学中的一个专用术语，我国古代称之为“感兴”或“感悟”。灵感是一种心理现象，它是在人的大脑皮层高度亢奋的状态下，所产生的一种极富创造力的思维活动。陆机《文赋》描述了灵感来临时的情景：

若夫应感之会，通塞之纪，来不可遏，去不可止。藏若景灭，行犹响起。方天机之骏利，夫何纷而不理？思风发于胸臆，言泉流于唇齿。纷葳蕤以馺遝，唯毫素之所拟。文徽徽以溢目，音泠泠而盈耳。

灵感来不可阻遏，去不可阻止。去时如影子般消失，来时如声音骤然响起。当头脑骏利敏捷的时候，什么纷繁复杂的思想得不到梳理？此时，思致风发，文如泉涌，作者可以尽情挥洒。文采华美，目不暇接；音色清越，耳不暇闻。很显然，这是一种写作的胜境。

那么，作者怎样才能获得灵感呢？现代信息理论科学认为：灵感是一种创造性的思维形态，它的产生离不开信息，离不开信息对于人的大脑皮层的感应和激发。比如，一个人处在休眠状态，外界的一切信息——情报、资料、图画、声音等，对他的大脑皮层都不起作用，那么，他就不会产生或悲或喜的感情，更不会产生灵感。相反，如果他结束了休眠，恢复了大脑皮层正常的思维机能，那么，外界的信息作用于他的大脑，他就可能产生或悲或喜的感情，也就可能产生灵感。灵感实际上是人脑对于外界信息的感应和反馈。

不过，人脑对于信息的反馈，绝不像镜面折射阳光那样简单，那样机械，而是一种复杂的、能动的行为过程。据说，一个正常人的脑细胞有5000万种，总数在1000亿以上。每个细胞还有许多枝杈，细胞的枝杈与枝杈相连接的地方叫作“突触”，相当于我们所说的机器的“开关”。一个人的大脑大约有10^{15}个“开关”，比目前世界上最大的电子计算机不知大多少倍。这个极其复杂的脑结构，不仅可以储存无数的信息，而且可以制造出新的信息——思维型信息。人脑所反馈出来的信息，正是一种思维型信息，即经过人的大脑加工制作出来的新的信息。而灵感就是反馈这种思维型信息的最有效的一种行为过程。所以，灵感越活跃，其创造力就越强。灵感的活跃程度是与创造力的大小成正比的。

灵感虽然是信息作用于人的大脑皮层的产物，但并不是任何单个的信息都可以使人脑产生灵感。人脑要产生灵感，需要具备这样一些条件。第一，储存的信息必须相当丰富。灵感不是凭空产生的，它的产生需要一定的“物质”基础——作者从现实生活中获得的大量信息。这种信息在大脑中储存得越多，产生灵感的可能性就越大。第二，开动大脑机器，加强信息与信息间的相互作用。作者头脑中储存的大量信息，有些是互不相关的，有些则有着某些共同之处、相关之处。作者只有通过能动的思维活动，尽力寻找这一信息与那一信息的共同之处、相关之处，并加大这些信息间的相互碰撞、相互摩擦，才会激发起新的创造性的思维活动，才会产生灵感。

举一个例子。作家杨迎新的杂文《应景之“景”》的构思，就说明了这个问题。有一天，他在街上漫步，看到某机关门前的草坪已是绿茵茵的，但旁边的一排雪松却焦枯如干柴，细一看，早就枯死了。他一打听，原来这些雪松是为了应付上面的绿化检查突击栽上的，白花了几万元钱。这情景就是一种信息，输入他脑子里。他获得这个信息之后，开动大脑机器，寻找出这一信息与他过去所获得的并储存在大脑里的另外一些信息——我们工作中那些种种摆花架子的弊端的相关之处，并尽力使这些信息发生碰撞，发生摩擦（联想和比较），才激发起一种创造性的思维活动，一种灵感：“应景之景总是先天不足，难以长期存活的。它们既背实际，又违民心，于事无补反而有害。”这样，他很快写出了这篇脍炙人口的杂文。该文荣获河北省第二届文艺振兴奖。杨迎新称他这种构思方法是“滚雪球”：

每当在翻阅报章或是与三朋二友谈天时有了感触，或是苦思冥想之际脑子里闪现出一些思想的火花，或是在生活中发现了一个新鲜的比喻，我便随手写在一张纸上，这便是“雪球”的“核”。然后以此为中心，感物连类，四处辐射，将记忆中的有关资料尽可能挖掘出来，也写到这张纸上，装进一个信封里。信封上写个题目，放在自己每天能看见的案头或是干脆挂在墙上。有空就看一看，想一想。遇到有关资料就随手抄下来，填进信封里，久而久之，信封就鼓起来了，一个雪球就初步滚成了[①]。

① 杨迎新 .“滚雪球”［J］. 杂文界，1983（3）.

这种“滚雪球”的方法，反映了灵感产生的基本规律。

当代人脑科学的研究结果还证明：人的大脑分为两个半球，其中一个半球主要产生形象思维，而另一个半球则主要产生逻辑思维。就评论作者来说，只有当输入的信息与人脑主要产生逻辑思维的半球相碰撞、相感应时，才能产生思辨性灵感，也才能产生好的评论作品。

作者在构思中所产生的灵感是多层次的。从实践中获得某种信息，产生了写作的契机，这是一个层次的灵感；从众多的信息中挖掘出某种本质意义，深化了作品的主题，这是另一个层次的灵感；疏通了作品的思路，确定了作品的框架，作品的胚胎在作者心目中生成，进而产生了强烈的写作欲望，这又是一个层次的灵感；在行文过程中“心与理合，辞共心密”，找到了某些恰当而又美好的词语来表达自己的思想，从而产生一种惬意和亢奋的心理状态，也是一个层次的灵感。总之，灵感伴随于写作的全过程中。而所有这些层次的灵感的产生，都离不开信息，离不开信息对大脑皮层的感应和激发。所以，要获得灵感，最根本的是看书学习，深入实际，即刘勰所说的“积学以储宝，酌理以富才”，此乃“驭文之首术，谋篇之大端”（《文心雕龙·神思》）。

三、“由头”论

有些短评和杂文，常常借助某种具体的事物来展开论述，即所谓缘事而发、借题发挥。这种缘事而发的“事”、借题发挥的“题”，就是我们通常所说的评论文章的“由头”。顾名思义，由头就是评论文章借以展开论述的因由。它经常放在文章的开头，作为全文的缘起。例如，郭沫若先生的杂文《黄钟与瓦釜》，一开头是这样的：

黄钟毁弃，瓦釜雷鸣。

谗人高张，贤士无名。

吁嗟默默兮，谁知吾之廉贞？

这是屈原《楚辞·卜居》中的几句话。郭老在这里加以引用，借黄钟与瓦釜来比况“善与恶、是与非、美与丑、正与邪、真理与诡辩”的对立与斗争。并以此为因由，借题发挥，精辟地阐述了这样一个道理：一切反动、丑恶的事物虽然如瓦釜那样雷鸣于一时，但终归会被抛到历史的垃圾堆；而一切进步、美好的声音则像黄钟那样“响彻天地，响彻八垓，响彻今日，响彻未来”。黄钟与瓦釜这两件器物也就是这篇文章的由头。

由于文章的内容不同和作者构思的特点各异，由头的种类是颇为繁多的。比较常见的有以下几种。

1. 以现实生活中的典型事例为由头。例如，《离奇·深思·教训》（《河北日报》1979 年 10 月 9 日）这篇短评，就是以现实生活中这样一个典型事例做由头的：一个名叫康寿山的诈骗犯，冒充“师长兼政委”，从新疆窜到河北，游来逛去达 10 个月之久。有个年轻姑娘认他做“干爸爸”，并与他同床共枕；有个年轻小伙当了他的“警卫员”，神气活现；还有个青年认他做“舅舅”，攀龙附凤……演出了一场离奇而又令人深思的闹剧。作者就这件事展开评论，指出产生这种怪现象的原因在于某些人一味地羡慕特权，走“上层路线”。而要想解决这个问题，就必须肃清“四人帮”鼓吹的“有权便有一切”的流毒，把那种看权势、拉关系、攀高门、找靠山以及溜须拍马的歪风邪气扫除干净。

2. 以历史典故为由头。例如，《“一笑随刀八阵成”》（《解放军报》1979 年 7 月 28 日）这篇杂文，论述的是“有法必依、执法必严”这样一个问题，然而作者并没有一般地论述这个问题，而是在文章的开头引述了唐末诗人周昙写的一首七言绝句：“理国无难似理兵，兵家法令贵遵行。行刑不避君王宠，一笑随刀八阵成。”这首七绝描述的是孙武整饬军纪的一段历史故事。据传孙武到了吴国，吴王想考察一下他的军事指挥才能，选拔了180名宫女交给他布阵演习。孙武把宫女分为两队，每队由吴王最宠爱的妃子任队长。训练开始后，孙武号令既出，而宫女们嬉笑哗然，虽三令五申，仍无效果。于是孙武按军法处决了吴王最宠爱的那两位队长，才整肃了军纪，顺利地进行了布阵演习。这个历史典故也就是这篇杂文的由头。

3. 以某些成语、俗语为由头。例如，《树立全局观念发展棉花生产》（《建设日报》1987年3月24日）这篇评论员文章是写发展棉花生产的。文章以“要想富，多织布；想发家，种棉花”的俗语开头，展开论述，谈了棉花生产在农业乃至国民经济中的地位、棉花生产对国计民生的影响、棉花生产的经济价值等问题。在有些评论中，适当运用某些成语、俗语为由头，可以唤醒人们历史的连贯思索，为成语、俗语注入新的思想内容，亲切易懂，引起读者的兴趣。

4. 以某些著名的文学形象为由头。例如，列宁的《社会民主主义的宝贝儿》这篇短评，就是以契诃夫的著名短篇小说《宝贝儿》主人公的形象做由头的。宝贝儿是一个见异思迁、毫无定见的典型形象。列宁以这个形象为由头，深刻地揭露了社会民主党人毫无原则、毫无立场的本质，形象十分生动，说理极为透辟。

5. 以某些包含一定哲理意义的事物为由头。例如，鲁迅的《春末闲谈》，是以自然界的昆虫细腰蜂和小青虫为由头的。细腰蜂在繁衍后代时，总是先把小青虫捉来，用毒针在它身上一螫，注入毒液，使之不死不活，然后才在它身上生下蜂卵。等到细腰蜂的幼虫孵化出来之后，这不死不活的小青虫正好可做新鲜的食料。细腰蜂麻痹和残害小青虫这一自然界的现象，包含着深刻的哲理意义，鲁迅把它拿来作为杂文的由头，有力地揭露了反动阶级的虚伪而又凶残的本质。

由头的种类虽然名目繁多，难以胜举，但它们在文章中所起的作用却主要有以下几方面。

1. 譬事喻理，使抽象的道理具体化。论说文是讲理的，而讲理的方法有的是直接从理论上进行阐述，有的则是采取打比方的方法，即譬事喻理的方法来加以说明，正所谓“喻巧而理至”。这个说法是很有道理的。一个恰到好处的比喻，常常可以把一个深奥的道理表达得既生动又精辟。某些短评和杂文就是采取这种譬事喻理的方法论述某一个道理的。其由头就是所譬之事物。例如，《螃蟹及其他》(《解放军报》1976 年 12 月 25 日）这篇杂文，恰当地选择了几种动物做由头，分别以螃蟹、鳄鱼和蚊子的丑恶形象，来比附“四人帮”的横行霸道、虚伪残忍和噬血成性，从而深刻地揭露了他们的反革命本质。这样就把抽象的道理具体化、形象化了。文章对读者不但晓之以理，而且动之以情，启发读者结合自己的生活经验进行丰富的联想和深刻的思考。我们在阅读这篇杂文时，不是会很自然地联想到螃蟹横行的恶态、鳄鱼吞食鱼虾的残忍，以及蚊子吸吮人血的罪恶行径吗？而且不正是在这种联想和思考当中加深了对“四人帮”罪恶本质的认识吗？这也正是利用由头譬事喻理所产生的特殊效果。

2. 就事论理，使文章具有强烈的针对性和说服力。有些短评和杂文，其由头只是一种评论的对象，而并不具有譬事喻理的意义。这种由头多是从现实生活中选择的典型事例。作者抓住这种典型事例进行解剖，由个别说到一般，由现象说到本质，常常给读者以深刻的启发。例如，《从“假儿子”想到“真儿子”》(《解放军报》1979 年 8 月 14 日）就是这样。这篇杂文的由头是这样一件事：一个名叫汤放的骗子冒充省委第一书记的儿子，违法乱纪，干了许多坏事。作者对这件事进行了步步深入的解剖。首先，文章从“假儿子”谈到“真儿子”。产生汤放这个“假儿子”的一个重要原因在于有许多靠着官老子的招牌为非作歹的“真儿子”。因为正是这些“真儿子”在社会上通行无阻，才启示了“假儿子”作案。接着，文章又从“真儿子”说到某些搞特权的“官老子”。因为“真儿子”“无权权势赫，无职职位高”，无非靠的是身在领导岗位上的老子。文章通过这种就事论理、层层剥皮的方法，揭露了某些领导干部存在的特权思想和不正之风。

3. 以事引理，使道理出之自然。某些短评和杂文中的由头，其作用主要在于引发出道理，它与前边所说的就事论理的由头有所不同，就事论理的由头是文章评论的对象，而这种以事引理的由头则主要是触发作者对某个问题产生联想的媒介和因由。所以，这样的文章常常冠以《从……谈起》之类的标题。例如，《从“丰田”高价征求意见说起》(《人民日报》1979年2月8日）其由头是这样一件事：日本丰田汽车公司，为了把企业办好，获取高额利润，制定了高价征求职工意见的制度。仅1976年，就收到各种合理化建议46.3万件，平均每个职工10件以上。对职工提出的意见，最高奖金竟达20万日元，即使不采用者也付给500日元的“精神奖”。这件事触发了作者的联想，使作者由丰田高价征求意见，联想到我国某些企业领导干部压制民主、堵塞言路的不正确态度，从而写出了这篇针对性很强的短评。全文跌宕收放，十分自然。

短评和杂文中的由头其作用虽然各不相同，但它们都是文章的有机组成部分。因此，作者在选择和使用由头时，必须从文章的内容出发，而千万不要为由头而由头。如果片面追求生动有趣，不恰当地拼凑一些与文章内容毫不相关的奇闻和笑料做由头，那么这样的由头就难免失之油滑而变为“油头”了。

四、“联想”论

论说文的构思虽不像文艺作品那样主要凭借海阔天空的形象思维，但也需要有丰富而巧妙的联想。特别是某些短评和杂文，在其构思过程中更是离不开联想的。所谓联想，就是由此及彼的连贯思索。它是一种辩证思维的过程，是以客观事物间的相互依存为根据的。我们知道，客观事物都不是孤立地存在的，而是和其他事物相互关联、相互依存的。毛泽东同志说，不论做什么事，不懂得那件事的情形，它的性质，它和它以外的事物的关联，就不知道那件事的规律。（《矛盾论》）可见，联想是了解客观事物规律的一种重要的思维形式。对论说文的写作来说，它又是开拓思路、深化主题的一个重要手段。

例如，秦牧同志的杂文《鬣狗的风格》（《人民日报》1978 年 3 月 28 日）本是对那些在“四人帮”横行时期为虎作伥的人物痛下针砭的，但文章并不只是对这类人物做单纯的理论剖析，而是由鬣狗的特性联想到这类人物的丑恶行径。原来，鬣狗这种动物虽系食肉类，但并不吃活肉，而只是吃死尸。它常常跟在最凶猛的食肉兽——老虎、狮子之类后头，嚼食那余下的尸骨。这样，它们虽不费劲，却同样吃到了肉。作者在对鬣狗的这种特性做了淋漓尽致的描述之后，紧接着写道：

在万恶的“四人帮”横行中国的日子里，鬣狗式的人物，科学地说，实事求是、毫不夸张地说，是着实出现了一批的。“四人帮”荒谬地抛出“文艺黑线专政论”，就有人奋拳捋袖，持戟前驱，一定要骂臭全国的老作家。“四人帮”要把某一个人拘禁起来，就有人唯唯诺诺，不但像个传说中的“无常”似的，手持锁链前往，不问青红皂白，立刻把那人投入囹圄，而且“加二奉承”，还要拳打脚踢，殴破那人的脑袋，或者打断那人的肋骨，借此“娱乐”一番……

这种由鬣狗之于某些为虎作伥的人物的联想，不但使文章的思路显得十分开阔，而且将文章的主题表现得极为深刻而又耐人寻味。假如没有这种联想，而只是对这类人物痛骂一顿，那就势必索然无味，因而也算不得一篇好的杂文了。可见，丰富而巧妙的联想，对于思路的开阔、主题的提炼，是至关重要的。

那么，在论说文构思的过程中，应该怎样进行联想呢？全面回答这个问题是困难的，这要看内容而定。下边介绍几种常见的联想的方法，以供参考。

1. 比喻联想。这种联想逻辑学上叫“比喻推理”。它是从一种具体的事物联想并说明某个抽象的道理的，即我们所说的“譬事喻理”。当然，这种具体的事物必须与要说明的事理之间有内在的逻辑联系。例如，《多点自我调适》（《建设日报》1987 年 8 月 5 日）这篇杂感，是提倡人们在各种矛盾面前自己做自己的工作。自己做自己的工作谓之自我调适。人不同于机器，讲自我调适很抽象。如何将这抽象的东西具体化、形象化？文章作者运用比喻联想，开篇写道：“电视机图像模糊或音响嘈杂，调一调就会出现好的效果。自行车轮转动不灵，调一调轴挡便转动如飞。”以此比喻人的自我调适的必要性和可行性。人们如出现思想跟不上形势、工作没有起色、对有些新事物看不惯、家庭不和、邻里关系紧张等，都要以积极的态度自我调适，自己去掉烦恼，卸去包袱，以饱满的精力创造性地工作。这样既浅显易懂，又生动深刻。

2. 类比联想。这种联想逻辑学上叫“类比推理”。它是将两个同类事物进行比较说明某个道理的。例如，《普里希别叶夫中士的幽灵》（《解放军报》1978 年 12 月 23 日）这篇杂文，就是以契诃夫塑造的普里希别叶夫这个专制主义的形象来类比现实生活中某些官僚主义者的。普里希别叶夫是俄国沙皇时代的一名退伍中士。在他服役期间，社会制度发生了重大变化，废除了农奴制，可他在退伍之后，仍然保留着沙皇军队的“职业病”：爱管老百姓，并且什么都管，对人们随便唱歌和聚在一起谈话他都看不惯，认为是违犯了沙皇专制的“老规矩”，因而操着嘎哑而气愤的声调大叫：“散开，老百姓！不准成群结伙，回家去！”作者在这里借用普里希别叶夫这个形象，来类比和讽刺那种至今还按“四人帮”猖獗时的“老规矩”办事，对人民群众正常的民主生活横加干涉的恶劣作风。

类比联想虽然也具有一定的譬事喻理的意义，但它与比喻联想是有区别的。比喻联想一般是两种不同类的事物的比较，而类比联想则必须是两种同类事物的比较。

3. 对比联想。这种联想是将两种性质根本不同或完全相反的事物加以对比来阐释一个道理。例如，《有感于卡玛罢宴》(《人民日报》1979 年 11 月 24 日）这篇短评，是就这样一件事展开对比联想的：美国朋友韩丁的女儿卡玛来我国参观，某地从省到村一日三宴款待她。她忍无可忍，在发出“这得花多少钱？这钱是哪里来的？”责问后罢宴了。作者由外宾罢宴联想到某些单位为欢迎“内宾”而大摆宴席、挥霍浪费的严重问题，进而严肃地指出：“年轻的卡玛，作为中国人民的好朋友，尚且能够抵制不正之风，而我们的一些以人民公仆自居的人，反而睡眼蒙眬，不去认真想这个问题，有意无意地充当着大嚼社会主义的蝗虫，这能问心无愧吗？”卡玛罢宴和“内宾”大肆铺张浪费是性质完全相反的两回事，作者在对比中加以联想，十分有力地表现了文章的主题。

4. 因果联想。这是探求某些事物之间因果关系的一种联想。例如，《江青为何怕看卡普兰》(《人民日报》1979 年 2 月 12 日）这篇杂文，评论的是这样一件事：江青在看影片《列宁在一九一八》时，说那个刺杀列宁的女特务卡普兰“形象不好，太难看”，下令禁演这部影片。如果孤立地看这件事，就很难认清江青在这个问题上的罪恶本质。但是，作者并没有这样做，而是由江青怕看卡普兰，联想到她迫害毛主席、陷害周总理的罪恶行径，从而揭露了她怕看卡普兰的真正原因在于害怕暴露自己反革命的马脚，打中了她的要害。

联想的方法和途径虽然难以尽述，但总的说来，它们都是从个别到一般、从现象到本质的联想，是伴随着形象的一种逻辑思维的过程。

有些初学写评论文章的同志，常常为思路狭窄、对问题不能充分展开分析而苦恼，产生这种情况，除理论水平有待进一步提高以外，另一个重要原因就是不善于开阔思路，不善于联想，因而总是跳不出就事论事的圈子。因此，培养和训练联想的能力，也是学习写评论文章的一项不容忽视的基本功。

要提高联想的能力，首先要有正确的思想做指导。前边说过，联想是以客观事物本来的辩证法为依据的。要通过联想探求客观事物的规律，就必须以马克思主义、毛泽东思想为指导，尊重客观事物规律，而绝不是唯心主义的胡思乱想。

其次，要有丰富的知识。联想是离不开社会知识和自然知识的。一个闭目塞听、识见狭窄的人是很难展开丰富的联想的。只要我们刻苦学习，勤于思索，并善于在构思中展开丰富的联想，就一定能写出好的评论文章来。

五、“破理”论

刘勰在《文心雕龙·论说》中指出：“论如析薪，贵能破理。”这里的“理”，指的是树木的纹理。意思是说，论述一个问题好比砍柴一样，可贵的是能破在纹理上。这是精辟之见。因为破在纹理上，才能势如破竹，充分揭露出客观事物的内在本质。

任何客观事物都是可分的，都是有“纹理”可循的。一样东西，总是由若干种因素所组成，不可能是绝对单纯的；一件事情，又往往包含着几方面的内容，而不可能是铁板一块。这个道理唯物辩证法早就讲得很明白了。现在的问题是，有些初学写评论文章的同志，虽然表面上也知道这个道理，但在写作实践中却不善于对所写的客观事物展开分析，思路狭窄，论述不充分，说理不透彻。比如，有的作者写《努力学习，献身“四化”》这个题目，只写“不努力学习就不能掌握科学文化知识，也就不能为‘四化’做出贡献”等，再就没词了。这种类似小学生答题式的“论说文”，很难破在“理”上。

要破理应当先识理。比如砍柴，如果还没有看清树木的纹理，便抡起斧头乱砍一阵，那就很难奏效。识理的门径，是在周密调查研究、充分占有材料的基础上，运用唯物辩证法的观点，对客观事物进行由此及彼、由表及里的具体分析。

识理之后就要破理。破理的方法，表现在文章中，就是纲举目张，条分缕析。一篇文章的总论点，或者说中心思想，我们称之为“纲”。围绕纲所确定的几个具体论点，或者说小论点，我们称之为“目”。一篇论说文只有确定了总论点，同时又对所写的问题加以条分缕析，围绕总论点确定几个小论点，举其纲而张其目，“纲领昭畅”“衢路交通”，才能使思路得到开阔，也才能将某个道理讲得既全面又深刻。

要做到这一点，有时可以将一个比较复杂的问题分为几方面，“识理而破”，逐一加以论述。这几方面虽然各自有相对的独立性，但又必须与总论点有内在的逻辑联系。例如，《斥所谓“句句是真理”》(《人民日报》1978 年 8 月 29 日)，驳斥的是“四人帮”鼓吹的所谓“句句是真理，句句照办”这个谬论，这无疑是一个比较复杂的问题。作者在驳斥这个谬论时，首先确定了纲，即总的论点：毛泽东思想是一个完整的科学体系，不容割裂和歪曲。同时又围绕着纲确定了目，对总论点加以条分缕析，提炼出三个具体观点，也就是从三方面来批驳“四人帮”的谬论：所谓“句句是真理”，就是要割裂革命导师的完整论述，抓住一点，不及其余，以偏概全；所谓“句句是真理”，就是要把革命导师的某一论述从它的体系中抽出来，不顾时间、地点和条件，任意搬用，以达到歪曲、篡改的目的；所谓“句句是真理”，就是要把革命导师对真理的认识说成是直线性的，妄图把人们引向哲学唯心主义泥坑。文章从以上三方面来驳斥所谓“句句是真理”的谬论，就使思路得到了开阔，全面而又深刻地阐明了基本观点。假如不从这三方面来阐述，而只是对“四人帮”的谬论臭骂一顿，或者只有总论点而没有小论点，那就势必显得思路狭窄，文章内部就没有回廊曲道，对问题的论述当然也就不会深透了。

如果有的问题分方面论述比较困难，还可采取分层论述的方法。所分的几层，往往是一种递进的关系，即层层推进的关系。这样也可以使思路得到开阔。例如，《拍板》（《人民日报》1980 年 1 月 21 日）这篇不足 500 字的小评论，就对领导干部拿主意、做决定，即“拍板定案”这样一个问题论述得十分透辟。文章先对拍什么样的板做了逐层分析：一是不能拍空板，即不问客观情况，主观主义地随意拍板，拍了板又不能兑现，是不行的；二是不能拍乱板，即对于某个问题，不懂装懂，乱拍一气，也是不行的。三是不能拍邪板。即对于抄小道、走后门之类的邪风，随意点头，拍板应允，更是要不得的。接着又对领导干部怎样拍板做了逐层阐述。一是要问一问自己有没有资格拍这一板。如果不是自己职权范围以内的事，就不能越俎代庖，擅自拍板。二是关系国计民生的重大问题不能由个人拍板，而应该经党委集体讨论决定。这样就把“拍板”这个问题层层深入地进行了剖析，思路很开阔，说服力很强。

此外，对某个问题的论述，还可以由正面说到反面，从反面来论证正面。任何事物都是矛盾的对立统一。有正面必有反面，无反面也就无所谓正面。为了使某个正确的论点站得稳，立得牢，无懈可击，在从正面做了充分论述之后，必要时还可以从反面加以论证。这种方法逻辑学上叫作“反证法”。例如，《发扬艰苦奋斗的精神》这篇评论，在从正面充分论述了发扬艰苦奋斗精神与推进“四化”建设的关系之后，又从反面论述讲排场、摆阔气、挥霍浪费对“四化”事业的危害，指出：假如领导干部“为一己之私利操劳竟日，怎能去号召群众为‘四化’大干快上？如果你自己整日山珍海味，追逐那自不解囊的杯中之物，又怎好动员群众艰苦奋斗，克服暂时的困难？”这样就从反面论证了发扬艰苦奋斗精神的必要性，避免了文章思路的狭窄与平直，增强了文章的说服力。

当然，不管是分方面论述、分层论述，还是从正、反两方面论述，都必须建立在对事物科学分析基础上，而不能带有任何的主观随意性。我们将一个事物分作几方面或几层来论述，是因为这个事物本来就包含着几方面或几层的内容；我们从正面说到反面，是因为确实有反面的现象存在。总之，文章所举的“纲”、张的“目”，所分的“条”、析的“缕”，都应该反映客观事物的内部条理。如果不顾客观事物的实际情形，“越理而横断”，不恰当地拼凑“一二三四”“甲乙丙丁”，就会把思路“开阔”到邪路上去。这当然是应该加以避免的。

六、“思路”论

有些初学写作者，常常为自己的文章结构松散、条理紊乱而苦恼，并希望找到一种解决这些问题的方法、技巧。这是可以理解的。但是应该指出，一篇文章的结构安排得好不好，虽然与一定的方法技巧有关，但又绝不单纯是一个方法技巧问题。这里的关键是作者的思路。

所谓思路，指的是作者对一篇文章谋篇布局的思维过程。无论写一篇什么文章，作者总是根据主题的需要和体裁的要求，事前考虑从哪里开头，到哪里结尾，中间分几个层次和段落，这些层次和段落哪个在前，哪个在后，怎样转接，其间的逻辑关系又是什么等，对诸如此类的问题通盘谋划的过程，就是作者的思路。作者根据事前谋划好了的清晰而又合乎逻辑的思路一步步写下去，就会顺理成章，形成结构。所以，结构实质上是作者思路的表现。可以这样说：思路是从内部支配结构的活的因素，而结构则是思路的直接现实和物质外壳。因此，要使一篇文章条理清晰，结构严密，作者在动笔之前就必须首先疏通思路。

那么，怎样才能使思路得到疏通呢？要回答这个问题，就不能不首先对思路的产生和形成做一番粗略的考察。

我们知道，人的思想是从社会实践中来的，而不是头脑中固有的。那么，思路作为一种意识形态，它当然也不是作者头脑中凭空产生的，而是客观事物的内部条理和规律在作者头脑中反映和加工的产物，是主观和客观相统一的结果。因此，作者要想求得一个正确而清晰的思路，首先就必须在深入研究客观事物（写作对象）的内部条理和规律上狠下功夫。我们在写作中常常会有这样的感觉：面对着调查来的一大堆材料，茫无头绪，无从下笔。有的人在遇到这种情况之后，总是埋怨自己写作水平低，方法技巧少，却很少从自己对所写的客观事物是否取得了规律性的认识上去考虑，这实在是南辕而北辙。事实上，“茫无头绪”正是还没有找到客观事物的内部条理的表现；“无从下笔”则是还没有对客观事物取得规律性认识的反映。古人说“物中有序”，这里的“序”就是指的客观事物的内部条理和规律。当着我们尚未找到物中之“序”，头脑里还是一团乱麻的时候，又怎么会产生一个明确而又清晰的思路呢？下笔时又怎么会不感到困难重重呢？

当然，客观事物是纷纭复杂的，要找到物中之“序”，并非易事。但是，难和易是可以互相转化的。物中之“序”既是客观存在的，那么我们只要肯下苦功，勤于思索，就一定能找到它。“路漫漫其修远兮，吾将上下而求索”，写作的过程就是不断地“求索”客观事物内部规律的过程。而一旦找到了客观事物的规律，作者头脑中的思路就会豁然开朗，明晰晓畅。比如，红军长征是人类历史上空前伟大的创举，这件事可谓纷繁复杂之至。然而，由于毛主席对这件事做了深刻分析，找到了它的物中之“序”，从而形成了一条表现长征伟大意义的明晰而又正确的思路。毛主席说：“长征是历史纪录上的第一次，长征是宣言书，长征是宣传队，长征是播种机。”这里的“第一次”“宣言书”“宣传队”“播种机”便是长征的物中之“序”，便是它的内部条理和规律。

不过，上边所谈的，还只是人们对于客观事物认识的一般意义上的思路，并不是一篇文章的具体思路。要形成一篇文章的具体思路，还必须考虑以下两个重要因素。

1. 主题。主题是我们疏通思路的出发点和归宿点。一篇文章的思路不管多么曲折复杂、千回百转，它的每一个环节都是从有利于表现主题出发的。如果离开了主题，思路是好是坏就无从评价。比如，我们要求思路清晰，指的是文章的各个部分、各个段落能够一步一步地清楚明白地表现主题。在一篇文章中，思路或按时间顺序发展，或按因果关系发展，或按主次轻重发展，以及转折顿挫、跌宕收放、烘托铺垫、穿插分合等，都必须从表现主题的需要出发。只有这样，思路的发展才能找到一个可以遵从的思想线路。我们常说主题是贯穿在文章中的一条思想红线，这条红线正是统规思路纵横驰骋的准绳。

又比如，我们要求思路具有严密的逻辑性，也指的是文章的各个层次、段落能够环环相扣、周到细密地表现主题。在一篇文章中，思路的开展或用递进的逻辑形式，或用并列的逻辑形式，以及主次、详略、过渡、照应等，也都必须从表现主题的需要出发。否则，所谓逻辑性就失去了根据，或者说从根本上丧失了逻辑性。刘勰在《文心雕龙·附会》中指出："凡大体文章，类多枝派，整派者依源，理枝者循干，是以附辞会义，务总纲领，驱万途于同归，贞百虑于一致。"这里所说的"源"就是文章的主题，"干"是各个部分的主旨。"整派"和"理枝"就是我们所说的疏通思路，安排结构，它们必须是依"源"和"干"决定取舍，各就其位的。

2. 体裁。除主题之外，思路还要受到体裁的制约。这是因为，不同的体裁对于内容有着不同的表达方式，因而其思路的开展也就有着不同的特点。拿记叙文来说，它主要是以对人物、事件、场景的叙述、描写、抒情等表达方式来表现其主题的，因而它的思路的疏通，结构的安排，是以顺叙、倒叙和插叙的形式为特点的。论说文则不然。它主要通过议论、说明等表达方式表现主题。为了论证说明某个观点的正确性，它往往需要周密分析，层层推理，因而它的思路的疏通，结构的安排，是以"纲举目张"为其基本格局的。所以当我们写一篇论说文的时候，其思路的开展要考虑到这种体裁的特点，首先举其"纲"（总论点），然后张其"目"（分论点），分布各个层次和段落，并考虑到这些层次和段落的内在联系，这样，结构才会安排得谨严妥帖、前后贯通、浑然一体，达到高度的完整和统一。这正是我们疏通思路、安排结构的一条基本原则。

七、“缜密”论

论说文的组织结构，应该具有严密的逻辑性，这种逻辑性主要体现在文章的整体与部分，以及部分与部分之间的相互关系上。一篇文章是一个有机的整体。这个整体通常是由若干个层次和段落组成的，而段落又包含着若干个具有独立意义的句子，确切地把握层次与层次、段落与段落，以及句子与句子之间的相互关系，在中心论点的统率下，将它们组织得周严缜密，无懈可击，达到高度的完整和统一，就是结构安排的基本要求。这里着重谈谈在一个段落中，句子与句子之间的逻辑关系问题。

刘勰《文心雕龙·章句》中指出：“启行之辞，逆萌中篇之意；绝笔之言，追媵前句之旨；故能外文绮交，内义脉注，跗萼相衔，首尾一体。”这就是说，句子与句子之间要上下衔接，前后贯通，使之严密地交织缀合在一起，组成一个天衣无缝的有机整体。要做到这一点需要注意以下几个问题。

第一，处理好领句与属句之间的关系。

“鸟无头不飞”，在一个段落中，或者在一个段落的各个层次中，领句是个头，是个纲，属句要在它的统领下排列组合，各就其位。因此，处理好领句与属句之间的关系，是使观点明确、眉目清楚、逻辑严密的一个重要问题。领句有时是一个段落的中心观点，例如：

五届人大三次会议的开法，也有很多革新，给人们留下了深刻的印象。中央领导同志同其他代表一起入座，不像过去那样，等代表们和主席团成员都入座后，才走上主席台，全场起立鼓掌。主席台上不挂领袖像，而是挂国徽……（《人民日报》1981 年 9 月 12 日社论《民主的大会，改革的大会》）

这一段文字的开头一句是领句，以下各句是属句。领句采取“首括”的方式，摆出全段文字的中心观点；属句围绕着领句展开，对中心观点加以阐述和说明。这样就使句子与句子之间有领有属，前后贯通，收到了良好的表达效果。

有的领句并不是全段文章的中心观点，而只是对属句起一种引领作用。例如，“需要说明的是”“应该指出的是”等。行文时究竟要使用什么样的领句，要视内容的具体情况而定。

以上说的是一个段落只有一个层次的情况。如果一个段落不止一个层次，而是由几个层次组成的，就需要在层次与层次之间搭桥接隼，连缀弥合，将全段组成一个严密的整体。要做到这一点，恰当地使用领句也是一个有效的方法（有时还可以使用关联词语，下边还要讲）。例如：

“三丈树”来自“手中枝”，诗句首先告诉人们种树的好处。小小的一枝树苗，一经栽种，扎根于沃土之中，“不见其长，日有所增”，累月经年，可以长成参天大树，造福于人类。这等好事，何乐而不为！（第一层次）常言道，“前人种树，后人乘凉”，为子孙后代计，为祖国现代化建设事业计，我们真应该多种些树。（第二层次）其实，对我们中的绝大多数人来说，今日种树，不久的将来就可以“乘凉”。现在有些人常常为了住房和家具的事伤脑筋，应该想一想，舒适的住房，实用的家具，哪一样离得开木材呢？与其“临渊羡鱼”，空自嗟叹，不如“退而结网”，多种几棵树。（第三层次）（《人民日报》1981年9月18日《请将“手中枝”育成“三丈树”》）

这段文字是以南宋诗人朱继芳的诗句“而今三丈树，元是手中枝”的诗句为由头，来论述栽种树木的好处的。文章不只写得生动活泼，而且逻辑性也很强。全段包括三个层次，各有其领句与属句。第一层次的领句，即开头的一句，概括地点出种树的好处，这也是全段的总论点；第二层次用“前人种树，后人乘凉”的谚语为领句，很自然地引出下文，进一步具体阐述栽种树木对于子孙后代和祖国现代化建设事业的好处；第三层次的领句直承上文，笔锋一转，指出栽种树木不只对子孙后代，而且对我们自己也是有好处的。全段文字内容上“内义脉注”，步步深入；语言上“外文绮交”，蝉联而下，真可谓周密无间，匠心独运。

第二，恰当地使用关联词语。

顾名思义，关联词是表明几个意思之间的相互关系，并把它们连缀起来的词语。在论说文中，这种词语是经常运用的。运用得好，就会收到语意贯通、逻辑严密的表达效果。正如《文心雕龙·章句》中所说的：“巧者回运，弥缝文体，将令数句之外，得一字之助矣。”这里所说的“一字之助”，主要指的是文言虚字之助，也就是关联词语之助。请看下边的例子：

我要声明：我在这里说的官僚主义的产生原因和克服方法，都没有说完全。（第一层次）而且以上所说的克服官僚主义的方法，一部分是可以较快做到的，有相当大部分并不是马上就可以做到的，这需要对我们的工作制度以至组织制度进行比较全面彻底的改革，因此需要一定的准备。（第二层次）但是既然我们下决心实现现代化，就必须下决心进行这些改革，否则我们的现代化计划必然被这些不合理的制度拖住后腿。（第三层次）

这段文字包括相互关联的三个层次。从第一层次到第二层次，表达的意思步步深入，用表示递进关系的关联词语“而且”加以标示；第三层次意思发生转折，用表示转折关系的关联词语“但是”加以连接。这些关联词语的恰当运用，不仅把各层意思之间的递进、转折等关系表达得清清楚楚，而且把各个层次紧联密锁，组织得周严细密，具有很强的逻辑性。古人说“看文字须看他过换过接处”，恰当地使用关联词语，正是使句子与句子之间“过换过接”的有效手段之一。当然，在语言的结构非常紧凑的情况下，有时关联词语可以省略，这就是所谓“暗转”“暗接”法。

关联词语除了上边提到的以外，还有表示条件关系的“只有……才能”，表示因果关系的“因为……所以……”，表示假设关系的“如果……就”等，要根据具体情况，恰当地选择和运用。

第三，灵活地运用修辞方式。

一般来说，修辞方式的作用在于增强语言的表达效果；但除此之外，有的修辞方式还能增进句子与句子之间的逻辑联系。我国古代的文章家是很注意这一点的。例如，孟子对“得道者多助，多助者必胜”的一段论述：

天时不如地利，地利不如人和。（蝉联）三里之城，七里之郭，环而攻之而不胜。夫环而攻之，必有得天时者矣；（蝉联）然而不胜者，是天时不如地利也。城非不高也，池非不深也，兵革非不坚利也，米粟非不多也；（排比）委而去之，是地利不如人和也。故曰：域民不以封疆之界，固国不以山河之险，威天下不以兵革之利。（排比）得道者多助，失道者寡助。（对偶）寡助之至，亲戚畔之；多助之至，天下顺之。（对偶）以天下之所顺，攻亲戚之所畔，故君子有不战，战必胜矣。（蝉联）

这一段灵活运用了三个蝉联句、两个排比句和两个对偶句，将句与句、层与层连接得十分严密，而且读来朗朗上口，铿锵有声，气势滔莽，具有排山倒海的逻辑力量。这种运用语言的高超技巧值得我们认真学习。

（吴庚振著《说理艺术漫谈》节选，获河北省哲学社会科学研究优秀成果三等奖。该书由河北教育出版社 1993 年 12 月出版。第一次印刷 3000 册，1995 年第二次印刷 5000 册。）

新闻评论中的“喻证法”

新闻评论以逻辑推理为主要手段，必须具有很强的逻辑性。但同时也应该看到，只是从概念到概念的推理，不仅无助于讲明道理，而且很难引起读者的阅读兴趣，更不用说产生良好的宣传效果了。新闻评论要讲求说理艺术，而形象说理是新闻评论说理艺术的重要组成部分。格里沙宁・罗吉诺夫在《怎样做报告》中说：“如果演说的说服力，要用具体的例证获得，那么演说的清晰，就要用比喻的方法获得了。认为比喻只是作家和诗人的事情而不是报告者的事情，这是错误的想法。”[①] 这就是说不仅文艺创作要用比喻，政论性文体也要注意适当运用比喻。我国清代的陶曾佑也说：“举凡宙合之事理，有为人群所未悉者，庄言以示之，不如微言以告之；微言以告之，不如婉言以明之；婉言以明之，不如妙比以喻之。”这两位中外学者都阐明了比喻在说理及说理文中的重要作用。形象说理在新闻评论中绝不是可有可无的调味品，而是说理的有机组成部分。

一、新闻评论为什么钟情于比喻

新闻评论钟情于比喻可以从以下几方面来理解。

① 张弓．现代汉语修辞学［M］．石家庄：河北教育出版社，1993：76.

一是新闻评论的政论性要求其恰当运用比喻手法，以使严肃的政论内容变得亲切生动。

新闻评论针对政治、思想等问题发言，许多重要评论直接代表媒体的立场和观点，因此带有很强的政治性和理论色彩。从本质上说，新闻评论的主题常常是基本的概念或判断，选题重大而严肃，抽象性很强。在这种文体的行文写作中，如果不讲求点形象性，一味板起面孔讲大道理，那就势必使读者感到枯燥乏味，味同嚼蜡。相反，如果恰当地借用比喻手法进行说理，效果就会好得多。大量实践证明：一个恰当的比喻可以收到“一石三鸟”之效：深入浅出，生动形象，发人深思。比如，《人民日报》“今日谈”专栏2002年6月22日的评论《营造温馨的鸟巢》，主要是讲我国加入世贸组织后，各地要营造良好的投资环境，吸引投资者。文章巧妙地引入形象，指出只有“营造出吸引人的温馨的‘鸟巢’，才能引来百鸟”。文章借用形象说理，何其生动有味！

二是新闻评论的新闻性要求其恰当运用比喻手法，以使说理既简洁，又明白。

新闻评论运用形象说理，也是由新闻评论的新闻性决定的。既称新闻评论，就必然带有新闻的特质——强烈的时效性。新闻评论的时效性要求它要迅速、及时地反映现实，因此，务必短小、精粹。同时，新闻评论又是涉及复杂的理论和现实问题的，如果单用抽象说理的方式，不但费时费力，延误时机，也很难在短小的篇幅内把道理讲清楚。如果巧借形象，妙用比喻，就会大大节约文字，率而成章。如《河北日报》2003年9月3日的评论文章《要有点曹刿精神》，讲的是每一个干部、群众都应有点曹刿精神，积极为社会发展和国家建设献计献策。

冀东某县一名农业技术员，经过上千次试验，成功摸索出一种能使反季节蔬菜增产20%的种植模式，却迟迟不敢向上级呈报，一怕人微言轻，二怕周围人讥笑。后在朋友的百般鼓励下，才呈报上去，结果很快被采纳并在全县推广，农民受益匪浅。

由此想到战国时期的曹刿，如果曹刿顾忌于乡人“肉食者谋之，又何间焉”的讥讽，怯于献策于鲁庄公，恐怕就没有长勺之战的胜利了。而今，我们国家正在全面建设小康社会，这是亿万人民的伟大事业，需要所有人的共同努力。我们每个干部群众都应有点曹刿精神，以主人翁的姿态为社会发展献计献策。同时，政府部门则要转变作风，广开言路，为广大干部群众提供施展才华的空间。

这篇评论不到300字，却讲明了每一位公民对社会应有的态度，真可谓言简意赅。文章运用讽喻手法，巧借曹刿进谏的故事，一挥而就，把道理讲得既简洁明白，又生动有味，时效性也很强。

三是新闻评论的受众特点要求其恰当运用比喻手法阐明事理，以使评论深入浅出，通俗易懂。

新闻评论的写作目的是让读者接受评论者所阐明的观点，这就不能不考虑新闻评论所面对的受众的特点。当前，大众传媒的受众范围很广。新闻评论要取得良好的传播效果，就要照顾到大多数受众的接受特点和接受水平。新闻评论借用形象，运用比喻说理，可以使抽象的东西具体化，深奥的道理浅显化，使受众乐于阅读，易于接受。例如，《人民日报》“每周论坛”专栏发表的署名“徐逊”的短评《搬家还得乱几天》，其主旨在于论说改革成功并非一朝一夕的道理。对这样一个政策性很强的论题，文章巧借比喻，以搬家之难比喻改革的不易，以搬家的麻烦比喻改革的复杂，以搬家难免有锅碗瓢盆的损失，比喻改革不会是一帆风顺的，难免会有失误，会付出代价。总之，以众所周知的搬家之理喻改革之理，使文化水平不太高的读者也很容易理解和接受。

四是从审美角度看，新闻评论恰当运用比喻手法，可以大大增强文章的艺术感染力。

新闻评论是说理文，讲明道理是它的基本任务和要求。撰写新闻评论不能像写诗歌、散文那样工描细刻，刻意求美。但是，丝毫不讲求艺术性，不追求美感，一味地空洞说理，是不能达到好的效果的。正所谓“言之不文，行而不远”。比喻由于具有一定的形象性，恰当使用，就会使新闻评论具有可触可感的艺术美。新闻评论以比喻烘托理境，把道理艺术化地呈现在受众面前，可以使读者在理解道理的同时，获得美感。《中国青年报》2001 年 9 月 20 日的评论文章《泥土对萝卜的眷恋》中有这样一段话：

共同犯罪，特别是重大经济犯罪，案犯之间盘根错节，各案犯的存在都以其他案犯为条件。借用“拔出萝卜带出泥”的说法，他们互为萝卜，又互为泥土。在这种情况下，“拔出萝卜带出泥”就不可避免。作为“萝卜”，自身难保，当然也保不了“泥土”。作为“泥土”，决不会心甘情愿地被“萝卜”带出来。因此，当执法人员“拔萝卜”时，“泥土”们会不惜一切代价予以保护，名为保护“萝卜”，实为保护自己。这就是泥土对萝卜的眷恋。

在这里，作者围绕所要说明的论点，选择萝卜和泥土的关系加以喻证，给读者以鲜明的印象。作品不仅形象生动地讲明了道理，而且很具有艺术感染力。

二、新闻评论中比喻的特点

比喻作为一种极富表现力的认知性辞格和重要的表现手法，较为广泛地运用于各种文体。但不同文体的功能、特点不同，写作要求也不尽相同，因而用喻方面也带有各自鲜明的个性特征。新闻评论以阐释和宣传党的路线方针政策、关注现实中的热点问题为己任，其用喻特点表现在以喻释理、与时俱进、依附性强、重在"神似"等方面。

（一）以喻释理

内容决定形式，这是写作任何文章的一条颠扑不破的真理。新闻评论是一种说理文，其说服力和感染力，首先要靠观点的正确。就像一般文章组织材料要为主题服务一样，新闻评论的取材也要紧紧围绕文章的中心论点，为论证论点服务。文艺作品中的用喻多通过细腻的刻画，着眼于表现作者丰富的情感。而新闻评论的用喻，或褒或贬，写人状物，都是服从于评论说理的需要，使评论在内容正确的基础上，增强说服性和感染力。比如，《河北日报》的新闻小言论《多送"钥匙"少当"保姆"》（2002 年 7 月 26 日），文章把党员干部实践"三个代表"重要思想，深入基层为农民服务的形式分为两类：一类是送钥匙式的服务，也就是为农民"指方向、带路子、送技术"；另一类是当保姆式的服务，"大包大揽""包办代替"。评论运用对喻的形式，巧妙自然地阐明了道理，启发一些党员干部认真思考怎样更好地为农民服务。

（二）与时俱进

旧事物、旧概念的不断消亡，新事物、新概念的不断出现，这是自然界和人类社会的共同发展规律。比喻的生成基础是本体和喻体这两个事物间的恰似点。另外，比喻的一个重要特点是求新。随着新事物的不断出现，评论者应该抓住新事物的新特征，寻找新事物与所要说明事理之间的新联系，生产出“刚出炉”的新鲜比喻。比如：“高校扩招对现行教育的挑战，不仅有‘硬件’（宿舍、教室等）方面的，而且包括‘软件’的不相适应。”（《高校扩招之后》，《中国青年报·冰点时评》）文章以现代社会的产物——电脑的“硬件”和“软件”来比喻高校扩招不仅带来宿舍、教室等的不相适应，也出现了师资等的短缺问题。这段话中的比喻具有很强的时代感，体现了比喻与时俱进的特点。

（三）依附性强

比喻，在文艺语体中不仅可以用于造句，还可以作为一种手段独立运用，创作出咏物抒情的诗歌、散文以及寓言、童话故事等。而在新闻评论中，比喻的基本功能在于说明。比喻在整个说理过程中起一种辅助作用，总是依附于一定的道理而存在。如果只靠比喻来进行逻辑证明，是难以产生无可置疑的说服力的。2004 年 4 月 12 日《工人日报》“钟鼓篇”发表了一篇题为《要“口碑”不要石碑》的署名评论，比喻与道理如影随形。其中最后一段是这样写的：

> 石碑虽然是有形的，但它却最容易从这个世界上消失。好坏自有公论，是非自在人心。最伟大的功绩存在于人民群众的“口碑”之中，是树在群众心中的丰碑。这块碑是无形的，但它比有形的石碑更有生命力。

作者把干部在人民群众中的良好口碑，比喻为在群众心中树立起一座丰碑。比喻以评论所讲道理为基础生发出来，并为道理服务。可以说，如果不依附于评论所讲的道理，再美的比喻也成了新闻评论不堪重负的垃圾。

相反，一个好的比喻，与评论的论述如血肉相连，与评论所讲的道理无间无隙，从而成为一篇新闻评论语言的精华，使评论的思想闪烁出熠熠光辉。

（四）重在“神似”

比喻在写人、状物、抒情、说理时，要找准喻体与本体的恰似点。而这恰似点，又有“形似”和“神似”之分。所谓“形似”，是指注重本体与喻体形状、颜色、声音等外在的、表面的相似，这是可以直接观察或感知到的。“神似”则是指本体与喻体内在的本质的相似，也就是在属性、气质、情理等方面具有相似之处。形似比较明显，神似则显隐不定，但在一般情况下，还是比较隐晦的。比喻的“神似”是更高层次的审美追求。一般来说，在某个具体的比喻中，形似和神似是高度统一的，只是“形”和“神”的显隐程度不同。有的比喻“形似”较为显著，有的则“神似”较为突出。对新闻评论的用喻来说，“神似”是运用比喻的基本要求。因为新闻评论用喻的目的是说理，只有“神似”，才能揭示出事物的本质。

“神似”要求作者有一定的洞察力，能够对事物经过认真的观察、分析之后，概括出理性的东西。比如，夏衍的《野草》这篇杂文，对野草是这样介绍的：

……你看见过被压在瓦砾和石块下面的一棵小草的生长吗？它为着向往阳光，为着达成它的生之意志，不管上面的石块如何重，石块与石块之间如何狭，它必定要曲曲折折地，但是顽强不屈地透到地面上来，它的根往土壤钻，它的芽往地面挺，这是一种不可抵抗的力，阻止它的石块，结果也被它掀翻，一粒种子的力量的大，如此如此。

没有一个人将小草叫作“大力士”，但是它的力量之大，的确是世界无比。这种力，是一般人看不见的生命力，只要生命存在，这种力就要显现，上面的石块，丝毫不足以阻挡，因为它是一种“长期抗战”的力，有弹性，能屈能伸的力，有韧性，不达目的不止的力。

种子不落在肥土而落在瓦砾中，有生命力的种子决不会悲观和叹气，因为有了阻力才有磨炼。生命开始的一瞬间就带了斗争来的草，才是坚韧的草，也只有这种草，才可以傲然地对那些玻璃棚中养育着的盆花哄笑。

在这里，作者没有单纯从形象上对野草进行细致的描写和刻画，而是抓住野草落地而生，克服阻力顽强生长的弹性和韧性着重阐述，从而讴歌了普通人民群众惊人而伟大的力量。这是用喻神似的典范。

三、新闻评论应用比喻的四重境界

构词、造句、说理单元及篇章是四个不同等级的语言单位。在新闻评论中，根据评论文章构思立论、议论说理的需要，比喻可以作为四种运用手段发挥作用。也就是说，比喻在新闻评论中的应用有四重境界：（1）比喻运用于新闻评论的构词，往往可以使评论词语更加准确、鲜明，更富有意象；（2）比喻运用于新闻评论的造句，则主要是作为辞格发挥作用，往往使句子更加形象生动；（3）比喻运用于一个说理单元，则不仅使句子形象生动，而且可以营造特定的理境；（4）比喻运用于整篇文章的构思立论，则主要是作为一种表现手法来运用，体现了比喻的谋篇和艺术表现功能，使文章富赡哲理。

（一）比喻应用于新闻评论的构词

比喻构词是新闻评论中一种常见的构词方式。请看下面几个例子：

1. 党中央的果断决策、科学部署、指挥若定、决战决胜，将大家的信心和力量高度凝聚起来，集中成一个战无不胜的铁拳。(《论九八抗洪精神》,《人民日报》1998 年 9 月 17 日）

2. 随着职业教育相应政策和职业学校改革的及时到位，职业教育地位就能得到改善，投入渠道就会增多，吸引力也将得到提高，高级技术应用型人才的断层就能在不远的将来得到平复。(《从高级工抢手看职业教育》,《文汇报》2001 年 11 月 21 日）

例 1 将党中央通过精心组织、科学部署等所凝聚起来的人民的抗洪精神比喻为一个“铁拳”。既简练，又恰当，表现出中华民族在困难面前强大的凝聚力，以及战胜洪水的决心。例 2 则用“断层”一词形象而精练地说明了我国高级技术应用型人才的短缺现象。

（二）比喻应用于新闻评论的造句

新闻评论为了增强说服力与感染力，常常采用比喻辞格构制生动精练、富有审美内涵的句子。请看下例：

1. 历史是千金难聘的老师，它宣讲的第一堂必修课就是：前事不忘，后事之师。(《五十响礼炮的蕴涵》,《人民日报》1995 年 9 月 4 日）

2. 市场好比一个大型的搅拌机，把各种资源投入这个大型搅拌机内，让它们在里面不断地运动。搅拌时间越长，资源越有可能做到均衡、合理地配置。(《政府到位与企业活力》,《文汇报》2002 年 3 月 13 日）

例 1 将历史比喻为一位老师，将“前事不忘，后事之师”比喻为它宣讲的第一堂必修课，用来说明吸取历史上的经验教训对我们的重要意义，既生动形象，又耐人寻味。例 2 通过把市场比喻为一个大型搅拌机，形象地说明了资源合理配置的重要性。这两个例句都是“比喻型”句子。

（三）比喻应用于一个说理单元

比喻还经常运用于评论文章的某个说理单元。

著书立说更应勇于自知。先知动机：是为名利所驱，还是“两为”奉献？再知所短所长：骐骥长于日走千里，猫狸长于善伏捕鼠。三知所用：犬守夜，鸡司晨。固执三不知，偏要鸡守夜，犬司晨，逞千里之能去捕鼠，则是倒行逆施，必然要“滑天下之大稽”。当代娱乐圈中“名人著书”大抵为骐骥捕鼠之类。(《中国青年报》2000 年 4 月 18 日)

这段文字中的比喻不是用于造词，也不是运用于某个语句，而是运用于一个说理单元中。用骐骥、猫狸、犬、鸡四种动物颠倒其各自所能，偏要“鸡守夜，犬司晨”，必然会“滑天下之大稽”，来比喻人有时候不能客观地看待自己，逞能去干一些与自己能力不相称的事。在这里，比喻的作用不仅是将语句表达得生动形象，而且把道理讲得通俗易懂，很有说服力。

（四）比喻应用于整篇文章的构思立论

比喻辞格还是评论文章构思立论的一种重要手段。

例如，《河北日报》“纵横谈”专栏 2003 年 4 月 23 日发表的《“接力赛”与“单程赛”》这篇评论，是针对有些地方干部在位期间不考虑上届领导班子的计划安排，“另起炉灶”，只顾创造自己的“业绩”的不正常现象进行批评的。文章不是简单地就事论事，而是巧妙地用比喻构思立论。

评论首先指出，地处黄土高原的甘肃省庄浪县，经过30年艰苦奋斗，硬是把穷山恶水变成了青山绿水，创造了世界奇迹，靠的是什么？是“一茬接着一茬干”“咬定青山不放松”的精神，是先后九届领导班子精彩的“接力赛”精神。评论进一步从反面论证，指出：

然而，也有一些领导干部上任之后，便出现了“一个将军一个令”：“你计划先修路，我提出先盖楼”，“你发展畜牧养殖，我号召种植果树”，你刚考核任用了一批干部，我又要重新考核任用干部……完全不考虑工作的连续性，不顾及事物发展的规律性，把“接力赛”变成了“单程赛”。结果往往是挫伤了各方面的积极性，劳民伤财，严重影响了工作和事业的发展。

这篇评论把一个理论性很强的问题讲得生动形象、谐趣横生，其整体构思就是用“单程赛”和“接力赛”这样一个比喻来实现的。

（选自吴庚振、要清华著《喻巧而理至——比喻在新闻评论中的应用研究》，河北大学出版社，2006年。该书系吴庚振承担的河北省社科基金项目的结项成果。）

报纸评论改革的排头兵

——《河北日报》言论专栏《杨柳青》复刊10周年述评

《杨柳青》是《河北日报》头版上的一个新闻性言论专栏，从1988年2月复刊开始，由储瑞耕同志主笔，于今走过了整整10年的历程。这10年是探索的10年，改革的10年。“面壁十年图破壁”，而今，大地已是杨柳青青，可以说这项改革取得了可喜的成果。

《杨柳青》言论改革的一个基本思路，是从历史悠久、积淀丰厚的杂文中吸取某些艺术技巧和表现手法，实现时评与杂文的有机融合，以改变言论的旧面孔，增强言论的可读性。储瑞耕坦言：体裁为文章的目的、功能服务，既然杂文能使读者喜闻乐见、入眼入耳入脑入心，那么就来点“融合”，来点向杂文靠拢，与杂文“杂交”，这是《杨柳青》体裁方面的一贯追求。

储瑞耕按照这个思路，在《杨柳青》这块园地上辛勤耕耘，泼洒汗水，不懈追求，奋力探索，取得了许多可资借鉴的宝贵经验。这些经验主要的可概括为以下八条。

一、敢于并善于触及热点问题

新闻评论担负着阐释和宣传党的路线方针政策、正确引导社会舆论的任务。要很好地完成这一任务，评论作者就应该正视矛盾，敢于并善于触及当前社会上的一些热点问题，帮助人们释疑解惑。《杨柳青》在这一点上做得是比较好的，这也是该专栏得到广大读者认可和欢迎的一个根本原因。新闻言论如果“遇到矛盾绕着走”“话到唇边留半句”，不关心群众的痛痒，不表达群众的呼声和愿望，那么这样的作品不管其表现形式如何讲究，读者也不会买账的。正如储瑞耕所说“较好地实现反映和引导的功能，就要敢于和善于担起传道、解惑、释疑的责任”“就不能回避现实生活中的矛盾和困难，人们思想上的疑点和难点”，这正是《杨柳青》10年来恪守的一个信条。

让我们简要回顾一下10年来《杨柳青》在一些重大历史事件、重要历史转折关头的“动作”。

1992年1月，邓小平同志发表了具有重大历史意义的南方谈话，此后，“抓住机遇，解放思想”很快成为热门话题。《杨柳青》不失时机地发表了《河北要大胆地朝前走》10篇系列评论，这些评论激情澎湃，言辞恳挚，成为激励人们解放思想的“鼓点、红旗、冲锋号”。

党的十四大提出建立社会主义市场经济体制之后，不少企业在这场深刻的变革面前感到茫然，困惑。《杨柳青》对症下药，及时发表了“战胜困难”系列通讯10篇，循循善诱地帮助人们提高认识，增强信心。这些娓娓而谈的通讯入眼入耳入脑入心，可说是名副其实的“书本、乐曲、软饮料”。

1994年当有些人对社会主义市场经济发生曲解，个人主义、利己主义、拜金主义恶性膨胀，广大群众呼唤加强精神文明建设时，《杨柳青》发表了《走近文明》系列，尖锐地抨击了一些不文明现象，成为针砭时弊的“匕首、投枪、解剖刀”。

1995年人们对少数领导干部与“大款”搞权钱交易的不正之风日益

不满,《杨柳青》迎风而上，连续发表了《就同“大款”交朋友事向领导干部进一言》系列，收到了振聋发聩之效。

1996 年职工下岗和再就业问题逐渐成为热点问题,《杨柳青》又及时推出《再就业六题》系列，击中了“社会上绷得最紧的那根弦”。

……

纵观 10 年《杨柳青》，可以看出它紧扣时代脉搏，坚持正确的舆论导向，评说现实生活中的微波巨澜，尽力唱出人民的心曲，较好地发挥了新闻言论的舆论功能。

二、到现实生活中去“采光”

文学创作需要深厚的生活积淀，为了奏出时代的乐章，就要深入生活，从生活中吸取艺术营养，这叫“采风”。新闻报道不允许虚构，于是记者们深入实际，了解情况，调查研究，这叫“采访”。写新闻评论，按照储瑞耕的基本经验就是“到现实生活中去，撷取一朵又一朵、一片又一片带着露珠的鲜花和嫩叶，编织成理性的花环，再献给读者”，我们不妨把这叫“采光”。这“采光”也是储瑞耕的概括，他说“同去一地采访，写消息写通讯的记者更关注动人的人和事，而我则更关注人和事中蕴含、闪现的思想之光”。

10 年间，储瑞耕几乎走遍了河北大地的山山水水。仅走马上任《杨柳青》主笔的 1988 年，他就通过采访写作评论 10 余篇。去沧州东风塑料厂采访，伴着该厂事迹写出了《可贵的“负债感”》；去张家口怀来采访，傍着怀来改革的热潮写出了《“磨不推自转”》；去黄骅县大麻沽采访，傍着大麻沽的变化写出了《大麻沽启示人们》……

这里有个认识问题需要解决：到现实生活中去能不能采到思想之光？当然，希望群众对某个问题一发言就很系统，很全面，一般情况下不太可能。但由于群众是实践者，他们对生活有切身感受，说出“闪光”的语言就不足为怪。这闪光的语言可能就是评论员百求不得其见的文章灵魂。1996年，河北大地遭遇30年不遇的特大洪灾，大水冲毁了山区人民辛辛苦苦建成的“经济沟”。面对洪灾，一些人对建“经济沟”一味抱怨、后悔。在这当口，储瑞耕去了平山县和灵寿县，他被灾区掀起的“恢复生产、重建家园”的热潮所感染，从灵寿县宣传部部长说的“学游泳喝了几口水不能因此就不再游泳”的话里得到启示，再联系报纸上刊出的涉县、平山县准备更科学地再建“经济沟”的设想，在《杨柳青》专栏发表了题为《天灾不认“后悔”》的评论。评论中“经济沟还要搞（只是要注意留足水道），‘唯力量和智慧，能胜天灾’”的主题，全来源于干部群众，甚至原话就是如此。

或许有人会说，这是不是个例呢？下面我们听听曾经写出《莫把开头当过头》著名述评文章的范敬宜同志的回答：

并非我个人有多高水平，恰恰是群众告诉了我应该这样写，他们说了一个“活”字，而我只是回顾并分析了“活”的含义，而这个“活”字我自己说不出来。能把三中全会的伟大概括得如此凝练的，唯有广大群众。文章发表后，反响很大。真可谓离基层、离群众越近，距真理越近。

在许多人的脑子里，总认为深入实际是写报道的记者们的事，而写评论，只要理论和政策水平高，又有现成的新闻报道做依托，就完全可以写好。这种认识是不符合评论写作规律的。原因有二。

第一，只有深入实际，才能使评论的针对性更强。有了大量的第一手材料，有了对“下头”的切身感受，不仅能使评论从整体上更有针对性，就连话说出来也更熨帖，更有分寸感，否则，必然让人感到“发飘”“隔靴搔痒”。

第二，只有深入实际，才能情注笔端。自己亲身经历的感受与通过间接材料的感受不可同日而语。有了现场感，才可以避免“死板”的通病。只有深入实际才能够学到群众生动绚丽的语言，也才能使评论写得更亲切，可读性更强。

三、以小见大，一石一鸟

杂文的内容十分凝练而集中，它所表现的是作者思想的某一闪光，智慧的某一火花，因此在取材上要求大中取小，以小见大，“借一斑略知全豹，以一目尽传精神”。杂文的这一特点被储瑞耕运用到新闻评论的写作中来，收到了很好的效果。

对党的优秀干部的歌颂，是《杨柳青》专栏的重要内容。既然优秀，就表现在很多方面，诸如人格高尚、完全彻底为人民服务、扎实肯干，等等。然而，储瑞耕的《人到别离时》没有从正面拉开架势去写，而是把这些优秀品质统统放在干部离任时的那一刻去表现。成功之处在于不是大处着手，而是大处着眼，小处着手，以小见大。李玉刚奉命调离辛集市郭西乡，干部群众敲锣打鼓、扶老携幼为他送行，许多人热泪盈眶，甚至有人哭得几乎晕过去。《杨柳青》的评论从这里开头，然后对比某些干部离任时的情形：人们要么不当回事，要么庆幸他赶快走人，要么包围上来让他还账。文章选取的是小角度，但说明的却是大问题。“在任一届，造福一方”“给群众留点想头”“干点实事，才能受群众爱戴”，这些道理，不是都在这别离时刻表现出来了吗？“一个人一个干部，不大可能几十年、一辈子只在一个地方、一个岗位，‘别离’总是有的……那么我们在别离之时，情形将如何，则也应当在事前就好生思量一番的。”评论有这么一个意味深长的结尾，使得主题更显深刻。一个别离场面全面展现出了李玉刚的优秀品质，又批评了某些不称职干部的不良行为，对如何“做官”发人深思，真是幅短意长，一箭双雕。

这种以小见大的文章要做好，关键是能否抓住一个大问题中最核心、最关键、最要害、最有表现力的那一点。在这方面，《人到别离时》的确抓得精彩。因为人到别离时常常是动真情的时刻，也是最有表现力的时刻。魏巍写的志愿军撤离朝鲜时的通讯《依依惜别的深情》之所以感人，道理也在这里。

《杨柳青》论证特色表现得更为充分的是一石一鸟。短论因其短，不像社论那样往往要解决数个问题，所以一般不采用全面包抄、八方火力的战术，而是集中优势兵力打歼灭战，精兵突击，中心捣毁。

还说《杨柳青》对优秀干部的歌颂，对马恩华与对李玉刚不同，这次是正面论证。因为涉及的问题比较多，便采取了系列评论的形式，一篇一个角度，一石打落一个“飞鸟”。《我们今天怎样做人》《我们今天怎样做干部》《我们今天怎样做党员》《我们今天怎样做企业家》，从马恩华所担负的四个社会角色着眼论述。如讲做人，就集中解决人生观问题；讲做干部，就集中解决“公仆心”问题；讲做党员，就集中解决奉献精神问题；讲做企业家，就集中解决开拓创新问题。一篇集中谈一个问题，心不旁骛。“伤其十指不如断其一指”，各个击破，才能取得彻底胜利。

四、构思立论，刻意求新

“文章最忌随人后”，对评论文章来说，仿佛更是如此。因为评论文章是说理的，里边没有跌宕起伏、引人入胜的故事情节，如果讲不出新的思想和见解，不能给人以新的启发和思索，谁还愿意去看呢？如果说，某些浅薄的通俗文学有时还有一定的“读者群”的话，那么，一篇毫无新意、死板老套的评论文章，就很难有这样的“读者群”了。因此我们可以说新意是评论文章的价值之所在、生命之所在，也是它的魅力之所在。刻意求新，是评论文章写作的一个首要问题。

《杨柳青》刻意求新首先表现在新题新作上。它的政治敏感是较强的，有一双洞察新事物、新问题的慧眼，所以在许多问题上能够先声夺人。比如，党的十四届四中全会做出经济体制改革的决策之后，一些企业面临如此大的转折畏缩不前，甚至被一时的困难所压倒。针对这种情况，《杨柳青》及时发表了“战胜困难”通讯篇，不仅起到了解疑释惑的作用，还吹起了向困难进军的号角，给人以振奋和鼓舞。

其次，它的刻意求新还表现在老题新作上。如果说新题新作不容易，那么老题新作就更不容易了。然而，有些老题目又是非作不可的。共和国40岁生日，这个老题目如何做？《杨柳青》选取了“四十而不惑”这样一个既贴切又新鲜的角度，让人拍案叫绝。共和国取得的成就，共和国所走过的历程，共和国如何面对未来的困难，都能从“不惑”两个字中获得论证。“不惑”就像一根红线将散乱的珠子串联在一起，使得中心突出，脉络清晰，层次分明，读后如一缕清风扑面而来，让人觉得异常爽快。

这里，我们主要谈谈《杨柳青》运用逆向思维以求新的问题。立意上的逆向思维是杂文作者不可少的。反过来说，杂文创作需要非常活跃的逆向思维。如果说“寂寞令人难受”是正向思维，那么“寂寞是金”就是逆向思维；如果说“男儿有泪不轻弹”是正向思维，那么“男儿也有泪”就是逆向思维；如果说“人穷志短”是正向思维，那么“人穷未必志短”就是逆向思维；如此等等。逆向思维产生过多少美妙的杂文啊！党报的新闻评论，是否任何时候都必须正向思维，不给逆向思维以空间呢？答案是否定的。从《杨柳青》成功的实践来看，党报评论员活跃的逆向思维，是使新闻评论出奇制胜的法宝之一。在《杨柳青》评论中，诸如《为“乡官”请命》《宣传自己》《失败了也是英雄》《换个角度看“学步”》《一个萝卜三个坑》《力有余而心不足》等近四分之一的文章都是逆向思维的产物。

逆向思维，从形式上看完全站在问题的反面论证，得出的结论自然与正向思维相反。但是，既然正向思维是传统思维，它就不可能完全没有道理。而逆向思维与正向思维相反，也只是相对的，它往往是对正向思维的补充，不是对正向思维的完全否定。也就是说，站在某个角度，正向思维得出的结论有道理，而站在另一个角度，逆向思维得出的结论也有道理。例如，传统思维历来不主张宣传自己，有贬义民谚“王婆卖瓜，自卖自夸”和褒义俗语“酒香不怕巷子深”为证。能说这些传统思维不对吗？然而，任何事物都是辩证的，真理再向前走一步就成为谬误，这就为逆向思维留下了广阔的空间。《宣传自己》这篇更具现代意识的评论也就有了立论的根基。再如《力有余而心不足》，就是“心有余而力不足”的反对。生活中，人们经常用“心有余而力不足”为自己干不成某事开脱。事实上也有“心有余而力不足”的情况，这也就证明此言并非搪塞之词。但某些人特别是某些干部将“心有余而力不足”作为不想做某事的万能盾牌的情况也不少。文章以逆向思维立意，尖锐地指出这分明是“力有余而心不足”。结尾处，作者写道：

举凡利于他人之事，利于众人之事，利于改革大业之事，利于大自国力、小至企业之力强化之事，千万不要动不动来一句“心有余而力不足”的话去一推六二五，多一层再多一层有心、用心、有力、用力去办才是最好。

此番以逆向思维写成的评论，应该说是很精彩的。

五、富含知识、联想丰富

一篇优秀的杂文，篇幅短小但内容却不单薄。那些著名杂文家都是知识渊博、学养深厚的人。鲁迅先生“脑子里总是储备丰富，无论古今中外、大小题目，他都应付自如”。邓拓不仅是政论家，还是诗人、散文家、书法家、鉴赏家、清史专家。可见，杂文可读性强，与作者广博的知识是分不开的。新闻评论与杂文相融合，就要学习杂文富含知识的特点。

在新闻单位，记者往往有基本分工，而评论员由于人手少，一般没有分工。面对纷繁复杂的社会生活，评论员对问题的分析不仅要求有理有据，而且要生动形象、入脑入心，没有广博的知识，恐怕难胜其任。知识面广，可以找到评论的“由头”，可以展开丰富的联想。不知道“邯郸学步”的典故，也就不会有《杨柳青》的《换个角度看“学步”》。

另外，知识面广，还可以使评论较少绝对化和片面性。因为知道的事物多了，就能把握事物发生的各种可能性，容易理解意外或反常事物的存在。知识面广的评论员即使论述某个比较复杂的问题，也可以纵横捭阖，旁征博引，增强评论的可读性和感染力。知识面广甚至可以帮助作者确定一种较好的论证方法。储瑞耕的《蛙的喝水与鸽的哺乳》这篇文章，似乎只能先介绍这两种功能的独特之处，再得出形式为内容服务的道理，之后再以此类推，告诫人们尤其在经济建设领域不要总犯形式主义的老毛病。总之作者知识丰富，写起文章来才能游刃有余，也才能达到运斤成风之妙。

储瑞耕本是写杂文出身，知识丰富，正好在《杨柳青》中找到了用武之地。我们粗略统计了一下，仅写在老年节的《且喜黄花晚节香》这篇不足 800 字的短文中，就包含了七八个知识点。它们是毛泽东的词句“岁岁重阳，今又重阳”，王维的七绝“独在异乡为异客，每逢佳节倍思亲。遥知兄弟登高处，遍插茱萸少一人”，孟夫子的“老吾老，以及人之老；幼吾幼，以及人之幼；天下可运于掌”，孔夫子的“其为人也，发愤忘食，乐以忘忧，不知老之将至”，宋代女诗人朱淑真的颂菊诗句“宁可抱香枝上老，不随黄叶舞秋风”，韩琦的咏菊诗句“虽渐老圃秋容淡，且看黄花晚节香”。还有《国际歌》作曲家狄盖特不接受苏联的“终身养老金”而宁肯当一名街灯工人的故事。真是古今中外，诗词文赋，令人目不暇接。试想，这些知识的恰当运用，该使文章多么丰富，多么亲切，多么生动，多么富有情感！相反，去掉这些知识，文章还剩什么？那该多么苍白，多么干瘪，多么枯燥！

六、议论说理，形象生动

杂文是一种文艺性的社会论文。这里的文艺性，主要指的是形象性，而不包括文艺作品可以虚构的意思在内。这种形象性，完全应该被借用到新闻评论中来，以增强其可读性。

《杨柳青》借用杂文的形象性大致有三种情况。

第一种是以一个整体形象贯穿全文，类似毛泽东同志的《帝国主义和一切反动派都是纸老虎》。如“战胜困难”系列评论第四篇《飞鸟与笼子与树林》。作者首先把市场经济体制比作“树林”，把计划经济体制比作“笼子”，把企业和职工比作“飞鸟”，紧接着论证了三者之间的关系。随后作品分析了飞鸟出笼后的各种情形以及感觉“困难”的原因，最后鼓励飞鸟勇敢地飞进树林，战胜困难。这篇杂文味很浓的评论，形象一贯到底，全篇都很精彩。请看作者如何论述三者之间的关系：

以往多少年通行计划经济体制，好比飞鸟在精致的鸟笼里，饿了有人喂小米，渴了有现成的瓶子水在，也不用飞翔也不用找。随着改革的深化，全社会逐步通行市场经济体制，企业和职工这些大小飞鸟统统被从笼子里放了出来，进入了大树林，没有了现成的粮食、小虫和饮水，统统要自己去寻找。不仅如此，树林中还有不少飞鸟的天敌，时时威胁着它们的生命。于是，鸟儿们的生活、处境就各不相同了。有的很快适应了新生活，成了胜利者，不仅活下来，而且活得比在笼子里不知好多少倍！有的正在艰苦地学着适应新生活，有的则一味在那儿痛苦、哭泣，不认真想法子求生存。而有少数，因笼中的岁月久了，养成了懒惰、愚蠢，完全不会找食，只有饥饿而死。

我们看，一个非常严肃的大道理讲得何其生动有趣，何其深刻隽永！

第二种情况是为说理随时借用形象。这在《杨柳青》评论中随处可见。比如，用战国名将吴起与士卒最下者同衣食，为长疮的士兵吮脓，从而获得士兵的爱戴，说明得人心者得天下的道理；用拒绝接受曾经当过妓女的外籍华人捐款，讽喻所谓“正名”的迂腐；用“阎王爷不给一生连百姓的水都没有喝过”的官员以奖赏，证明无功就是过；用“枣花虽小能结实”，力劝乡镇企业家不必妄自菲薄；如此等等。

第三种情况是通篇以议论为主，点出形象而不展开形象。它的形象性主要体现在语言的传神、形象和生动上。如在谈到舆论监督难的时候，作者写道："假若监督者缺乏热情，或畏首畏尾，噤若寒蝉，遇事每每如徐庶进曹营，就谈不上监督。要是被监督者对各种意见置若罔闻，或有霸王作风，你稍有监督之言出，他即雷霆大发，一跳八丈高，甚而至于给你一双双小鞋穿，也就谈不上监督。"这段话实际上涉及多个形象，诸如"噤若寒蝉""徐庶进曹营""霸王作风""雷霆大发""一跳八丈高""穿小鞋"等，虽然哪一个也未展开，但合起来非常传神、生动，也很形象。

七、不拘一格，多姿多彩

《杨柳青》既像个人署名又像专栏名称，还有点"本报评论员"的味道，真如储瑞耕所说"不伦不类"了。然而，正是这"不伦不类"，使《杨柳青》打破了某些定式，突破了某些框框。作者根据内容，或根据行文的方便，大胆借用多姿多彩的杂文形式，或写成"杂感式"的评论，如《国庆节通想》《"四感"之感》等；或写成"随笔式"的，如《乡村随笔》系列；或写成"对话式"的，如关于形势的对话系列；抑或写成"通信式"的，如"战胜困难"系列通讯；或写成"点评式"的，如《对宫家庄一份总结的评点》等。实践证明，这一改革是成功的。

所有这些变式，除给人以新鲜感之外，主要是追求亲切、自然。它一改一味的灌输为平等的交流，尊重读者，因而拆除了读者接受心理上的屏障。列宁当年提出灌输的思想有其历史原因：一是马克思主义在俄国还没有取得合法地位，二是真正懂得马克思主义的人很少，三是很难见到马克思、恩格斯的著作，四是人们的文化水平低。在这种情况下只有从外面灌输才能使马克思主义迅速得到普及。即使是现在，我们也不能说灌输完全过时了。但是人们经过了十几年的学校灌输而走到没有围墙的社会上来之后，还是一味地强调灌输，恐怕就不合时宜了，非要那么做，也不会收到好的效果。储瑞耕深谙此理，他说："写《杨柳青》，我始终警告自己不可以板起面孔，正襟危坐，非常之严肃，而是要取同读者完全平等的地位、姿态，是商讨，是谈心。固然有阐述，有理论，更要有体会，有心得，是仅供参考，也可是聊作欣赏。"

爱国主义教育是永恒的主题。10年间，《杨柳青》就国庆节发表过五六篇文章，基本上都是杂感式的。抒爱国之情，立爱国之志，必须是文章的主题。讲这些大道理，杂感式有优势。一家之言，一得之见，没有强迫谁非接受不可的意思。但是，一家之言如果讲得入情入理，娓娓动听，有时比什么权威之言更容易感染人。如何看待表现形式也是如此，谁如果采取居高临下的灌输方式，弄不好还会诱发逆反心理。《杨柳青》采用对话的形式，变一对众为一对一，变结论式为讨论式，就易于让读者接受。

八、发射集束性炮弹，营造舆论强势

靠自然来稿所办的言论专栏，其作者往往是一个作者群，它的优势是能集百家之长，选稿余地大，缺陷是对某一重大或复杂问题难以全面、系统地论述。这一缺陷被《杨柳青》言论专栏克服了。它既保留了署名文章灵活多变的优势，又容易形成风格，还可以对某个"据点"发射集束性炮弹。10年间，《杨柳青》专栏共发射这种集束炮弹17束（17个系列），每个最少3发，如谈增强"国旗意识"系列。最多时15发，如谈"河北要大胆地朝前走"系列。

《杨柳青》言论每篇在千字左右，而千字文最适合一石一鸟，这一点我们在前面已经谈到。而发射集束性炮弹式的评论，则可以对某一问题做较全面、较系统、较深入的阐述。例如，1995 年 8 月《杨柳青》发表《就同“大款”交朋友事向领导干部进一言》一文后，省内外读者便向报社发来电传，建议再深入写几篇，于是形成“大款”问题系列评论。第一篇可谓提出了一个十分严肃的话题，还不能算多么深入，而后面的几篇，又分别从干部心态、人格尊严、大款类型，以及提倡交“穷亲戚”“穷朋友”等方面条分缕析，一篇一个侧面，合起来是一个整体。这组评论获得年度河北省新闻奖一等奖，其中首篇获第六届中国新闻奖二等奖。《人民日报》刊文称该文“如暮鼓晨钟，既振聋发聩，又启人心扉”。

当然，《杨柳青》评论还不能说尽善尽美。有的文章其表现形式生动活泼，但似乎还不够老辣，不够厚重，还缺乏高屋建瓴的风格。但无论如何，《河北日报》以《杨柳青》为试验田，对党报言论进行改革的思路是值得肯定的。

（与李广增合作。该文在河北日报社于 1998 年 3 月召开的纪念《杨柳青》复刊 10 周年全国学术研讨会上宣读。《采写编》1998 年第 3 期刊载，标题为《一个改革思路，八条基本经验》。本书收录时有删改。）

关于新闻评论文风的几个问题

新闻评论以其鲜明的时代特征总是领风气之先，总是鲜明而集中地反映着一个时代的文风面貌。对新闻评论来说，优良的文风，准确生动的语言，不仅可以增强自身的宣传效果，而且对于影响和带动一个时代的文风乃至社会风气都具有重要作用。

一、树立马克思主义文风

文风作为一种社会现象，是时代精神和社会风气在文章中的反映。文风虽然常常通过一定的语言形式表现出来，但它绝不单纯是语言形式问题，而是内容和形式统一的产物。一个时代的文风则是一定时期具有普遍性、稳定性的文章现象。

文风具有鲜明的时代特征。鲁迅先生在《魏晋风度及文章与药及酒之关系》一文中谈及汉末魏初时期文坛上的清峻、通脱的文风时说：

董卓之后，曹操专权。在他的统治之下，第一个特色便是尚刑名。他的立法是很严的……因此之故，影响到文章方面，成了清峻的风格——就是文章要简约严明的意思。

此外还有一个特点，就是尚通脱。他为什么要尚通脱呢？自然也与当时的风气有莫大的关系。因为在党锢之祸以前，凡党中人都自命清流，不过讲“清”讲得太过，便成固执，所以在汉末，清流的举动有时便非常可笑了。

什么是“通脱”呢？鲁迅解释说：“通脱”即随便之意。此种提倡影响到文坛，便产生大量想说什么便说什么的文章。

尚刑名而清峻，废清流而通脱，鲁迅先生深刻地分析了魏晋时期的文风特点和产生这种文风的原因，说明了文风与一定的政治和社会风气的关系。

文风是随着时代和社会的发展而不断变化的。葛洪认为，古代文风尚纯朴，后来文风爱雕饰，这是时代、社会发展变化的自然之理，即所谓“时移世改、理自然也”。刘勰在《文心雕龙·时序》中说“时运交移，质文代变”“文变染乎世情，兴废系乎时序”，说的也是这个道理。明清时期封建统治者为钳制人民的思想，窒息革命的精神，规定科举考试必须作八股文，所谓“八股取士”，因而八股文风又盛行于一时。在维新变法时期，这种八股文风不适应当时社会求新求变的思潮，于是以梁启超为代表的资产阶级维新派为了政治斗争和思想斗争的需要，创造了一种新文体——“时务文体”。这种文体“纵笔所至，略不检束”“务为平易畅达，时杂以俚语、韵语及外国语法”“条理清晰，笔锋常带感情”[①]。这一发展变化也说明了文风和时代密不可分的关系。

文风是作者的思想观念、思想作风、思想方法的综合反映，是作者世界观的一种表现。马克思引用布封的话说：“风格就是人。”毛泽东同志在《反对党八股》一文中指出：“党八股是藏垢纳污的东西，是主观主义和

① 夏晓虹编．梁启超文选（下）[M]．北京：中国广播电视出版社，1992.

宗派主义的一种表现形式。”古人对这个问题也有精辟见解。唐代诗人白居易曾说：“言者志之苗，行者文之根。所以读君诗，亦知君为人。”

文风与个人风格既有联系，又有本质的区别。个人风格是作者独具的精神特点和写作技巧在文章中的综合表现，具有稳定的个性特征。从任何文章的写作都应该有鲜明的个性来考虑，个人风格总是具有一种审美的价值，或者说个人风格本身就是一笔财富。因此，在风格问题上我们主张“百花齐放”，提倡多样化。而文风则不然。文风总的来说只有两种，一种是马克思主义的优良文风，另一种是非马克思主义的恶劣文风。我们提倡的文风当然是前者。一个时代的文风是形成个人风格的普遍性基础，是个人风格成长和发展的“催化剂”，而独具特色的个人风格又会给时代的文风以巨大影响。梁启超的政论文章作为“时务文体”的典型代表，不仅在清末的维新运动中风靡一时，备受推崇，而且对辛亥革命和五四时期的报刊文风产生了很大影响。毛泽东同志的政论文章也有鲜明而成熟的个人风格，成为马克思主义文风的典范，对于半个世纪以来文风影响之巨大，是尽人皆知的。

文风作为社会上普遍性、倾向性的文章现象，一经产生，便在反映时代面貌、社会风气的同时，给其以反作用。毛泽东在《反对党八股》中谈到老八股对国家人民的危害时说：“如果‘五四’时期不反对老八股和老教条主义，中国人民的思想就不能从老八股和老教条主义的束缚下面获得解放，中国就不会有自由独立的希望。”讲到党八股的害处，毛泽东同志又说：“党八股这个形式，不但不便于表现革命精神，而且非常容易使革命精神窒息。”对于革命事业和国家人民，坏的文风能造成严重的危害，而良好的文风则能起巨大的积极作用。所以毛泽东还指出：“要使革命精神获得发展，必须抛弃党八股，采取生动活泼新鲜有力的马列主义的文风。”只要这种新的文风获得了充实和普遍的发展，“党的革命事业，也就可以向前推进了”。

20 世纪六七十年代，以“四人帮”为代表的“帮八股”文风，用貌似革命的词句，贩卖反动思想，为他们篡党夺权的卑鄙图谋和政治野心效劳。那一段时间“帮八股”文风的流行，产生了极其恶劣的影响，对于政治生活、社会风气都有极大的破坏作用，这是人所共见的事实。

毛泽东同志从整顿党风、改进工作的角度，提出了马克思主义文风的基本要求：“文章和文件都应当具有三种性质：准确性，鲜明性，生动性。”所谓准确性，指的是实事求是、恰如其分地反映客观事物，包括观点正确，说理全面、客观，材料真实可靠等。所谓鲜明性，首先指的是作者赞成什么，反对什么，爱什么，恨什么，观点明确，态度明朗，也包括一篇文章内容集中、中心思想突出等。所谓生动性，指的是文章能够吸引人、感动人的种种因素，包括语言生动有味、深入浅出、结构张弛有度等。新闻评论工作者应该按照“三性”的要求，努力树立马克思主义的优良文风。

二、准确简洁

语言是文章写作的工具和手段，文章就是书面语言的组织化、系统化、整体化，即所谓写文章“因字而生句，积句而为章，积章而成篇”（刘勰《文心雕龙·章句》）。但不同的文章体裁对语言有不同的要求，新闻评论的语言也具有自己的一些特殊要求。其中，准确简洁就是要求之一。

语言准确简洁，就是要求选用准确贴切的词语，表达明确的概念，造出恰当的句子，做出合乎逻辑的判断和推理。准确简洁的语言是对所有文章的要求，而对新闻评论尤其如此。因为新闻评论具有很强的政治性和指导性，常常就党和国家的路线方针政策、群众的思想和工作发言，一旦发生偏差，往往会产生严重后果。

要将某个观点、某种意见表达得准确简洁，合乎分寸，通常是在概念前边加上适当的限制词来实现的，逻辑学上称为“概念的限制”。概念加上限制，它适用的范围就缩小了，表达的意思也就更加精细和准确。

概念的限制是多种多样的，归纳起来主要有以下四方面。

（一）限制概念的量

大千世界的客观事物，都是有区别的，这首先表现在量的差异。因此，我们在做判断的时候，应该注意量的界限，严格分清多数和少数、部分和全体，分不清楚，就会产生片面性。例如，有这样一句话：“由于长期在缺乏竞争的体制下工作，下岗职工缺乏竞争意识，对就业形势的严峻程度和就业市场的风险认识不足，从而在心态和行动上都显得十分被动。”这句话就没有分清量的界限，因而具有片面性。因为缺乏竞争意识的下岗职工总不会是全部，而是一部分。如果在“下岗职工”前面加上“许多”，把这句话改为“由于长期在缺乏竞争的机制下工作，许多下岗职工缺乏竞争意识，对就业形势的严峻程度和就业市场的风险认识不足，从而在心态和行动上都显得十分被动”，就比较恰当了。又如有一篇文章在论述形象思维问题时说：“文艺创作运用形象思维，而评论写作则运用逻辑思维。”这句话就混淆了部分与整体的界限，因而也具有片面性。事实上，文艺创作不只运用形象思维，同时还需要逻辑思维；评论写作主要运用逻辑思维，但有时也需要有点形象思维，至少杂文的写作是这样。如果注意一下量的界限，把这句话改为“文艺创作主要运用形象思维，而评论写作则主要运用逻辑思维”，可能就比较恰当些。

限制概念的量的词有很多，如“全部”“很多”“有些”“少数”“极少数”“极个别”等，应该根据所表现的事物的不同情况，精心挑选和使用。

（二）限制概念的质

量和质是对立的统一，没有量就没有质，任何质又都体现着一定的量。因此，我们不但要掌握概念的量的界限，还要掌握概念的质的界限。要使概念的含义准确而精细，不致使人发生歧义或误解，往往也需要对概念加上适当的限制词。请看下边这两句话：

1. 建立市场经济体制是一个新课题。

2. 建立社会主义的市场经济体制是一个新课题。

这两个判断都在说明市场经济是新课题，但稍加比较就会发现，第二个判断比第一个判断更精细、更恰当一些。因为从世界范围来看，许多国家市场经济体制早已确立，市场经济体制对这些国家来说已经不是什么新课题，而是“旧课题”了。所以，第一个判断因失之笼统而容易使人产生歧义或误解。第二个判断在“市场经济体制”前边加上了“社会主义（的）”这样的限制词，严格规定了“市场经济体制”这一概念的特殊含义，表达的意思就十分周严和精密。

（三）限制概念的程度

客观事物除了有量和质的差异之外，有的还有程度的差别。要把一个意思表达得精确和恰当，有时候还需要对表示程度的概念加以适当限制。比如，对某一事物做肯定的评价，可以说“好”“比较好”“很好”“极好”等，做否定的评价则可以说“不好”“很不好”“很坏”“极坏”等，这些都表示肯定或否定的不同程度。例如，有这样一句话：“国民经济迅速发展，综合国力显著增强，人民生活明显改善，社会主义市场经济体制正在逐步建立，对外开放总体格局基本形成，各项社会事业取得巨大成绩。”这句话中，“迅速”“显著”“明显”“基本”“巨大”等词语运用极有分寸感，表达的意思十分恰当而严密。

对表示程度的概念加以限制，有时还具有一种强调的意义。请看下边这一句话：

闭关锁国是完全错误，十分有害的。

这里的“完全”和“十分”，虽然也表示出错误和危害的程度，但主要是具有一种强调的意义。如果把这两个限制词去掉，在逻辑上并没有什么不周到的地方，不过给人的印象就浅淡得多了。

（四）限制概念或判断的条件和范围

任何一个事物都依存于一定的条件和范围之中。同样一个事物，在此时此地是一种状况，而在彼时彼地就可能是另一种状况。因此，在使用概念的时候，或者在对某种情况做出判断的时候，有时还需要指出它依存的条件和范围，这样才能确定它的精确的含义。比如，“凡是领导关心群众生活的地方和单位，群众的劳动热情就高涨”这一判断，就限定了群众劳动热情高涨的范围：“领导关心群众生活的地方和单位”。如果不限定这个范围，也就不会使读者对这一判断产生确切的理解。当然，在不致使读者发生误解的语言环境下，这些限制性词语是可以省略的。

限制概念或判断的条件和范围，通常是用附加语的形式来表达的，例如，“在当前的情况下”“在那种条件下”“凡是坚持按劳分配、优劳优酬的地方”“凡是领导班子年轻化专业化的单位”，等等。

对概念进行恰当的限制，是新闻评论写作中一个十分重要的问题。我们常说写文章要字斟句酌，这里的“斟酌”就包括挑选对概念最恰当的限制词在内。新闻评论工作者应该在评论工作实践中刻苦锻炼严密的逻辑思维能力，力求将评论的内容表达得分寸恰当、精确无误，切不可马马虎虎、草率从事。

三、深入浅出

新闻评论语言的另一个要求是深入浅出。深入浅出就是将深刻的道理用通俗易懂的形式表现出来，使受众容易理解和接受。新闻评论是面向广大群众发言的，而群众的文化水平是参差不齐的，评论要吸引更多的受众，并让他们喜闻乐见，在表现形式上就应该力求深入浅出。

（一）深入浅出的前提

日常生活中我们常常有这样的体会：当述说自己所熟悉而又是经过自己深思熟虑确实理解了的道理时，往往就能用明白易懂的语言将其说出来，并且滔滔不绝。相反，当述说自己所不熟悉，或者一知半解的事物时，就感到特别吃力，而且往往词不达意，捉襟见肘。同样道理，要使新闻评论写得深入浅出，首先必须吃透所评论的内容，在广阔的社会关系和历史背景中审视它，把握它，纵横捭阖，见微知著，透过现象抓住事物的本质与核心。

美国 20 世纪最负盛名的政论家、主持纽约先驱论坛报《今日与明日》专栏达 36 年之久的李普曼，写评论便是一位深入浅出的高手。《李普曼传》的作者罗纳德·斯蒂尔认为李普曼的“卓越成就归功于两种品质：一是他的头脑能够冲破纷争竞斗的迷雾把握住形势的本质，二是他的文体极为清晰明了”。李普曼的这两种品质是有内在逻辑联系的：“把握住形势的本质”是文体“清晰明了”的前提，而文体的“清晰明了”则是“把握住形势的本质”的一种外化形式。李普曼本人则认为：“必须对所论述的内容完全精通，这样就能以非常简明易懂的方式加以表达。”说的也是同样的道理。

（二）以平等的态度对待受众

由于新闻评论具有很强的政治性和指导性，往往代表编辑部、代表同级党委发言，因而评论工作者有时会自觉或不自觉地流露出官腔官气，以至一开口便是硬邦邦的训导之词，摆出一种“我说你听”“我打你通”的姿态。这种评论的表现形式必然是死板僵硬、晦涩难懂的。所以，毛泽东《在中国共产党全国宣传工作会议上的讲话》中告诫我们：“当着自己写文章的时候，不要老是想着‘我多高明’，而是要采取和读者处于完全平等的态度……你的架子摆得越大，人家越是不理你那一套，你的文章人家就越不爱看。”以平等的态度对待受众，这对评论工作者来说显得尤为重要。唯有如此，评论才能深入浅出，让群众喜闻乐见。

要以平等的态度对待受众，就要与受众多交流、多沟通。现在的受众与过去的不同，他们不再是单纯的聆听者，而是要充当参与者；不再只是被动地接受，而是常常有自己的见解。他们希望作者是“自己人”，希望能够平等地与作者讨论问题，进行交流。

例如，1996 年 9 月 7 日中央电视台《东方时空》栏目播出的评论节目《住房梦何时圆——买房不如分房》，在分析买房与租房以及房改问题时，采用的就是交流、沟通的说理方式。节目一开始主持人就是在和观众亲切地聊天：

这两天我们一直在谈房子的话题，那么现在我们来做一个假设。假设现在居高不下的房价已经降下来了，假设现在住房贷款规模扩大了，再加上今年的两次利率下调，那么人们买房的积极性是不是就被刺激起来了呢？也未必。

紧接着，主持人语气一转，开始分析为什么人们买房的积极性不高，因为买房不如等着分房，进而指出症结所在：

那么买房不如租房的现状如果不解决，住房低租金福利分配制度如果不扭转的话，住房市场就很难建立，更难以形成良性循环。这就涉及一个让人头疼又不能不谈的话题，这就是房改。

随后又开始谈房改，分析房改是一项极其复杂的工程，牵动着方方面面，但又将形成一个新的经济增长点。这一说理过程，完全采用的是一种交流、沟通的方式，话语贴心感人。节目中，主持人采用第一人称“我们”，也有利于缩短与受众的距离，在亲切的交谈中将要阐述的道理娓娓道来，更易收到良好的说理效果。

要使评论深入浅出，还需要不断地了解受众，研究受众。要了解不同受众群体的特征。不同的媒体有不同的受众定位。综合性报纸、广播电台、电视台有面向全国的，如《人民日报》、中央人民广播电台、中央电视台；有面向地方的，如《河北日报》、河北人民广播电台、河北电视台。近年兴起的专业频道则面向不同的受众群体。这些不同的受众群体在职业、文化水平、社会角色、社会心理，乃至行为方式、习惯用语等方面，都有一些差异。评论工作者应该了解这些差异，研究这些差异，满足他们不同的需求，为他们提供特色鲜明、“色香味”俱佳的“自助餐”。

（三）语言要通俗易懂

要将某个道理阐述得深入浅出，让普通受众易于接受，就需要尽可能使用通俗易懂的语言，切不可矫揉造作，故弄玄虚。杰出的报刊评论家邹韬奋从接办《生活周刊》开始，就明确提出：“本刊力避‘佶屈聱牙’的贵族式文字，采用‘明显畅快’的平民式文字。”也正是这种“明显畅快”的文风，使他的政论成为黑暗中照耀读者的火炬和鼓舞读者前进的号角。他发表于1928年8月12日《生活周刊》上的《肉麻的模仿》一文，就写得极为通俗易懂。这篇评论开头先退一步承认：“有意义的应需要的小模仿反是一件极好的事情……”然后指出：“但是无意识的模仿，便有不免令人肉麻的地方。”划清了二者的界限，极具辩证性。接着叙述了文化界的三件事——书名的模仿、标题的模仿、刊物排印格式的模仿，进而由此及彼论及商业界的竞相仿效开设交易所、跳舞场和理发店三件事，以此六件事表明盲目模仿的普遍性和严重性。最后得出结论：“我们以为无论做人做事，宜动些脑子，加些思考，不苟同，不盲从，有自动的精神，有创作的心愿，总能有所树立，个人和社会才有进步的可能。”

这篇短论用浅显生动的语言，将社会的发展和进步需要创造精神与革新朝气这个深刻道理表达得淋漓尽致。

广播电视评论，由于线性的传播特性以及受众文化水平的限制，其语言更要求通俗易懂。例如，1996年2月27日中央电视台《东方时空》播出的《领导“傍大款”》中有下面这样几段话：

观众朋友，这是个“傍”字，在《现代汉语词典》中是临近、靠近的意思，一般在组词的时候都用傍晚或傍黑，可是现在这个“傍”字又被大大地利用了一下，有了一些新词。比如说，“傍家儿”，还有“傍大款”，它就有了比临近、靠近更亲密的意思。那么“傍大款”往往指一些女孩依附于一些大款，用美貌换金钱，周瑜打黄盖，一个愿打一个愿挨。老百姓虽然对这种“傍大款”的现象嗤之以鼻，但是似乎也没有什么办法。可是现在“傍大款”又有了发展，就是说不光有小姐傍大款，还有了这个领导傍大款。……

领导“傍大款”这种现象，一般都是这样出现的：先是领导干部利用权力和大款结交以希望自己得到实惠，然后有一些大款呢，在自己的经济实力慢慢达到一定程度之后，他就想靠近权力，以便自己有个靠山，于是钱权成交。那么“傍大款”这种现象最大的危害在于一些领导干部本来应该身为公仆，但是在傍了大款之后，吃人家的嘴软，拿了人家的手短，慢慢地就滑进了腐败的群落里，让老百姓深受其害。那么在领导“傍大款”这种现象里头还有非常有意思的情节，让人回味，就是一些被傍的大款往往瞧不起傍他的领导干部……

这些文字“侃”味十足，没有讲什么抽象的道理，没有多少华丽的辞藻，语言极为通俗平易，却揭示了领导干部傍大款害人害己的深刻道理。

四、生动形象

“言之不文，行而不远。”新闻评论是说理的艺术，评论要讲究文采，才能收到良好的宣传效果。所谓文采，是语言艺术的一种魅力，是在或形象或整齐或错落或抑扬或幽默或讽刺中所表现出来的一种气韵或韵味。它是作者语言修养的一种综合性反映。

（一）形象性

评论要生动，有文采，就要善于使用形象化笔法。毛泽东同志就是一位善于使用形象化笔法的语言大师：

大观园里贾宝玉的命根是系在颈上的一块石头，国民党的命根是它的军队。(《评战犯求和》)

人民解放军横渡长江，南京的美国殖民政府如鸟兽散。司徒雷登大老爷却坐着不动，睁起眼睛看着，希望开设新店，捞一把。(《别了，司徒雷登》)

前一句用人们所熟悉的贾宝玉与他的石头形象，譬物连类，将国民党与其反动军队之间的关系活灵活现地表现出来。后一句用的是老百姓所喜闻乐见的口语，“如鸟兽散”“开设新店，捞一把”等富有形象感的语言，使文字显得生动多姿，富于文采。

比喻是使深奥抽象的道理形象化、生动化的有效手段。例如，1997年12月22日辽宁人民广播电台播出的评论节目《是“狼来了”，还是机遇来了》中就使用了很多比喻。该评论节目中共使用了近20个比喻，使原本需要用大量文字才能说明白的道理，仅用一两个比喻就论述得清晰透彻，不仅使评论生动、形象、易懂，而且使评论的语言更为简洁。比如，评论用“狼来了”比喻外地企业大举进入辽宁市场的声势，用“狼吃羊”比喻外地实力强大的企业对本地弱小企业兼并的情形。用“桥头堡”“鸣锣开道”比喻外地企业抢占辽宁市场的战略决策，用“友谊不再”比喻靠行政手段强捆在一起的企业四分五裂的局面等。比喻不仅生动、丰富，而且极为贴切，丝毫没有生拉硬拽的感觉。此外，评论中运用的比拟的修辞手法，如“更名改姓”“只身外嫁”“远走高飞”等，也使评论的语言具有较强的形象性。

（二）整齐美

整齐美往往运用对偶、对照、排比、重叠、回环等修辞方式，使上下句保持大体一致的句型，并有一定的韵味和节奏。比如，“老大难难在‘老大’”“台上他讲，台下讲他”“收起对策，执行政策”等。再如1999年10月1日中央人民广播电台国庆50周年大会现场直播中的几段主持人评论：

男：这50年，是一部史书，记述了中华民族历史上最壮丽的篇章。

女：这50年，是一曲赞歌，对中国人民不屈的精神、勤劳的双手、无穷的智慧，做了最深情的咏唱。

男：这50年，是一本传记，书写了一代又一代伟人、英模和无数普通劳动者的不朽功绩。

女：这50年，更是一篇宣言，向全世界表明，12亿中国人民有信心，有能力，实现跨世纪的宏伟目标。

评论中的四个“这50年”，不但使语言形式十分整齐，浑然一体，而且营造出一种滔莽的气势，具有很强的说服力和感染力。

（三）错落美

错落美就是将各种修辞手段交错使用，使之骈散结合，长短相间。还以1999年10月1日中央人民广播电台国庆50周年大会现场直播为例，其中有几段主持人评论就极具错落美：

从历史走来，人民军队从小到大，由弱到强；向未来奔去，人民军队阔步前进，再创辉煌！

伴随着共和国的50年，人民军队忠实履行着保卫祖国的责任，也积极投身于建设祖国的伟大事业。

三峡工地，大亚湾核电站，特区建设工地，处处活跃着绿色的身影。

唐山抗震救灾，大兴安岭扑火，长江、嫩江、松花江抗洪抢险，人民军队始终冲锋在前。

生命和鲜血，书写着对祖国、对人民的忠诚。

这段文字使用了排比、对偶等句式，句子长短相间，形式错落有致，富于变化，透露出一种错落美。

（四）抑扬美

语言和音乐一样，也是有节奏的。在词语的选择和运用中，灵活地运用平仄格式，在上下两句中自然地有规律地交替出现，利用声调的高低、亢坠、长短的变化，可以形成语言的抑扬美。比如，中央人民广播电台于1999年12月19日至20日播出的澳门回归特别节目《濠江欢歌动九州》中的两段主持人评论：

什么叫星移斗转？什么叫沧海桑田？公元1999年12月20日的零点钟声就是答案，钟声里饱含着中华民族几百年的期盼和夙愿。

请记住发生在公元1999年12月20日零时的世纪盛典，这是几代人的梦想，是中华民族如椽巨笔挥就的历史画卷。

这两段评论中，“转”“田”“案”“盼”“愿”“典”“卷”一平一仄，极富音乐感，读来朗朗上口。

五、力求精警

新闻评论的语言除准确简洁、深入浅出、形象生动之外，还应力争做到“精警”。精警，又称“警策”，也可直称“警句”，就是用凝练而又具有特色的语言，集中而鲜明地表达作者对客观事物独到的认识、体会或评价，从而开启读者思想的闸门，给人以新鲜深刻启示的语句。新闻评论一般篇幅较短，如果语言平淡无奇，没有一两句精警的话，往往难以给人留下深刻印象。因此，殚精竭虑，提炼警句，是新闻评论语言的一个重要要求。

警句的基本特征是语简言奇、含义深刻，即用最简洁而又新鲜独特的语言概括生活中的哲理，给人以深刻的启迪和美的享受。

“警句出现得是时候，是地方，它会像一次‘爆炸’，给人强烈的刺激，造成深刻的印象。”（王朝闻《透与隔——谈戏剧怎样表达思想》）把深刻独到的认识概括到极新鲜、极精练的语句中，不但可以引发读者的思考，震撼读者的心灵，有时还会给人带来一种愉悦感。从辞章上来讲，它也可以成为全文的“焦点”“亮点”，从而凝聚和带动全篇。

其一，警句短小精粹、凝练、新奇，引人入胜，具有艺术魅力，给人以艺术美感。

李大钊发表于 1919 年 11 月 9 日《新生活》周刊的短论《牺牲》，行文极其精练，全文不过 96 字，但句句皆为警句：

人生的目的，在发展自己的生命，可是也有为发展生命必须牺牲生命的时候。因为平凡的发展，有时不如壮烈的牺牲足以延长生命的音响和光华。绝美的风景多在奇险的山川。绝壮的音乐，多是悲凉的韵调。高尚的生活，常在壮烈的牺牲中。

文笔精到隽永，思想深邃，读来似有一股汹涌澎湃的浩然之气，鼓荡于胸中，令人荡气回肠。

其二，警句具有深刻的内涵，可使人顿开茅塞，豁然开朗，产生一种愉悦感，一种精神满足。邹韬奋发表在1933年10月1日《生活周刊》的杂感《硬吞香蕉皮》中，有这样一段话：

其实错了就老实自己承认，倒是精神安泰的事情；文过饰非是最痛苦的勾当。……但明知自己错了不肯认错，还要心劳日拙地想出种种方法来替自己掩饰……

这段话虽是讽刺反动官僚愚昧无知、狂妄自大而又文过饰非的丑态，但同时也提示了生活中的哲理，展现了某些人面对错误的一种可笑心态。

又如1996年4月7日中央电视台《东方时空》播出的《伤心一跪》节目中的一段话：

这令人伤心的一跪，不是在刺刀的下面，也不是在枪口的前面，而是在一个口袋里有钱的外国女人的面前。相信不会有人误解，这个故事讲完之后，会对对外开放有什么不好的影响，因为我们大家都知道，我们现在过的好日子，是从对外开放之后才开始的。但是曾经的贫穷不该是我们觉得比别人低人一等的理由。现在的生计和金钱的诱惑，也不该是我们双膝发软的原因。在奔向富裕的道路上，我们应当把腰杆挺直。站直喽，别趴下！更不要跪下！

这段话警醒国人，在奔向富裕的道路上，应当把腰杆挺直。虽然我们现在还比较贫穷、落后，但是有辱人格、有损国格的钱不能要，我们要活出自己的尊严。

警句是语言中的精品。创造警句既需要提炼思想，又需要提炼语言。

思想的提炼首先是发散思维、激发想象的过程。我们翻阅报章或是与朋友谈天时有了感触，或是苦思冥想之际脑子里闪现出一些思想的火花，最好把它记下来。然后以此为中心，感物联类，四处辐射，去粗取精，深入开掘，精心提炼，直至思想的火花跃然而出。

深刻的思想产生之后，还要炼字炼句，用一种具有独创性的语句加以表达。要冲破思维定式，敢于创造。

所谓精警的语言，也是相对而言的，不必视为高不可攀。只要加强思想修养，提高理论水平，仔细观察生活，体验生活，加上精心加工提炼，是可以使新闻评论的语言精警或比较精警的。

（吴庚振著《新闻评论学通论》之一章，河北人民出版社，2001 年 6 月。该书 2002 年获河北省哲学社会科学研究优秀成果专著类二等奖。）

我国古代的论辩艺术

一、我国论辩体制的确立

论辩文大体相当于现在的论说文。它包括“论”和“辩”两种类型：“论”主要是阐明事理，发表自己的意见和主张，其主要作用在于“立”；“辩”主要是辨明是非，驳斥别人的意见和主张，其主要作用往往在于“破”。《文心雕龙·议对》中说：“驳议偏辨，各执异见。”明人徐师曾《文体明辨序说》中亦云：“执其言行之是非真伪而以大义断之也。”不过，在孟子以前，论和辩并没有严格的区别。《墨子·小取》在谈到辩的性质和作用时指出：

夫辩者，将以明是非之分，审治乱之纪，明同异之处，察名实之理，处利害，决嫌疑焉。

在这里，墨子将辨（按：战国时期“辨”包含“辩”的含义）的作用分为六种主要类型：（1）辨明是非；（2）审度治乱法纪的得失；（3）阐明事物的同异之处；（4）揭示事物的本质意义；（5）指出某种行为或意见的得失之处；（6）解决对某个问题的疑义。很显然，墨子所说的辩是既包括驳论又包括立论的。只是到孟子等人创立了驳论的体制以后，论和辩才有了明显的区别（这一点后面还要谈到）。但是，论和辩好比一把匕首的两刃，在文章中往往是相辅相成、相互为用的。

从我国现存的古代文献资料看，最早的论辩文是《尚书》中的《周书·无逸》。据说它是在周公相成王时，怕成王“淫逸”误国，为劝诫成王而作的。文章首先劝说成王要了解“稼穑之艰难”，才能了解“小人”的疾苦，从而做到“无逸”；然后总结历史的经验教训，以殷中宗、高宗、祖甲为正面典型，又以后来的某些君王为反面典型，论证“无逸”的重要性。文章论点鲜明，论据确凿，说理简赅，可算是我国论辩文发轫时期的杰作。但《尚书》中的论辩文，大多只是一种“公文”形式，其局限性是很大的，因而还只能算论辩文的雏形。

我国论辩体制的确立，是在战国时代。战国时代是百家争鸣、历史大变动的时期。当时群雄割据，互相争霸，各诸侯国都力图使自己尽快强大起来，因而千方百计探求新的政治道术，于是养士之风盛行，纵横之家辈出，各派力陈“一家之言”，遂形成“处士横议”“百家争鸣”的政治局面。以秦国为例，在吕不韦任相国时就有学士、食客3000人，其中不少是专门从事游说的纵横家。这些纵横家的说辞，载入史册保存下来的，就是我们所说的论辩文。总之，“百家争鸣”之势推动了论辩之风，而论辩之风的兴起又促进了论辩文的发展。这就是论辩艺术在战国时期崛然勃兴的历史原因。正如明人徐师曾在《文体明辨》中所说，“辩”这种文体“其源实出于孟庄”。

清人姚鼐《〈古文辞类纂〉序目》也认为“论辩类，盖源于古之诸子，各以所学昭后世”。

战国时期对论辩体制确立贡献最大者，当首推墨子、荀子和孟子。

第一，墨子和荀子等人确立了立论体制。

荀子针对当时纵横家“公说公有理，婆说婆有理”的混乱状况，明确提出了“立言论准”的主张。他在《正论》篇中指出：“凡议，必先立隆正然后可也，无隆正则是非不分，而辨讼不决。”这就是说，要想辨明是非，首先必须确定一个判断是非的标准。那么，什么是判断是非的标准呢？荀子在《正名》中又指出：

心合于道，说合于心，辞合于说，正名而期，质请而喻，辨异而不过，推类而不悖；听则合文，辨则尽故。以正道而辨奸，犹引绳以持曲直。

在这里，荀子站在儒家学派的立场上，提出应该以“道”作为判断是非的准绳，来辨奸佞，定曲直。我们且不管他提出的判断是非的标准——道，是否正确，是否科学，但他这种“立言”必须“论准”的主张，则是在立论中必须遵循的一个根本的逻辑规则。

墨子虽然比荀子早生了160多年，但他的著名的“三表法”对于如何立论确定了更具体的标准。《墨子·非命上》有云：

何谓三表？子墨子言曰：有本之者，有原之者，有用之者。于何本之？上本之于古者圣王之事。于何原之？下原察百姓耳目之实。于何用之？废以为刑政，观其中国家百姓人民之利。此所谓言有三表也。

这里的“三表”：一是根据，根据古代圣王之事；二是考察，明察百姓在所见所闻之后所发表的意见；三是用途，看看是不是为了“刑（行）政”，是不是符合国家百姓的利益。墨子从他的“兼爱”思想出发，提出这样的立论标准，在当时还是很有进步意义的。

墨子不仅在立论标准上，而且在立论的一些逻辑形式、逻辑方法上，也提出了许多有价值的意见。我国的古典逻辑学，一般认为从惠施、公孙龙等“名家”开始，到墨翟便形成了一个较完备的逻辑思想体系。今存《墨子》中的《经上》《经下》《经说上》《经说下》《大取》《小取》六篇，被称为《墨经》或《墨辩》，是我国最早的一部逻辑学专著。墨辩逻辑对论辩中的一系列问题，特别是关于逻辑证明中的概念、判断和推理等问题，做出了杰出贡献。

关于如何立论，下边一段话是墨辩逻辑的中心内容，或者说是墨辩逻辑的一个纲：

以名举实，以辞抒意，以说出故，以类取，以类予。(《小取》)

“以名举实”讲的是概念问题。“名”即概念，“实”即客观事物本身。“以名举实”，即以恰当的词（概念）来反映客观事物的特征和本质。《墨经》中的《经上》《经说上》主要是讲概念问题的。《经上》共 90 多条，其中有 60 多条为常见的一些客观事物和现象下了逻辑定义，如“平，同高也”“闻，耳之聪也”等。此外，还讨论了概念之间的同异关系。墨子关于概念问题的论述，无疑对于立论的科学性有巨大指导意义。

“以辞抒意”主要讲的是判断问题。这里的“意”不是主观臆想，而是正确反映了客观事物的思想认识，把这样的认识用恰当的词语表述出来，就是判断。如“白马，马也”。

“以说出故，以类取，以类予”，主要讲的是推理论证问题。这里的“故”，指的是事物“所得而后成”的理由，即事物形成的原因。“类取”“类予”说的是以类相推，具有演绎推理的性质。墨子在《大取》篇中指出：“夫辞，以类行者也，立辞而不明于其类，则必困矣。”他还举出例子说：“木与夜孰长？智与粟孰多？爵、亲、行、贾四者孰贵？”这些问题就是不明其类，不以类取，因而无法比较。“以说出故”和“类取”“类予”是墨子认为立论必须遵循的两项基本原则。

不过，这里需要指出的是，墨子虽然以其杰出的逻辑思想确立了立论的体制，但在写作实践上真正完成立论体制的却是荀子。他的《劝学》《修身》《王制》等篇，结构严密，说理透彻，气势雄浑，朴实凝练，是当时立论文章的代表作。

第二，孟子等人以其理论和实践确立了驳论体制。

稍后于墨子的孟子，是继孔子之后儒家学派的一位大师。他以自己杰出的理论和写作实践，为驳论做出了巨大的贡献。他的“知言”说，是关于驳论的最精辟的见解之一。其《公孙丑》上篇有云：

何谓知言？曰：诐辞知其所蔽，淫辞知其所陷，邪辞知其所离，遁辞知其所穷。

在这里，孟子从当时一些食客“吃了谁家饭，便说谁家话”，因而在论辩时往往以片面、夸张、谬误的道理进行诡辩的特定情况出发，将驳论的内容归纳为四个主要方面：（1）对“诐辞”（片面的词语），要了解其持一隅的“壅蔽之处”，知道诐辞所“蔽”的是什么；（2）对“淫辞”（夸张过分的词语），要了解其“陷溺其心”的弊害，不要受其迷惑；（3）对“邪辞”（错误的词语），要了解其离开常理之处，不要相信谬说；（4）对“遁辞”（躲闪的词语），要了解其理屈词穷之处。这些切中时弊的主张，对于驳论体制的建立和发展是有巨大意义的。后来王充在《论衡·超奇》中提出驳论应该“论世间事，辩照然否，虚妄之言，伪饰之辞，莫不证定”。这与孟子的见解是一致的，或者说是沿用了孟子的观点。

当然，这些理论从逻辑学的角度来说，还是不够完备的。孟子把“诐辞”“淫辞”“邪辞”“遁辞”作为驳斥的对象，而他自己也是站在狭隘的立场上发表议论的，因而也不免有些“诐”“淫”“邪”“遁”之词。但是我们不能苛求古人，而应该以历史唯物主义的观点，对他的学说做出恰当的评价。

孟子不仅在理论上，而且在写作实践上也为驳论提供了许多宝贵的经验，这些经验至今仍值得我们借鉴和学习。如他经常使用的譬事连类、以子之矛攻子之盾、抓住论敌自语相违之处进行反驳等方法，对后世驳论文章的发展都产生了深远影响。我们今天在驳论中使用的“归谬法”“反证法”“类比法”等，都可以在孟子的论辩文章中找到恰当的例证。事实说明，孟子是创立驳论体制的开山祖师。王安石曾说：“他日若能窥孟子，终身何敢望韩公？”可见孟子文章的影响之大。

总之，战国时期论辩体制的确立，为论辩文的发展打下了良好的基础。在以后漫长的历史时期中，论辩的方法和技巧更加纯熟多样，取得了辉煌的成就。这些，正是我们下边要重点讨论的内容。

二、论辩的方法和技巧

古代辩论文的写作，是很讲究方法和技巧的。这自然与文章家们严肃认真的写作态度分不开，同时也与古代某些时候文学和文章密不可分有关。大体来说，在周秦时代，文学兼有“文章”（包括论辩文）和“博学”两种含义。到了汉代，文学和文章才分开来提。但到了北宋，又经历了一个文学观念的复古期，文学和文章又复而为一了。这种文学和文章合而分之、分而又合的历史现象，对论辩文的写作产生了深刻影响：注重论辩的艺术性，从文学写作中吸取一些行之有效的方法和技巧，从而形成了我国独具风格的论辩艺术。这种论辩艺术的特色，从写作的角度可以归纳为以下几方面。

（一）“论如析薪，贵能破理”

刘勰在《文心雕龙·论说》中指出：“论如析薪，贵能破理。”这里的“理”，指的是树木的纹理。意思是说，论述一个问题好像劈柴一样，可贵的是能破在纹理上。视理而破，顺势运斤，方能势如破竹，充分暴露出客观事物的内部联系。如果“越理而横断”，抡起斧头乱砍一阵，那是很难奏效的。这个见解相当精辟而深刻，具有某种朴素的辩证法思想。我们知道，任何客观事物都是可分的，是有“纹理”可寻的。一样东西，总是由若干种因素组成的，而不可能绝对单纯；一件事情，又往往包含着几个阶段或几方面的内容，而不可能是铁板一块。事物的这种可分性，是我们对事物进行分析、“视理而破”的一个客观依据。

要破理，就要先识理。即清人包世臣所说的写论辩文“必先洞悉所事之条理原委，抉明正义，然后述事之所以失，而条画其补救之方”（《与杨季子论文书》）。识理的方法和门径，刘勰归纳了三方面，即“积学以储宝，酌理以富才，研阅以穷照”（《文心雕龙·神思》）。也就是多读书，多思考，多实践。

欧阳修读了很多书，并亲自参加了与政敌斗争的实践，才写出了析理精微、切中肯綮的《朋党论》。该文写于北宋庆历年间。当时豪族地主阶级在政治上的代表夏竦、吕夷简等人，因欧阳修、蔡襄等人的弹劾先后被罢官。随即范仲淹、韩琦等革新派人士上台执政，这就是所谓“庆历新政”。保守派激烈攻击范仲淹等人结为“朋党”，把持朝政。《朋党论》就是针对这种攻击而写的。

欧阳修在回击论敌的攻击时，采取的是层层深入的论证方法：开头一段，欲擒故纵，指出“朋党之说，自古有之”，并不回避论敌的攻击；紧接着，笔锋一转，指出问题的关键不在于有无朋党，而在于与何人为朋，又结成什么样的朋党；随即对两种性质根本不同的朋党——“君子之朋”与“小人之朋”进行具体分析：“君子与君子以同道为朋”，而“小人与小人以同利为朋”。以利为朋则“暂相党引”，是“伪朋”；以道为朋则“共忧国事”“兴国利民”，是“真朋”。作者抓住论敌的要害，对朋党之说视理而破，层层剥脱，将其本质暴露无遗，给予论敌以致命打击，伸张了正义。

（二）据事类义，援古证今

要使文章具有不可质疑的说服力，一是靠周密的分析，二是靠充分而确凿的论据。刘勰在《文心雕龙·事类》中说：“事类者，盖文章之外，据事以类义，援古以证今者也。”又说“明理引乎成辞，征义举乎人事，乃圣贤之鸿谟，经籍之通矩也”。这里既强调了使用论据的重要性，也说明了论据的主要类型：“成辞”指的是经典性的言辞，犹如我们现在所说的理论论据；“人事”指的是具体的人和事，犹如我们现在所说的事实论据。而不管使用什么样的论据，都必须起到“据事以类义，援古以证今”的作用。

李斯的《谏逐客书》，说服力极强，以至一篇短文改变了秦王逐客的国策，很大程度上就是得力于对论据的精心挑选和使用。文章开篇便点出中心议题：“臣闻吏议逐客，窃以为过矣。”接着，采取“援古以证今”的方法进行论证：穆公用了客卿，“并国二十，遂霸西戎”；孝公用了客卿，“举地千里，至今治强”；惠王用了客卿，“遂散六国之从，使之西面事秦，功施到今”；昭王用了客卿，“使秦成帝业”。这样论证之所以具有极强的说服力，一是所使用的论据都是确凿的历史事实，无可置疑；二是这些论据都是秦王老祖宗的事，因而最能使秦王饮水思源，大彻大悟。不仅如此，作者还采取“据事以类义”的方法，进行类比推理：昆山之玉、随和之宝、明月之珠、太阿之剑、纤离之马、翠凤之旗、灵鼍之鼓等，都不产于秦，秦王却喜爱之；而“取人则不然，不问可否，不论曲直，非秦者去，为客者逐”。这里两相对照，互相映衬，便很自然地推导出这样的结论：秦王“所重者在乎色乐珠玉，而所轻者在乎民人也”。进而断言：逐客之策“非所以跨海内、制诸侯之术也”。从这里，我们可以看出作者在选择使用论据方面的高超技巧和独具的匠心。

“据事以类义，援古以证今”，是从论据的性质和作用上来说的；关于使用论据应注意的问题，古人也有许多精辟的见解。

首先，论据必须真实。我国历史上的文章家，或者从文章的社会功用出发，或者为取信读者而使自己的文章传之久远，是十分注意事实论据的真实性的。汉代王充明确提出了“崇实”和“疾虚妄”的口号，他说：“凡论事者，违实不引效验，则虽甘义繁说，终不见信。”（《论衡·知实篇》）宋人洪迈说：“作议论文字，须考引事实无差忒，乃可传信后世。”（《容斋随笔》）此外，欧阳修的“事信言文”，韩愈的“君子慎其实”，都强调了一个“实”字。对论辩文来说，论据的真实是论点真实的前提。因为论据是论点得以成立的根据，论据虚假，论点当然也就站不住脚了。

其次，论据必须与论点有内在联系，即观点和材料要统一。古人虽然还不能用唯物辩证法解释观点和材料的关系，但他们十分注重二者的一致性。王充提出“事尚然而不高合”，说的就是引用事实要恰当，而不要与观点相悖谬。刘勰则明确提出：“凡用旧合机，不啻自其口出；引事乖谬，虽千载而为瑕。”（《文心雕龙·事类》）意思是说，凡引用历史材料恰当的就好像出自笔者之口一样，妥帖自然；而如果所引用的事实乖谬，与论点不符，则永远是瑕疵。这种见解对我们是颇有启发的。

再次，引用事实贵精而不贵多。论辩文的论据应当充分，但充分不等于繁杂。论据繁杂，则势必损伤论点的鲜明和突出。清人魏际瑞指出："议论主于事，而事多乱议。"（《伯子论文》）

最后，是论据还要使用得恰当。刘勰说：如果"事得其要，虽小成绩，譬寸辖制轮，尺枢运关也"。否则，"或微言美事，置于闲散，是缀金翠于足胫，靓粉黛于胸臆也"（《文心雕龙·事类》）。意思是说：如果事实论据运用得恰当，则像车轮的辖、门的轴一样，能发挥其关键和枢纽作用；反之，如果用的不是地方，则像将金翠缀在脚面上，将粉黛擦在胸脯上一样，弄巧成拙，不伦不类。

（三）即物明理，形象生动

关于论说文中有没有形象，写论说文需要不需要形象思维，一直是有争论的。针对这种争论，朱光潜先生曾说过这样一段话："我不相信文艺创作丝毫不须讲理，不用抽象思维；我很相信说理文要写好，也还是要动一点感情，要用一点形象思维。"他还说，"中国古代的散文，包括说理文，都具有美学上的价值。"这些话说得十分中肯，概括了我国古代论辩文的一个鲜明特色——形象生动。

我国古代的论辩文之所以形象生动，从写作的方法和技巧上来讲，其主要之点是善用比喻，即善于用具体形象的事物来说明一个抽象深刻的道理。似乎可以这样说：善用比喻，生动风趣，是我国古代论辩文的一个优良传统。我国最早的一部历史文献——《尚书》，里面就有数十处生动的比喻。至于先秦诸子的散文用比喻或类比的方法论述某个道理的，几乎比比皆是。《孟子》全书凡 261 章，其中有 91 章 159 处用了比喻或类比；《庄子》一书中的比喻更多，其中有好些已成为至理名言，并演变为成语，如"杯水车薪"之喻、"越俎代庖"之喻等。韩非子不仅用比喻，而且在此基础上发展成寓言（庄子也写过一些寓言，但韩非子的成绩较著），创造了我国一种独特的说理文体。汉代刘向的《说苑·善说》中记载了这样一件事：

客谓梁王曰："惠子之言事也，善譬。王使无譬，则不能言矣。"王曰："诺。"明日见，谓惠子曰："愿先生言事，则直言耳，无譬也。"惠子曰："今有人于此而不知弹者，曰：'弹之状何若？'应曰：'弹之状如弹。'谕乎？"王曰："未谕也。""于是更应曰：'弹之状如弓，而以竹为弦。'则知乎？"王曰："可知矣。"惠子曰："夫说者固以其所知谕其所不知而使人知之；今王曰无譬，则不可矣。"王曰："善。"

这段话既反映了当时说话人使用比喻的好尚，也说明了比喻的性质和作用——"以所知谕其所不知"，即墨子所说的"举也（他）物而以明之"。（《小取》）

刘勰总结前人的经验，指出："喻巧而理至。"这个概括是十分精当的。大量事实说明，一个恰到好处的比喻，往往可以收到"一石三鸟"的效果：深入浅出、生动形象、发人深思。

这里不妨以明朝刘基的《卖柑者言》为例加以说明。本文的主旨是揭露和批判那些"佩虎符，坐皋比""峨大冠，拖长绅""巍巍乎可畏，赫赫乎可象"的封建官吏外强中干的本质的，然而没有一味干巴巴地讲道理，而是采取"即物以明理"的方法：

杭有卖果者，善藏柑，涉寒暑不溃。出之烨然，玉质而金色。置于市，贾十倍，人争鬻之。予贸得其一，剖之，如有烟扑口鼻，视其中，则干若败絮。

这就是后人常说的“金玉其外，败絮其中”。用“金玉其外”比喻封建官吏外表的堂皇，用“败絮其中”比喻其内心的龌龊，不仅读来生动形象，而且将道理讲得深入浅出，耐人寻味。

（四）举纲撮要，条贯统序

刘勰在《文心雕龙·附会》中说：“凡大体文章，类多枝派，整派者依源，理枝者循干。是以附辞会义，务总纲领，驱万途于同归，贞百虑于一致。”这里所说的“源”和“干”，是指文章的主旨和纲领。“整派”和“理枝”即安排文章的层次和段落，它们是必须在“源”和“干”的统率下各就其位的。

关于这一点，刘勰在《文心雕龙》的其他篇章中也曾多次强调，如“洽闻之士，宜撮纲要”（《诸子》），“晓其大纲，则众理可贯”（《史传》），“首尾圆合，条贯统序”（《镕裁》），“乘一总万，举要治繁”（《总术》）等。

举纲撮要，条贯统序，是论辩文谋篇布局的一个重要环节。正如郑玄在《诗谱序》中所指出的：“举一纲而万目张。”

例如，苏洵的《六国论》，其中心论点是“六国破灭，非兵不利，战不善，弊在赂秦”。在这个中心论点——纲的统率下，全文分五个段落进行论述：第一段开门见山，摆出中心论点。第二段用概括的历史事实从正面论证中心论点：各诸侯国因赂秦割让给秦国的城邑，与秦国用战争手段夺取的城邑相比，多至百倍，而“诸侯之地有限，暴秦之欲无厌，奉之弥繁，侵之愈急”“至于颠覆，理固宜然”。第三段用齐、燕、赵三国的不同态度及抗秦之利与赂秦之害的事实，进一步论述中心论点：齐国虽然没有赂秦，但由于它与秦结交，而不帮助五国，所以“五国既丧，齐亦不免矣”。“是以不赂者以赂者丧”；燕国虽小，因其“义不赂秦”而后亡；赵国起初坚持抗秦，接连取胜，后又因赂秦而亡。可见，六国如能并力抗秦，该不至于破灭。第四段总结上文，强调并力抗秦的重要性，得出不要为“积威之所劫”的教训，再进一步回应中心论点。第五段从中心论点出发，点出作者本意，劝说宋室皇帝不要重蹈六国破灭的覆辙。总之，文章的各个部分都在中心论点的统率下，环环相扣，前后贯通，谨严妥帖，浑然一体，达到了高度的完整与统一，真可谓“驱万途于同归，贞百虑于一致”！

（五）起伏跌宕，神情摇曳

论辩文的谋篇布局虽然总的来说应该举纲撮要，条贯统序，但在写作时还应该根据内容的不同，尽量做到起伏跌宕，曲折有致。所谓“文似看山不喜平”“文之妙在顿宕”，就是这个意思。

贾谊的《治安策》，其中心论点是：要使天下治安，就必须加强中央集权，削弱诸侯王的势力。文章先不点明中心论点，而是从诸侯王雄居列土、势力强大、末大不掉谈起，洋洋洒洒，不一而足，从而说明“治安难”。然后收束上文，说明主意：要使诸侯王服从，“则莫若令如长沙王（势力弱者），欲臣子之勿菹醢，则莫若令如樊、郦等（亦势力弱者）；欲天下之治安，莫若众建诸侯而少其力”。文章到这里似乎结束了，然而又从这个结论出发，论述如能削弱诸侯王的势力，则治安易。先展开，后收束，再展开，放而又收，收而又放，极尽顿挫跌宕之能事，其中心论点也就在这起伏周折中得到充分论述。唐彪说：“文章说到此理已尽，似难再说，拙笔至此，技穷矣。巧人一转弯便又另是一番境界，可以生出许多议论，理境无穷。”又说，“文章既得情理，必兼有跌宕，然后神情摇曳，姿态横生，不期然而阅者心喜矣。”（《读书作文谱》）

也许有人说，长篇大论可以写得曲折跌宕，短论小札就难以如此了。

不然！请看韩愈的《杂说一》：

龙嘘气成云，云固弗灵于龙也。然龙乘是气，茫洋穷乎其间，薄日月、伏光景、感震电、神变化、水下土、汩陵谷，云亦灵怪矣哉！云，龙之所能使为灵也。若龙之灵，则非云之所能使为灵也。然龙弗得云，无以神其灵矣。失其所凭依，信不可欤。异哉，其所凭依，乃其所自为也。《易》曰："云从龙。"既曰：龙，云从之矣。

这是一篇仅100多字的小札，然而其变化跌宕，不一而足。文章先说云"弗灵于龙"，然后一转，又得出"龙乘是气""云亦灵怪矣哉"的结论。接着再转，指出龙之灵非云所能使之。进而三转，申说尽管如此，"龙弗得云，无以神其灵"。最后引《易》作结，点明"云从龙"，即君臣互相依赖的主旨。文章虽短，但跌宕再三，极尽迂回曲折之妙。可见，文章的起伏跌宕，不在长短，而在于作者对客观事物进行周到细密的辨证分析。

（六）"外文绮交，内义脉注"

以上谈的是在文章的整体上谋篇布局的技巧。但只做到这一点还不够，还必须在层与层、段与段、句与句之间搭桥接榫，连缀缝合，以使文章周严缜密，无懈可击，组成一个天衣无缝的有机整体。层与层、段与段之间的紧密联系，主要靠过渡和照应的方法来解决。关于这一点，现代论说文写作理论谈得很多了，此处从略。这里着重要谈的是句与句如何连接的问题。

刘勰在《文心雕龙·章句》中说，行文要"外文绮交，内义脉注，跗萼相衔，首尾一体"。"外文绮交"，即在语言文字的外部形式上要交织缝合在一起；"内义脉注"即句与句之间要在内在意义上前后贯通，如同血脉的流注一样。而要做到这一点，就需要在遣词造句时语不离宗——文章的主题，胸有全局，瞻前顾后，统筹兼顾。请看韩愈《原毁》中一段精彩论述：

今之君子则不然。其责人也详，其待己也廉。详，故人难于为善；廉，故自取也少。己未有善，曰："我善是，是亦足矣。"己未有能，曰："我能是，是亦足矣。"外以欺于人，内以欺于心，未少有得而止矣。不亦待其身者已廉乎！其于人也，曰："彼虽能是，其人不足称也；彼虽善是，其用不足称也。"举其一不计其十，究其旧不图其新，恐恐然惟惧其人之有闻也。是不亦责于人者已详乎！夫是之谓不以众人待其身，而以圣人望于人，吾未见其尊己也。

第二句提出一个"详"字和一个"廉"字，这是全段文章的纲。紧接着，第三句阐发责人详、待己廉的危害；第四句和第五句直承上文，用对话的形式又提出了一个"善"字和一个"能"字，以说明待己"廉"的具体表现，并在第六句指出其危害；第七句直承上文的"善"字和"能"字，用对话的形式说明待人"详"的具体表现，并在第八、第九句指出其本质和危害，转而又归结到"详"字；第十句即最后一句，总结上文，指出责人详、待己廉的错误。我们看，句与句、层与层之间连接得多么紧密！真可谓"外文绮交，内义脉注""弥缝莫见其隙"了。

三、论辩的气势和感情

古人论文，很注重气势。清人方东树在《昭昧詹言》中说："诗文以豪宕奇伟有气势为上。”刘大櫆在《论文偶记》中也说：“文章最要气盛。”这些都是从写作的角度要求文章有气势的。至于对作家、作品的评论，古人也往往注意到气势的大小。明人方孝孺在评价韩愈的文章时说：“退之俊杰善辩说，故其文开阳阖阴，奇绝变化，震动如雷霆，淡泊如韶濩，卓矣为一家言。”（《张彦辉文集序》）苏轼在估价自己的文章时也说：“吾文如万斛泉源，不择地而出，在平地滔滔汩汩，虽一日千里无难。”（《文说》）所谓“韩潮苏海”，就是对韩愈和苏轼文章的生动赞誉。

不过，究竟什么是气势，历来的文章家们说得颇为玄妙，相当费解。其中有些生动的比喻，可以帮助我们理解“气”的本质和作用。韩愈曾说：“气，水也；言，浮物也。水大而物之浮者大小毕浮。气之与言犹是也。气盛则言之短长与声之高下者皆宜。”（《答李翊书》）在这里,韩愈把“气”与“言”（语言文字）的关系，比作“水”与“浮物”的关系，即“气”是驾驭语言的，气盛则言浮。

关于这一点，清人张裕钊说得更为明确：“古之论文者，曰文以意为主，而辞欲能副其意，气欲能举其辞。譬之车然，意为之御，辞为之载，而气则所以行也。”（《答吴挚甫书》）这就是说，在一篇文章中，“意”（内容）是根本，“辞”（语言）以副之，而“气”（气势）载其辞。这就比较形象地说明了内容、语言和气势三者之间的关系。

值得探究的是，韩愈和张裕钊所说的“气”，既非内容，又非语言形式，那它到底是一种什么东西呢？我们知道，任何一篇文章都是内容与形式的统一。如果没有内容和形式，文章也就不存在了。所以“气”虽然不单纯是内容问题，也不单纯是形式问题，而它又绝不能脱离内容和形式超然存在。刘勰说“情之含风，犹形之包气”，故“情与气偕”（《文心雕龙·风骨》）。这里的“情与气偕”，就说明了气势与感情是相伴而生的，而不是无源之水、无本之木。至于作者的感情，又是和文章的内容密切相关的。如果没有内容，空空如也，作者又何以产生或爱或憎、或悲或喜的感情呢?

所以，我们似乎可以这样理解：所谓气势，是文章的内容与作者情感相统一，通过语言形式所表现出来的一种抑扬顿挫、疾徐有致的气度和气韵。它虽难言传，但可以意会；虽然无形，但可以感受。

那么，怎样才能使自己的文章有气势呢?

首先，作者手中必须握有真理的旗帜。

常言说：“理直气壮，义正词严。”如果“理”不“直”，“义”不“正”，或无中生有，假话连篇，或无病呻吟，内容空泛，或歪曲事实，胡搅蛮缠，或大话说尽，满纸谎言，凡此等等，是不会有什么气势的，倘有，也是虚假的，不能感动人的。古人说“理实气充”（恽敬），“理辩则气直，气直则辞盛”（李翱），正是这个意思。道理很简单：论辩文是讲道理的，只有真理在手，才能破得准，立得牢，议论风生，“滔滔然而辩”，写出情理交织、气势浩荡的文章来。

例如，王安石的《答司马谏议书》，之所以具有“刚健斩截”的气势，一个重要原因，就是作者站在进步的立场上，手中握着真理的旗帜。这篇文章是答复保守派的代表司马光对主张变法的王安石的攻击和诽谤的。文章针对司马光指责的“侵官、生事、征利、拒谏”四条怨谤，斩钉截铁地回答：“某则以为受命于人主，议法度而修之于朝廷，以授之于有司，不为侵官；举先王之政，以兴利除弊，不为生事；为天下理财，不为征利；辟邪说，难壬人，不为拒谏。”文章虽短，但笔锋犀利，语势劲健，司马光纵有如簧之舌，也难以置辩。清末古文家吴汝纶评《答司马谏议书》称：“固由傲兀成性，究以理足气盛，故劲悍廉厉无枝叶如此。”这个论断恰好说明，文章的气势虽然与作者的“傲兀”性格有关，但归根结底还是因为“理足”才“气盛”的。

其次，成竹在胸，思路畅达，才能语势贯通。

语势的贯通是以思路畅达为前提的。所谓思路，指的是作者对一篇文章谋篇布局的思维过程。作者写一篇议论文，总得根据表达中心论点的需要，事前考虑从哪里开头，到哪里结尾，中间分几个层次和段落，这些层次和段落哪个在前，哪个在后，怎样转接，其间的逻辑关系又是怎样的等，对诸如此类的问题通盘谋划的过程，就是作者的思路。作者根据事前谋划好了的清晰而又合乎逻辑的思路，一步步写下去，就会顺理成章，语势贯通。所以魏伯子说："文章之势，正如云中山，虽未分明，而偏全正侧胚胎已具。作者葆此意势，经营出之，便与初情相肖。"（参见林纾《春觉斋论文》）这就是说，作者在动笔之前，必须做到"胚胎已具"，成竹在胸，即对文章的体式、纲领、情意等，了然于胸，然后才能"经营出之"。

刘勰在《文心雕龙·情采》中说："故情者文之经，辞者理之纬，经正而后纬成，理定而后辞畅。"这里的"经正"和"理定"，就是指的作者在动笔之前要酝酿情感，条划事理，做到"纲领昭畅""衢路交通"，写作时才能"辞畅"，也才能使文章有气势。如果忽略了写作前的准备，思路尚未疏通，便率尔操觚，那就势必陷入写了上句没下句，急得抓耳挠腮，叫苦不迭的境地。这样写出来的文章，不是"义脉不流"，便是"尺接以寸附"，疙里疙瘩，前后矛盾，"思轧轧其若抽"，还哪里谈得上什么气势呢?

再次，文章的气势，并不等于一味奔放。

一味奔放，高而且平，也就一览无余，难免给人以气尽势衰之感。因此，还需要"敛气以蓄势"。关于这一点，唐彪《读书作文谱》说得更为具体："凡文欲发扬，先以数语束抑，令其气收敛，笔情屈曲，故谓之抑。抑后随以数语振发，乃谓之扬，使文章有气有势，光焰逼人。"这就是人们常说的"抑扬之法"。

扬与抑，擒与纵，放与收，这些都是对立的统一。如果只扬不抑，只擒不纵，或者放而不收，那就很难表现出复杂的事理和委婉的情致，也就显示不出恣肆汪洋的气势。颜之推《颜氏家训·文章》也曾谈到文章的蓄势问题。他以生动的比喻说："凡为文章，犹人乘骐骥，虽有逸气，当以衔勒制之，勿使流乱轨躅，放意填坑岸也。"高明的作者如同好的驭手，是很会"衔勒"文思这匹"骏马"，使其沿着既定的"轨躅"前进的。

苏轼不愧是驾驭文思的圣手。他的《教战守策》确如"万斛泉源"，气势浩瀚。文章先以设问句推出中心论点："夫当今生民之患，果安在哉？在于知安而不知危，能逸而不能劳。"如果不解决这个问题，"其后将有所不可救者"，把问题提到了十分尖锐的程度。接着笔锋一转，用舒缓沉郁的笔调，述说先王未尝去兵，所以虽有盗贼之变而民不惊溃；后世以去兵为"盛节"，致使臣民"刚心勇气，销耗钝眊"，虽有"区区之禄"，而朝廷"固以微矣"。这样由收入放，由徐入疾，将文章推向第一个高潮。然后，作者又将奔放的感情收敛起来，以娓娓动听的语言，讲解"天下之势，譬如一身"的道理，说明战争不可避免的严重形势，忧思郁结，回肠荡气，遂将文章推向第二个高潮："天下之民知安而不知危，能逸而不能劳，此臣所谓大患也！"随后又用简洁明快的语言提出教民养武的具体措施。最后慷慨陈词：

今天下屯聚之兵，骄豪而多怨，陵压百姓而邀其上者，何故？此其心以为天下之知战者，惟我而已。如使平民皆习于兵，彼知有所敌，则固以破其奸谋而折其骄气，利害之际，岂不亦甚明欤？

观通全篇，文思千回百转，浪峰波谷，造成了恣肆汪洋的浩大气势。

最后，文章的气势还常常借助于恰当的修辞手段。

前边说过，气势虽然不单纯是表现形式问题，但也与表现形式密切相关。清人刘大櫆说："音节高则神气必高，音节下则神气必下，故音节为神气之迹。"（刘大櫆《论文偶记》）这句话恰好说明了语言表现形式与气势的关系。我国的古典散文，包括辩论文，是很讲究语言的节奏的。从先秦到晚清的文章家们，常常恰当地运用排比、对偶、蝉联等辞式，奏出华美的乐章，而使文章具有浩大的气势。请看孟子对"得道者多助，多助者必胜"的一段论述：

天时不如地利，地利不如人和。三里之城，七里之郭，环而攻之而不胜。夫环而攻之，必有得天时者矣；然而不胜者，是天时不如地利也。城非不高也，池非不深也，兵革非不坚利也，米粟非不多也；委而去之，是地利不如人和也。故曰：域民不以封疆之界，固国不以山溪之险，威天下不以兵革之利。得道者多助，失道者寡助。寡助之至，亲戚畔之；多助之至，天下顺之。以天下之所顺，攻亲戚之所畔，故君子有不战，战必胜矣。

这一段恰当运用了蝉联、排比、对偶等辞式，不但将句与句、层与层连接得十分紧密，而且读来朗朗上口，铿锵有声，有力地传达出雄浑浩荡、滔滔莽莽的气势。

再看韩愈《进学解》开头一段：

国子先生晨入太学，招诸生立馆下，诲之曰："业精于勤，荒于嬉；行成于思，毁于随。方今圣贤相逢，治具毕张。拔去凶邪，登崇畯良。占小善者率以录，名一艺者无不庸。爬罗剔抉，刮垢磨光。盖有幸而获选，孰云多而不扬？诸生业患不能精，无患有司之不明；行患不能成，无患有司之不公。"

这一段不但灵活运用对偶等辞式，而且句尾用“张”“良”“光”“扬”以及“精”“明”“公”等同韵字，读来颇有韵律，节奏明快，使文章沛然成流荡之势。

当然，修辞手段的运用必须从内容出发，如果脱离了内容而在词句上专事雕琢，那是不足取的。齐梁时代的许多骈体文，其对偶、排比句式不谓不多，但内容空洞，感情矫假，所以也谈不上有什么气势。总之，吐纳英华，笔随意转，这是我们应该牢牢记住的至理名言。

［原载《河北大学学报》（哲学社会科学版）1982年第3期，标题为《古代论辩艺术初探》。后经删节收入中国写作学会华北分会编的《写作论》一书，北京师范大学出版社，1984年。本书收录时有删改。］

关于古代文章学的几个问题

一、文章和古代文章学

古代文章学是研究古代文章写作规律的一门科学。它不但要研究文章本身构成的法则，还要研究文章写作的方法和技巧。

但是，究竟什么是文章？文章又是怎样产生的？这是研究文章学应该首先弄清楚的问题。

“文章”这个概念的含义，在我国古代不同的历史时期，人们的认识是并不统一的。春秋战国时期，有的将礼乐法度称为“文章”，如《诗经·大雅·荡序》云：“厉王无道，天下荡荡，无纲纪文章。”有的将文采称为“文章”，如《楚辞·九章·橘颂》云：“青黄杂糅，文章烂兮。”这里的“文”后写作“纹”，其本义是指物体斑斓的花纹，引申为“文采”。所以孔夫子说：“言之不文，行而不远”“文质彬彬，然后君子”。到了汉代，文章才专指语言的书面形式了。

古代还有人把文章叫作“文笔”，如《北史·刘璠传》云：“少好读书，兼善文笔。”六朝时代把无韵的文章称为“笔”，有韵的作品称为“文”。刘勰《文心雕龙·总术》云：“今之常言，有文有笔，以为无韵者笔也，有韵者文也。”清代阮元主张有韵偶者为文，无韵散行的文字为笔。

此外，还有人把文章称作“文翰”“文辞”“文字”等。

尽管历史上对文章的称谓不尽相同，但汉代以降，关于“文章”这个概念的含义，一般人还是清楚的。所谓文章，指的是按照一定的章法组织起来的能够表情达意、首尾完整的书面语言形式。构成一篇文章的基础单位是字句，然而一篇文章又不是语言文字的随意堆砌。根据表达内容的需要，按照一定的章法将语言文字合理地组织在一起，才能构成一篇结构完整的文章。汉代唯物主义思想家王充说过：“文字有意以立句，句有数以连章，章有体以成篇。”[①] 这就是说，将文字连缀起来表达一定的意义构成句子；将若干句子按照一定的思路组织起来而成“章”（相当于现在所说的层次）；再按照一定的“体”——体式章法，将章与章联结起来才成文章。所以，文章是人类的思维能力发展到一定历史阶段的产物；写文章则是一种人类特有的复杂的高级的思维活动。

至于文章所包含的文体的范围，在历史上又经历了一个发展演变的过程。大体说来，在周秦时代，由于文学作品还没有发展成一个独立的门类，所以当时的文学和文章是不分家的，文即学，学不离文，文章既包括非文学作品，又包括文学作品。到了汉代，由于文学创作的日趋繁荣，特别是由于辞赋的兴盛，文学才和文章分开来提。这时候所说的“文章”，一般是不包括文学作品在内的。但到了北宋，又经历了一个文学观念的复古期，文学和文章在提法上又复而为一了。不过，文学创作的繁荣发展，是不可逆转的历史潮流。封建统治者不承认文学的存在，或者强行把文学和文章混为一谈，事实上是办不到的。我们从文论史上看到的情况是：文学和文章分为两家，其界限越来越鲜明。当然，现在也有人认为文章有广义和狭义两种含义：广义的文章指的是一切文字形式，包括诗歌、辞赋、小说、

① 王充：《论衡·正说》。

戏剧等文学作品在内；狭义的文章则指的是那些非文艺性或文艺性不强的常用文体，如日常应用文、各种类型的论说文以及散文作品等。我们这里所讨论的文章，则主要指的是狭义的文章。

文章是社会经济发展到一定历史阶段的产物。在文字没有创立之前，人类表达思想感情、交流情况经验，主要是用口头的形式。后来，随着生产力的发展，人类需要以更大的规模和更高的程度，来改造自然，让自然为人类服务。这样，人类只用口头的形式交流情况和经验就远远不够了，而需要突破时间和空间的界限，开阔视野，认识过去的和外域的许多事物。同时，人类在共同劳动中结成了不以自己的意志为转移的相互依存的社会关系，而从事改造世界的社会实践。他们不仅需要关注自己，而且需要关注别人；不仅需要总结自身的直接经验，而且需要获得旁人的间接经验。毛泽东同志在《实践论》中说："人不能事事直接经验，事实上多数的知识都是间接经验的东西，这就是一切古代的和外域的知识。"人类之所以繁衍生息，成为地球的主宰，是和他们在一定的社会关系中相互依存，相互交流新情况、新经验、新认识，从而获得大量的间接经验分不开的。伟大的人类学家路易斯·亨利·摩尔根说："只要是大陆相连的地方，所有的部落都必将会多多少少共享彼此的进步成果。所有的重大发明都会自行向四方传播。"①

人类要交流思想，要获得间接经验，就需要一种媒介、一种工具。在文字尚未产生的远古时代，人类交流思想的媒介主要是图画以及其他可以传递信息的工具。马克思主义理论家普列汉诺夫引述过这样一段有趣的故事："有一次他（人类学家封·登·斯坦恩）在巴西一条河的沙岸上看到了土人所画的一幅鱼的画图。他于是命令伴随他的印第安人撒下网去，他

① ［美］路易斯·亨利·摩尔根．古代社会［M］．杨东莼，马雍，马巨译．北京：商务印书馆，1977：36.

们便捞出了几条同沙岸上所画的鱼一样的鱼。显然，土人在画这幅画的时候，是想向自己的伙伴们报告，在这个地点可以找到什么鱼……”[①] 此外，远古时代的人类，有的还用击鼓或明火的方式报告敌情、传递消息。在我国古代，则有所谓“结绳记事”之说。但是，这种种表达思想感情、交流情况经验的媒介和工具，毕竟不能“通之于万里，推之于百年”，其局限性还是太强了。后来，随着生产力的进一步发展，社会交往的进一步扩大，人类迫切需要一种更有效的表情达意的工具，于是文字便应运而生。相传黄帝时代的史臣仓颉，造书契以结束“结绳之治”，这便开始了人类用文字表达自己在自然斗争和社会斗争中所见、所闻、所感的历史新阶段。殷墟出土的甲骨卜辞，就有这样的记载：“得敌。或鼓，或罢，或泣，或歌。”（《易・中孚》六三）这段文字表现了人们在战胜敌人之后，那种欢庆胜利的热烈场面。类似的记载《易》中还有。这就是我们的祖先用以表达自己思想感情的最古朴的文字形式，也是我国最早的文章的雏形。

从有文章到有文章学是有一个发展过程的。我国古代对于文章学的研究，应该说从先秦时期就开始了。但最早提出“文章学”这门学问的，是北宋时期的理学家程颐。他在《近思录》卷二中写道：“伊川曰：古之学者一，今之学者三，异端不存焉。一曰文章之学，二曰训诂之学，三曰儒者之学。”到了清代，戴震、姚鼐、章学诚等许多学者和文章家，都倡导过“义理、考据、辞章”三者合一说，特别是桐城派古文家更以文章之学（辞章之学）相标榜。例如：

余尝论学问之事，有三端焉。曰义理也，考证也，文章也。是三者，苟善用之，则皆足以相济，苟不善用之，则或至于相害。[②]

① ［俄］普列汉诺夫．艺术论［M］．北京：生活・读书・新知三联书店，1964：136-137.

② 姚鼐：《述庵文钞序》。

夫考订、辞章、义理，虽曰三门，而大要有二，学与文也。理不虚立，则固行乎二者之中矣。学资博览，须兼阅历，文贵发明，亦期用世，斯可与进于道矣。[①]

从以上引述的文字中，可以看出清代学者和文章家对文章之学是多么重视。文章学确是我国具有民族传统的一门学问。古代文章学是很值得重视的一门学科。

二、古代文章学研究的主要内容

古代文章学研究的主要内容，应该包括两方面：一方面是古代丰富多采的各类文章，另一方面是古代文章学家们所总结的写作理论。前者是古人写作实践的成果，后者是古人写作经验的总结，这两方面的研究是相须为用、相辅相成的。不研究古代文章家们的写作成果，就不能很好地理解古人的写作理论，并验证这些理论的是非曲直；而不研究古代文章家们的写作理论，也就不能更好地认识和理解古代文章的高下工拙。只有把这两方面的研究有机地结合起来，用马克思主义的辩证唯物主义与历史唯物主义的基本观点加以具体分析，才能准确地把握古代文章写作的基本规律。

诗圣杜甫有云："文章千古事，得失寸心知。"古代文章家呕心沥血，写出了许多光耀千古的传世之作。这些作品不仅内容丰富，而且其表现形式也绚丽多姿，很值得我们研究和借鉴。所谓"文成而法立"，就说明了文章写作的各种方法技巧，都活生生地体现在文章之中。我们研究文章学，

① 章学诚:《答沈枫墀论学》。

研究文章写作的基本规律，不研究文章本身构成的法则是不行的。

古人在写作理论方面，给我们留下了十分丰富的遗产。

先秦时期关于文章写作的理论，虽然还不够系统，多是一些只言片语，但其中有不少值得重视的精辟见解。例如，《尚书·虞书》中讲的“诗言志”，不仅是中国历代诗论的“开山的纲领”，也概括了其他文章写作的一条基本规律。又如《论语》中记载的孔子的言论“有德者必有言，有言者不必有德”“《诗》可以兴，可以观，可以群，可以怨”“质胜文则野，文胜质则史”等，不但指出了文章和道德的内在联系、文章的社会作用，而且阐明了文章的内容和形式的相互关系。这些见解对于后代写作理论的研究，都有深远的影响。

到了汉代，对于文章学的研究，功绩卓著者首推王充。他所撰写的《论衡》85 篇，其中《艺增》《超奇》《佚文》《对作》《自纪》等许多篇章，都论及了写作问题。王充以朴素的唯物主义观点，提出了文章要“疾虚妄”“极笔墨之力，定善恶之实”的主张，并广泛地论述了文章的社会作用、文章的内容与形式的关系、语言的运用、体裁的选择等问题，都有不少精辟的见解。例如，他在《论衡·自纪》中谈及文章繁简、长短与文章内容的关系时说：

夫宅舍多，土地不得小；户口众，簿籍不得少……夫形大，衣不得褊；事众，文不得褊。

这就是说，文章或长或短，或详或略，主要取决于文章的内容。要讲的事情多，文章就不能苟简。这段话用形象的比喻，说明了深刻的道理，给人以很大的启发。

西汉时期除了《论衡》之外，扬雄的《法言》、班彪的《史记论》、班固的《汉书·艺文志》等，也都有许多关于文章写作的有价值的意见。

魏晋南北朝是文章学研究的鼎盛时期，也是成绩最卓著的时期之一。这一时期，不仅出现了曹丕的《典论·论文》、陆机的《文赋》等研究文章学的专题论文，而且产生了全面系统地论述文章学的鸿篇巨著——《文心雕龙》。

曹丕的《典论·论文》是我国历史上第一篇关于文章学的专题论文。这篇论文不仅论述了文章的社会作用，指出写文章是“经国之大业，不朽之盛事”，还论述了文章的风格、文体的分类、文章的批评鉴赏等一系列重要问题。他指出的“气之清浊有体”，是关于文章风格“阳刚”与“阴柔”之说的先声；他指出的“奏议、书论、铭诔、诗赋”四种文体的不同特点，也对后人研究文体学产生了深远影响。

陆机的《文赋》着重论述了写作的规律问题，涉猎的问题很广泛。如才力、感情与写作的关系，想象、感兴与写作的关系，文意与文辞的关系等。其他如文体辨析问题、风格及骈偶、音律问题，均有论述，是我国早期文章学史上的一篇重要著作。

《文心雕龙》是前人研究文章写作理论的集大成者，也是彪炳于文章学史上的辉煌的里程碑。这部划时代的著作，不仅以空前的规模系统而精辟地论述了文章写作过程中的观察思考、构思立意、谋篇布局、遣词造句、文章风格等一系列根本问题，还详细地论述了文体的分类及各种文体的不同特点。全书共 50 篇，分上、下两编。上编主要论述文章写作的基本原则及各种文体的渊源流变，下编主要论述写作的基本规律。

此外，魏晋南北朝时期研究文章学的著作，还有专门研究文体学的《文章流别论》（挚虞），研究诗文骚赋各种文体起源的《文章缘起》（任昉），以及《文选序》（萧统）、《颜氏家训·文章》（颜之推）等专题论文。

隋、唐、五代时期，虽然规模较大的文章学专著较少，但总的看来，对文章学的研究更加精细和深入。其中比较突出的，是韩愈、柳宗元对散文写作的论述，有许多十分精辟的见解。韩愈倡导、柳宗元积极支持的唐代古文运动，不仅从写作实践上，而且从写作理论上一扫六朝时代骈俪华靡的形式主义文风，在文章学史上产生了深远的影响。论述写作的代表性的文章有韩愈的《答李翊书》《送孟东野序》《调张籍》等。柳宗元的有《答吴武陵论非国语书》《报崔黯秀才论为文书》等。此外，刘知幾的《史通》，虽然是一部史学著作，但其中有些篇章，如《言语》《浮词》《叙事》《摸拟》等，也论及了文章的写作问题。

宋、辽、金、元时代除了欧阳修、苏洵、苏轼、苏辙等名家一大批关于论述文章写作的文章外，还出现了不少文章学专著。如宋代陈骙的《文则》、李涂的《文章精义》、吕祖谦的《古文关键》，金代王若虚的《文辨》、陈绎曾的《文筌》（现存《文说》，其他已散失），元代倪士毅的《作义要诀》、王构的《修辞鉴衡》等。《文则》是我国历史上最早的修辞学专著之一，本书着重论述了"五经"诸子文章的句法问题，很有见地。此外，该书对各类文体的特点、写法等，也多有论述。其他几部著作，则广泛地论述了文章写作中的一系列问题。《文辨》中关于文章的"意"与"法"的论述尤为精辟。

明清时代由于"辞章之学"的兴起，对文章学的研究更是成绩卓著。这一时期无论在文章学著作的数量上，还是在文章写作研究的质量上，都超过了前代。论述文章写作基本规律的著作，明代的如方以智的《文章薪火》、高琦的《文章一贯》、朱荃宰的《文通》、黄宗羲的《论文管见》、归有光的《文章指南》等。清代的如魏际瑞的《伯子论文》、魏禧的《日录论文》、李绂的《秋山论文》、刘大櫆的《论文偶记》、章学诚的《文史通义》、吴德旋的《初月楼古文绪论》、唐彪的《读书作文谱》、刘熙载的《艺概》、林纾的《春觉斋论文》《文微》等；关于文体学的专著如明代吴讷的

《文章辨体》、徐师曾的《文体明辨》等。

特别值得提出的是，清代还兴起了所谓“评点之学”。文章家们对诗文的评点，虽然常常是只言片语，但由于紧密结合文章本身的具体情况，对学习写作更有切实的指导意义。如王源的《左传》、吴见思的《史记论文》、赵承谟的《孟子文评》、吴汝纶评点的《古文观止》、李扶九和黄仁黼的《古文笔法百篇》等，都有学习和研究的价值。

总之，古人为我们留下了十分丰富的文章学遗产，整理和研究这份遗产，是摆在我们面前的一个十分重要的课题。

三、建立古代文章学的学科体系

古代文章学研究的任务，是探讨古代文章写作的基本规律，逐步建立起古代文章学的科学体系。

首先说文章写作到底有没有规律可循。有人认为“文无定法”，即不存在什么规律。这种看法并不符合实际。诚然，文章写作是一项极其复杂的社会实践活动，写作方法一般说来也不能单独存在，它是为表现一定的内容服务的，而内容又总是千差万别、变幻无穷的。但是，马克思主义辩证唯物论的认识论告诉我们：矛盾的特殊性与矛盾的普遍性是对立统一的，不能因为矛盾的普遍性而否认矛盾的特殊性；同样，也不能因为矛盾的特殊性而否认矛盾的普遍性。正确的态度应该是：既承认写作实践活动有其特殊的复杂性，对写作的具体方法不能简单化、模式化，同时又承认写作具有共同的普遍规律。我国古代那些有见识、有成就的文章家，也正是取这种态度的。

古人认为写文章是有一定章法的。明人唐顺之在《董中峰侍郎文集序》

中说：

> 有人焉见夫汉以前之文，疑于无法，而以为果无法也，于是率然而出之，决裂以为体，饾饤以为词，尽去自古以来开阖首尾经纬错综之法，而别为一种臃肿侰涩浮荡之文。其气离而不属，其声离而不节，其意卑，其语涩……

从唐顺之这段话里，可以清楚地看到，不讲文法，轻率地对待写作，写出的文章必然支离破碎，气势不连贯，声音无节奏，文意卑微，语词苦涩，因而也就难以称其为文章。所以写文章是不能没有章法的。唐顺之在这篇序文中还明确说道："文之必有法，出乎自然而不可易者，则不容异也。且夫不能有法，而何以议于无法？"

古人不但承认写文章必然有法，还认为法有"死法""活法""定法"和"不定法"之别。所谓"死法""定法"，就是那些不容违背的基本规律，如"开阖、首尾、经纬错综"之法等。而所谓"活法""不定法"，则是怎样在不违背基本规律的前提下，讲究变化，使文章写作不断创新。在这方面，古人有许多精辟的见解。如清人叶燮《原诗·内篇》就有"死法""活法"之说。他说："凡事凡物皆有法，何独于诗而不然？是也。然法有死法，有活法。"他还说："死法为定位，活法为虚名。虚名不可以为有，定位不可以为无。""定位不可以为无"，便于大家遵循其共有的规律；"虚名不可为有"，是作者匠心变化，没有一定的程式。林纾指出"守法度，有高出法度外之眼光""而不善于文者，墨守老法。一篇既如此着笔，于是累篇皆同"，这样必然会使读者感到"索然"。

古人也有从"法"与"意"的辩证关系方面分析写作方法的"死"与"活"的。清代沈德潜说："然所谓法者，行所不得不行，止所不得不止，而起伏照应，承接转换，自神明变化于其中。若泥定此处应如何、彼处应如何，不以意运法，转以意从法，则死法矣。”这就是说，写作的具体方法应该由表达内容的需要来确定，而不应该削足适履，让复杂多样的内容去适应一成不变的具体形式。

总之，文章写作是有其方法和规律的，这一点必须肯定。但是，就具体方法而言，应该根据表达内容的需要灵活运用，而写作的基本规律则是不能违背的。

古人的写作理论和实践经验是十分丰富的，可惜还没有一本比较完备的具有科学体系的专著。刘勰的《文心雕龙》虽较系统，但它出现的时代早，后来文章写作实践中的许多问题，还不可能涉及。所以摆在我们面前的任务，是将古代那些虽很丰富，然而又比较零散的写作理论及其经验加以研究整理，使之成为较完备的理论体系。我们编写这部《古代文章学概论》就是对这项工作的一个初步尝试。

我们认为，要建立古代文章学的科学体系，需要搞清以下几个关系。

第一，文章写作与一定时代的经济、政治的关系。毛泽东同志在《新民主主义论》中指出：“一定的文化（当作观念形态的文化）是一定社会的政治和经济的反映，又给予伟大影响和作用于一定社会的政治和经济。”文章是一种意识形态，文章写作则是一种复杂的思维活动，那么在写作过程中就必然要受到一定时代的经济和政治的影响，反过来又对经济和政治产生巨大的反作用。我国古代从孔夫子起到清代的许多文章家提出的“文以载道”“文以明道”“文以贯道”的主张，就集中地反映出文章写作和一定时代的经济、政治的关系。

第二，文章写作和作者修养的关系。要写出好文章，作者必须具有同时代人的进步的世界观和方法论，必须具有较高的道德品质修养。“言为心声，书为心画”，一篇文章总是或藏或露、或隐或显地反映着作者的思想认识和道德情操。此外，还必须具有丰富的知识和广博的识见。所谓“饱以五车读，劳以万里行”，这是古人写作经验中最根本、最重要的经验。

第三，文章的内容与形式的关系。内容决定形式，形式为内容服务，一篇文章是内容与形式的有机统一。关于这一点，古代文章家们早已阐述得十分清楚。所谓“文附质，质待文”“言之不文，行而不远”，就说明了内容和形式的辩证关系，以及形式的重大作用。明确了文章的内容和形式的辩证关系，才能正确地解释写作过程中的构思立意、谋篇布局、遣词造句等一系列复杂问题。

古代文章学的科学体系，至少应该包括以下几个组成部分：（1）研究文与道的关系，可称为“文道论”；（2）研究文章写作与作者修养的关系，可称为“修养论”；（3）研究文章写作的全过程，可称为“写作论”；（4）研究文体的产生、演变和各自的特点，可称为“文体论”；（5）研究作家作品的风格的形成及其特点，可称为“风格论”。

我们认为，文章学的体系应该重点突出、界限分明。文章写作是一项综合性的实践活动，涉及的面很广。我们研究文章学如果没有一个合理而明确的界限，无所不包，就必然导致这门学科的泯灭。例如，关于词汇学和语法学的一些问题，我们应该从略。关于文艺学的某些问题，我们也应该根据文章学研究的对象予以恰当取舍。

建立古代文章学的科学体系，是一项艰巨而复杂的任务，不能急于求成，而应该在广泛深入研究的基础上，使其逐步完善起来。

四、坚持“去粗取精，古为今用”的原则

古代的写作理论和写作经验，是一份涉及面很广，内容又相当复杂的历史遗产。要对这份遗产做出科学的分析和评价，必须以马列主义、毛泽

东思想为指导，坚持取其精华、去其糟粕、古为今用的原则。

由于历史的和阶级的局限，无论是古代的文章，还是古代的写作理论，从总体上看，都是精华和糟粕并存的。以文章而论，虽然今天保存下来的都是传世之作，因而在某一方面或某一点上总有其独到之处、可取之处；但是，由于这些文章出自不同时代的不同阶级、不同阶层的文人的手笔，其中有的思想内容比较进步，但其表现形式又有着严重的缺陷；有的表现形式有很突出的优点，但其内容又存在着种种问题。即便是内容和形式俱佳的文章，也总有其历史的局限性。因此，我们对古代的各种文章应该做具体分析。全盘继承论或者一概排斥论，都是片面的、有害的。比如，六朝时代的某些骈体文，其内容往往比较空洞，有的甚至不够健康，这是应该扬弃的。但是，它在语言形式上的刻意求工而又并非都是专事雕琢，则又有其值得学习和借鉴的一面。六朝时代的骈体文对后来的律诗、杂剧、散曲的影响自不必说，就是对一般的散行文字，也是有深远影响的。我们今天写文章在行文时还要注意到散中见整，要求具有一定的韵律和节奏，其源头就应该追溯到六朝时代的骈体文。

至于古代的写作理论，就更为复杂，这里至少有四方面的情况。

第一，有的虽然将写作中的某些问题讲得过于玄妙，难以捉摸，但也有其合理的一面。比如，从孟子到韩愈，到清代的古文家，都主张写文章要有“气”。然而究竟什么是气呢？古代没有一个人讲得很清楚。从“气”的高深莫测这个角度来看，好像带有主观唯心主义的色彩，而从“气”是受人的社会阅历、经济地位、客观环境的影响所致这个角度来看，则又有其唯物主义的根据。如果简单地给“气”冠以唯心主义的大帽子，恐怕是不能解决问题的。

第二，有的概念的含义不够统一，需要我们认真辨析。比如，“文以载道”中的“道”，多数指的是一种道德观念、政治法度，这是从文章与时世、与政治的关系的角度来讲的；但也有的指的是一篇文章的内容，这又是从文章的内容与形式的关系的角度来讲的。又比如，“文以意为主”中的“意”，有的指的是一篇文章的主旨、主意，有的则指的是一篇文章的整体内容。凡此种种，都需要我们认真研讨，仔细辨析，恰当地指出其确定的含义。在这里，用“望文生义”的方法去解释往往是靠不住的。

第三，有的讲得过于烦琐，需要我们进行必要的梳理。如清人刘熙载《艺概·文概》论叙事笔法有18种之多。他说：

> 叙事有特叙、有类叙、有正叙、有带叙、有实叙、有借叙、有详叙、有约叙、有顺叙、有倒叙、有连叙、有截叙、有预叙、有补叙、有跨叙、有插叙、有原叙、有推叙，种种不同。

这些笔法中，如“原叙”，就是指叙述事件“之所以然”。像这样的叙述也要归纳为一法，显然过于烦琐。我们研究这些笔法时，就应该在不损害原意的前提下，加以恰当的归纳和整理。

关于古人论文章写作有的失之烦琐的毛病，连刘熙载自己也看出来了。他在《艺概·叙》中说：

> 顾或谓艺之条绪綦繁，言艺者非至详不足以备道。虽然，欲极其详，详有极乎？若举此以概乎彼，举少以概乎多，亦何必殚竭无余，始足以明指要乎！

第四，有的脱离开文章的内容，而片面讲究形式的雕琢，这需要我们进行辩证的分析。形式是应该讲究的，但脱离开内容单纯讲形式，就容易走到形式主义的邪路上去。古代的写作理论中这样的例子是不少的。李涂的《文章精义》记载了这样一件事："唐代宗时有晋州男子郇谟者，上三十字条陈利害，一字是一件事，如'团'字是说'团练使'之类。谟自知之，他人不喻也。"像郇谟这样用30个字讲了30件事，简是简了，然而"他人不喻"，又有何益？

总之，对于古代的写作理论，我们应该运用辩证唯物主义的科学方法，实事求是地加以具体分析，分清精华与糟粕，择善而从之。还要采取历史唯物主义的态度，对古代的写作理论进行历史的评价，而不应该以今匡古。如果认为只有符合今天写作理论的东西才是有用的，或者用今天的写作理论去"规范"古代的写作理论，都不是历史唯物主义的态度。

此外，古代文章学的研究还应该与其他相关学科的研究有明确的分工。比如，古代文论的研究侧重的是文艺理论，而古代文章学的研究则侧重的是一般文章的写作理论；古典文学研究侧重的是作家和文学作品，而古代文章学则侧重研究的是一般文章。这是其一。其二，从对一篇文章研究的方法、研究的侧重点上来说，也应该有所不同。古典文学研究一篇文章，虽然也常常注意到它的方法、技巧，但侧重的是作品在文学史上的地位和影响，而古代文章学研究一篇文章，侧重的是它在写作上的方法和技巧。总之，古代文章学是一门关于文章写作理论的科学，它的全部特点集中在一个"写"字上。

古代文章学是一门崭新的学科，目前它还在襁褓之中。对它的研究，我们还缺乏经验。但是，只要采取正确的态度和科学的方法，坚持不懈地搞下去，就一定会开辟出新的天地，使古代的写作遗产为我们的现代化事业服务。

（本文系《古代文章学概论》一书之"绪论"。该书由南开大学、河北大学、首都师范大学、河北师范大学、天津师范大学五所大学联合编写，由王凯符、吴庚振、徐江统改定稿。武汉大学出版社，1983年。）

试论新闻传播学研究的创新之路

学术创新是一个系统工程，涉及的面很广。从当前新闻传播学研究的实际情况看，需要处理好以下四种关系。（1）专业核心领域研究与专业边际研究的关系。边际研究是需要的，但它应该建立在核心领域研究深入扎实的基础之上，不能盲目地“跑马圈地”。（2）通论和专著的关系。所谓“通论”，是指全面系统地论述某一学科领域的著作。通论是“面”，专著是“点”。通论是“犁地”，专著是“挖井”。重复生产大量通论性著作，忽视专著，是一个学科不成熟的表现。（3）著作和论文的关系。著作和论文在学术研究中都是必不可少的成果表述形式，但论文是最富于原创性、最具有活力的因素，它是推动学科发展的原动力。（4）数量与质量的关系。从学术品格的角度来看，学术研究不同于一般的物质生产，它是精神产品，而且是高层次的精神产品，应该把“质”放在第一位，而不要过分追求“量”。学术拒绝平庸，更不可制造大量的“学术垃圾”。

改革开放以来，新闻传播学研究取得了大面积丰收，其各个研究领域（新闻传播理论、新闻传播史、传播实务、传媒事业管理等）都出版了一批教材或著作，其数量可以千计。“新闻无学”的论调可以说寿终正寝了。但是，这并不说明新闻传播学有了深厚的学科底蕴。事实上，和一些传统学科相比，新闻传播学的学科建设刚刚起步，其内涵和底蕴还远远称不上丰富和深厚。新闻传播学的学科建设依然任重道远。当前需要着力解决的是克服浮躁情绪和急功近利思想，克服学术研究中的形式主义、脱离实际、不求甚解的弊端，大力倡导学术创新。

从总体上来说，学术研究的创新问题是一项系统工程，涉及面很广，诸如创新主体、管理体制、社会风气、价值观念等。本文仅就创新主体应该正确处理的几个关系问题进行一下初步探讨。

一、专业核心领域研究与专业边际研究的关系

我国的新闻传播学现已成为人文社会科学的一门显学。据统计，现在全国的高等院校中，几乎有 1/10 设有新闻传播学院（系），形成了从本科、硕士到博士的一套完整的教学科研体系，每年从高校毕业的学生数以万计。这足以说明新闻传播学科在我国发展的蓬勃之势。改革开放以来，新闻传播学研究取得了突破性的进展，这当然令人欣喜。但是，在新闻传播学科繁荣发展之余，其中的弊端也逐渐显现出来。

近年来，更确切地说是从 20 世纪中后期以来，新闻传播学研究出现了一种怪现象：对新闻传播学核心内容、基本问题的研究迅速淡化，而对边缘学科、交叉学科的研究急剧升温。有的研究者一下子开列出二三十个“边缘学科”。相应地，出版了一大批“某某传播学”“新闻某某学”著作。这些著作中虽然有一些是有价值的，但多数是“捏合”“嫁接”而成的，是一些并无真切内容的“学术泡沫”。比如，普通心理学谈“需要”，新闻心理学就谈“受众的需要”；一般的经营管理教材中所涉及的章节，媒介经营管理的教材中皆可找到对应的内容；经济学更是可以改头换面，只需在前面加上“传媒”二字便可令其成为一个学科分支。这些无须花太大气力生产出来的所谓“学术著作”，缺乏专业学术个性和学术内涵。这种不求质量的“近亲联姻”，所诞生的不是健康的生命，而是发育不健全

的“弱智儿”。

诚然，新闻传播学与许多学科都有着密切的关系，如社会学、政治学、文化学、心理学等，因而花气力研究一些边缘学科也是十分必要的。但是应该明确：本学科的基础性研究是立身之本。本体研究的深入是扩展本学科广度的原动力。与新闻传播学相关的一些边缘问题的研究应该建立在学科本体研究深化的基础上。舍本逐末，在本体研究尚欠深入的情况下就急于扩张领地，这种“跑马圈地”式的研究对于本学科的发展并没有多少裨益。正如陈力丹所指出的：“我们现在是把新闻理论的地犁了多遍，但缺少的是在地里的一个地方挖下去，掘一口井，涌出水来，然后再向四面扩散。”①新闻传播学研究的创新应是就某个基本范畴或理论的深度探析，是某一观念革命性的翻新，而不是将“创新”解释为添加几个新名词或换一种形式的基本概念的表达。“如果不能形成不同体系和理论框架的中国化新闻学流派，新闻的真正成熟是值得怀疑的。”②作为新闻学的“连体婴”——传播学，亦是如此。

对于新闻传播学研究既有成果的总体水平，我们应有清醒的认识。有的学者认为，我国的新闻学研究如果从1834年《东西洋考每月统记传》所载《新闻纸略论》算起，已有170余年的历史。即使从徐宝璜的《新闻学》算起，也有80多年历史了。③但是应该明确:80年也好，170年也罢，其间除了战乱，大部分时间被“新闻无学”的观念所控制，真正开始对新闻学进行较为系统、科学研究的时间不过是改革开放以后的20多年。对一个具有一级学科地位的学科建设而言，20多年的时间实在太短了。在这样短的时间内，能明确研究方向，组织起队伍，建立起基本的理论架构

① 陈力丹.深化新闻学和传播学的研究［J］.当代传播，2003（2）.

② 郝雨.新闻学：绝望与新生［J］.新闻与传播，2003（9）.

③ 翁扬.学术话语与新闻学创新［J］.新闻界，2004（5）.

已实属不易，而与全面、系统、深入的学科研究还相去甚远。事实亦是如此，传播学研究目前基本上处于介绍、引进国外理论观点的阶段，鲜有本土化独创性成果。新闻学的情况稍好一些，已有一些具有“独立知识产权”的著作，但数量不多。迄今为止，有关新闻学的一些基本概念、基本理论，并没有真正厘清。我国的新闻学研究基本上还处于经验性描述和梳理、归纳的阶段，还没有构建起一个系统化的理论体系。在这种情况下就急于扩张研究领地，并非明智之举。

造成新闻传播学研究“重边际，轻核心”的原因是多方面的，其中浮躁情绪和讨巧心理可能是主要的。有些学者，想早出成果，快出成果，甚至一鸣惊人，而又不愿意潜下心来下一番苦功夫。在这种心理的驱使下，找冷门、填补“空白”就成了孜孜以求的目标，而恰巧边际学科多是“空白”点。认为只要选一个合适的“空白”点，抓住某一个边际领域，将几个学科“捏合”一下，创造一个什么“学”就算大功告成了。君不见有些不知学术为何物的人不是也出版了“某某学”吗？对本体研究深入不下去，企盼借助这种“曲线救国”的方法进行学术研究，并不能使我国的新闻传播学获得质的提升，而只不过是在新闻传播学苍白的“脸庞”上无线条可言的浓妆艳抹。长此以往，不但不能使学科大厦的地基巩固，反而会造成新闻传播学科的畸形发展，其后果是不容乐观的。

学术创新不是无限制地开拓学科领域，跑马圈地，不是第一时间抢占空白领地的学术市场，而是学科视域下在深度和广度上进行的学理性突破。抢占“市场”是商品的特性，其注重的是时效性。学术不是一般商品，其价值不在于经济效益，而在于人类精神层面的建构与完善，以指导社会实践。一个创见性理论的诞生应是长期积累、思考和印证的产物，不是经世致用的应景之作。

创新的中国需要应用研究，同时更需要不是为了应用而存在的理论思维，它代表人类的精神能力。学术界不是学术市场，一味地抢占空白，最终造成的是学科领域中“点”与“面”的双重“空白”。如何“深掘一寸即见黄金”应是建构系统性学科的关键。学术拒绝市场化。

近代科学反复证明了这样一个事实：一门学科的成熟与否，在于其基本理论的纵深发展状况，而不在于贪大求全的“铺陈”。这一道理适用于各种学科理论的研究，同时更契合当下新闻传播学理论研究的现状。然而，强调核心问题和基础理论的研究并不等于陷入狭义的学术理论的樊篱之中，而是夯实本学科的基础理论的“地基”，其目的是拓展更加开放的阐释空间，使新闻传播学形成一套系统的、公认的“理论话语”。

二、通论与专著的关系

通论，或称“概论”，这里指的是对某一学科领域（三级学科以上）所进行的比较全面、系统的论述，如“新闻学概论”“新闻采访学”“新闻写作学”“新闻评论学”等。这类著作多是教材。专著是对学科领域中某一重要或有争议的问题所做的深入研究。通论重在“通”,专著重在“专”。通论是“犁地”，专著是“挖井”。通论的学术功能主要有三个：一是界定本学科的一些基本范畴、基本概念，二是阐明本学科的一些基本理论观点，三是提出本学科的基本理论框架。专著的学术功能也有三个：一是深化某一学科的学术内涵，二是开拓某一学科的认知范畴，三是补足某一学科领域研究中的肤浅或褊狭之处。总之，通论和专著各有自身独特的功能和价值，二者是不能互相代替的。一般来说，一个学科在形成和发展的初始阶段往往多用通论铺路架桥，因为它所做的多是一些基础性工作。当学科打下一定基础，发展到一定阶段之后，专著则应该逐渐多起来。可以说，专著的质量和数量在某种程度上是衡量一个学科是否成熟、是否具有创新活力的试金石。

用这样的观点反观我们的新闻传播学研究，不难发现：通论、概论过多过滥，而学术品位较高的专著少之又少。这恰好反映出这个学科的底蕴还不够深厚，不够成熟。笔者对较有代表性的中国人民大学出版社、复旦大学出版社和新华出版社 1998—2006 年出版的新闻传播类书籍做了一下粗略统计，列表如下：

出版社	出书总数（种）	教材	一般著作	专著	专著所占比例
中国人民大学出版社	46	36	5	5	11%
复旦大学出版社	87	19	58	10	11%
新华出版社	77	15	42	20	26%

从表中可以看出，近年来出版的新闻传播类书籍，专著平均仅占 16%，而传统学科如哲学、经济学等学科，其专著平均占到 50%以上。这还仅仅是从数量上来说的，如果再从专著质量上加以考察，其差距恐怕会更大。

从学科建设、学科发展的基本规律来看，新闻传播类的书籍通论多、专著少的情况是正常的，毕竟这个学科还太年轻。但是我们必须认识到：一个学科如果主要靠大量内容重复的通论来支撑，是不可能具有创新活力的，其内涵也是不会深厚的。

造成“通论多，专著少”的原因，除了上面提到的新闻传播学这个学科尚不成熟外，和某些研究者的学术思想不端正不无关系。搞专著难度大，费时费力，而搞通论则可资借鉴的文本多，拼凑起来相对容易。简言之，专著写不来，又想出书，评职称，评学位点，于是很多人就用“多快好省”的办法搞起通论来。

我们似乎应在这一点上达成共识：新闻传播学研究在有了一定基础，

通论方面的著作基本齐备的情况下（当然还应不断提高质量），应该实行必要的战略重心的转移：从过分重视通论、忽视专著，转移到通论、专著都要重视，而重点是专著建设。

三、著作和论文的关系

在新闻传播学研究领域，乃至整个哲学社会科学研究领域，不同程度地存在“重著作、轻论文”的现象。在有些人看来，著作规模大、分量重，是学问的标志，水平的象征，而论文通常是几千字、万把字，似乎不能与著作相提并论。表现在科研业绩量化考核的权重上，也往往是大幅度向著作倾斜。在世俗观念中，许多人迷信著作，鄙薄论文。如果一说某某人出了书，出版了著作，就肃然起敬，而如果说某某人发表了一篇论文，则觉得“而已，而已”。

在科学研究特别是哲学社会科学的研究中，论文是最具原创性、最有活力的学术因素，是科研攻关中的“轻骑兵”，是学科发展的“助力器”。从功能定位的角度来看，论文是“创造”知识的，而一般书籍、一般教材则以“传授”知识为主。在相同的语言当量中，论文的创新因子远远高于一般书籍、一般教材。正因如此，许多西方国家在为一些大学、部门的科研业绩排序时，主要看论文的数量和质量（影响因子）。

“重著作、轻论文”的现象如果长期得不到抑制和纠正，造成的后果将是严重的。一是助长某些人，特别是年轻学人的浮躁、浮夸、贪大求全、好大喜功之风。既然著作那么受推崇，人们当然会趋之若鹜，而踏不下心来扎扎实实搞研究、写论文了。有些年轻学人还没写过几篇像样的学术论文，没受过科学研究基本功的必要训练，刚刚踏上治学之路，就急于写书、出著作，这种做法是不值得效法的。一般来说，著作是在长期积累、长期研究的基础上完成的，是在对某个领域的若干“节点”进行过深入研究、发表过一定数量的论文的基础上产生的。著作是把这些“节点”联结起来，形成的一个完整的学术体系。还没有学会走就跑，还没有打好地基就盖大楼，其结果是可想而知的。

二是助长学术腐败。有些人喜欢编书、出著作，还有一个原因，就是著作规模大、篇幅长，容易“注水”。从某种意义上说，论文需要短而精，要求在有限的篇幅内把某个问题分析得鞭辟入里，深入透彻。而书籍则可以把“简单”的问题“复杂化”。由于不限字数，书籍可把本用一句话表达完的观点人为地拉长，多的是描述性的解释、经验性的介绍。这些“颠来倒去”的文字成为诞生一部著作的基础。这样的著作只能称为“学术发糕”，根本填不饱读者的“肚子”。伴随着网络时代的来临，书籍的“注水”方式也全面升级，步入了“机械化”时代。只要“键入关键词”，与之相关内容的介绍与评论就唾手可得，这就使书籍的“注水”更加便捷。

也许有人会说：现在许多高校规定硕士生、博士生必须发表一定数量的论文才能申请学位，怎么说重著作、轻论文呢？当然，这些规定对“逼迫”研究生搞科研，锻炼科研基本功是有一定帮助的。但是必须看到，许多高校和科研单位这样做，与重视科研、重视论文并无太大关系，他们这样做主要是出于彰显本校的科研业绩、科研实力考虑的。这种规定着眼的只是“数量”，而不是质量。正因如此，这种做法的弊端也逐渐显现出来。近年来，许多专业期刊“钱稿交易”愈演愈烈的现象，与这种规定不无关系。我们所说的重视论文是从学术定位上的重视，而不是背离学术品格和学术规律的“重视”。背离学术规律，在科学研究中注入许多功利主义甚至商业化因素，只能导致科学研究生产出愈来愈多的学术垃圾。

四、数量与质量的关系

近年来新闻传播学出版的书籍数量是相当可观的。据不完全统计，进入新世纪以来，我国每年出版的新闻传播学方面的书籍达 200 种左右。在出版的这些著作中，确有精品之作。以新闻学理论书籍为例，我们能够达成共识的新闻理论书籍有何梓华主编的《新闻理论教程》、孙旭培的《新闻学新论》、李良荣的《新闻学导论》、刘建明的《现代新闻理论》等。传播学著作则以郭庆光的《传播学教程》、陈卫星的《传播的观念》、张国良的《传播学原理》、李彬的《传播学引论》等较被看好。这些书籍大部分是 20 世纪的著作，而 21 世纪，确切地说近六年，真正可以让我们记住并认可的新闻传播学著作乏善可陈。

正如有的学者所指出的："10 多年间，我们出了那么多新闻学论著，能被全国新闻界认可、叫好，有希望成为传世珍品的能有几多呢？不能说没有，也不能说极少，但可以说不多。"说得不客气点，每年出版的约 200 部新闻传播学书籍中，大部分是"学术垃圾"。这些所谓著作基本上是你抄我，我抄你，实质内容并无创见，只是在既有的理论框架中打转转，抑或是想如何"转"得更圆。这些障人眼目的书籍发行量不大，无多大学术价值，但有些却堂而皇之地成为一些考研的指定教材。原本应被扬弃的学术垃圾却年复一年地被报考新闻传播学专业的学生奉为圭臬，真是让人啼笑皆非。

专业书籍如此，学术论文亦然。在我国，很多传统学科的核心期刊都只有两三种（如心理学），而新闻传播学居然有十几种。尽管如此，"各'核心期刊'的稿件还是多得无法处理，因为一些媒体单位、高校强行要求其工作人员、教师和研究生一年发表若干篇文章。已发表的文章中，确实有一些属于研究类，并且有所创新，但是相当多的成果停留在常识水平，有的仅凭会说‘事物都是一分为二的’，就敢搞‘研究’。较多数量的垃圾成果与不多的有些水平的成果相混杂，这是令新闻传播学尴尬的现状”。①

造成这种轻质重量的学术现状，原因是多方面的。

一是学术评价机制的不健全。学术创新应建立在机制创新的基础上，而以数量为主要考核标准的学术评价体系是造成专业书籍和论文质量不高的一个重要因素。这种单纯的量化考核评价体系已经与建立创新型国家和进一步发展哲学社会科学的要求不相适应，它从某种意义上压制了学术创新，妨碍了学术事业的进一步发展。

北京大学中文系近年推行论文代表作制度，这种做法值得参考和借鉴。他们在说明推行这一制度的缘由时指出：由于“一些高校和科研单位对教师和研究人员的年度考核非常具体，如教授或研究员必须在规定的年限内，在一些规定级别的刊物上发表规定数量的文章才能拿到与岗位相配套的津贴和奖金。所以一些教授、学者迫于本能的趋利心理，疲于应付硬性的论文和著述的数量，学术抄袭和剽窃的事情也屡见不鲜，这种以完成任务的心态搞学术研究，实质上是对探求学术真理的一种亵渎”②。当然，量化考核机制本身并没有错，错的是我们对它的滥用。北大中文系提出论文代表作制度，这种做法并非不关注数量，而是更重视学术成果的“影响因子”。譬如，在中文系，北大虽不要求博士生都要发表两篇核心期刊的论文，但在学位论文上的要求非常之严格。在量与质中找到一个平衡点，应是完善学术评价机制的立足点。

二是学术研究的行政化操作。学术研究是对一个学者研究水平的全方位考察，而近年来，学术与行政挂钩的现象严重。我国现行的学术体制基

① 陈力丹 . 当代中国新闻传播学学科发展的特点和问题［J］. 国际新闻界，2004（1）.

② 曹建文 . 北大中文系论文代表作制度探路学术评价体系改革［N］. 光明日报，2008-1-4.

本上是一种官本位体制。这种体制遵循的是以权力为资源、以利益为旨归的规则。谁掌握了权力，谁就掌握了学术资源和学术机会。难怪“官大学问就大”。在进行一些专业性课题的研究时，正如有的学者所指出的：申报表格中教授、博士的数量填得都不少，还有不少带“长”字的（带“长”的承担课题更要严格，要考虑是否真的有时间和精力完成），这些并不能说明什么，多数是“陪绑”的……这种将学术课题划分为行政级别的做法和想法，完全不能说明申请者能够承担所申报的课题。应主要考察承担者已有的代表作。①

行政化的操作方式成为炮制学术垃圾和学术泡沫的一个重要因素，它与学术的严谨、创新背道而驰。正如马克思所痛斥的：“真理探讨者的首要任务不就是直奔真理，而不要东张西望吗？”原本“直奔真理”的学术探究，由于人为因素，变得也不那么“直奔”了，而多的是一些与学术研究不相容的长官意志和官场作风。

三是个人学术品格的缺失。学术不能太多地与功利挂钩，与经济利益挂钩。学术研究必须有崇高理想，有学术良知。遗憾的是，时下有些学者急功近利，把学术当作获取经济利益和功名的“敲门砖”。为了追逐名利，有些人不惜采取不光彩的手段，在电脑上“拼凑”论文，用他人的“预制件”“搭建”著作，有的则干脆采取“拿来主义”，抄袭别人的学术成果。这样的所谓“学术研究”怎能不生产出学术垃圾？在这些人手里，电脑这一人类的伟大发明变成了搞学术腐败的便捷工具。

“创新”是新闻传播学科发展的“助力器”，是加速新闻传播理论更新、完善本学科理论范式和框架的“催化剂”。创新是质变，是飞跃，是扬弃。新闻传播学研究已经取得了一批优秀的成果，具有了一定的基础。

---

① 陈力丹. 我国新闻学研究现状及方向［J］. 当代传播，2005（1）.

我们希望它在不断创新中阔步前进。

（该文于2006年在河北大学新闻传播学院召开的中国传播学会成立大会暨第九次全国传播学研讨会上宣读，后编入该研讨会论文集，2006年12月由新华出版社出版。）

附　录

吴庚振：河北大学新闻传播学系的创立

吴庚振，1937 年 10 月出生于河北定县一个普通农民家庭。1962 年毕业于河北大学中文系，同年留校任教。河北大学新闻传播学院教授。曾任河北大学中文系主任、新闻传播学系主任兼系党总支书记、河北大学学术委员会委员、学位委员会委员、学报编委会委员。曾兼任中国新闻教育学会理事、中国古代写作理论研究会副会长、河北省记协与河北省新闻学会常务理事、河北省新闻奖评委会副主任、河北省记协学术委员会副主任、中国写作学会主办的《写作》杂志第一届编委会委员等职。出版学术著作多部，发表学术论文及其他文章 200 多篇，有 9 项成果获省部级以上奖励。有两篇文章分别入选人民教育出版社 2003 年出版的《高中语文》第二册和中等师范学校《阅读与写作》第五册教师教学用书。

吴庚振于 1993 年起享受国务院政府特殊津贴，1996 年获中国新闻教育学会“园丁奖”，同年还获“保定市劳动模范”称号，2008 年被评为全国新闻教育贡献人物，授予奖章。

一、锐意改革结硕果

1980 年 12 月，河北大学中文系新闻专业筹备组正式成立。筹备组以原写作教研室为基础，谢国捷先生任组长，学校教务处楼沪光同志为副组长。吴庚振和其他几位写作教研室的教师都是筹备组成员。楼沪光只在筹备组工作了几个月，就调到光明日报社驻河北记者站去了，但他在新闻专业创办初期做了大量工作、做出了重要贡献。

1981 年 9 月，筹备组完成使命，正式建立河北大学中文系新闻教研室，由谢国捷先生担任教研室主任。

1982 年 12 月，谢国捷先生因年事已高退休，由吴庚振接任新闻专业教研室主任，统筹新闻专业的全面工作。从此，吴庚振便接过“接力棒”，和教研室的老师们一起，踏上负责建设和发展刚刚诞生的新闻学专业的艰难历程。

吴庚振接任新闻教研室主任之后，面临着师资力量严重匮乏，许多专业必修课开不出来，办学条件十分薄弱等困难。怎么办？在大力加强师资队伍建设的同时，必须在办学思路上锐意改革。为此，吴庚振带领新闻教研室老师们主要从以下几方面进行了大胆探索。

第一，改革课程体系。

谢国捷先生担任新闻教研室主任期间，曾主持教研室老师们对新闻专业的课程设置、课程体系进行过多次讨论，并拟订出一份强化基础教学，增开一些中文、历史等课程的教学计划草案。

吴庚振接任教研室主任以后，在原有的基础上，又组织老师们以改革的精神对新闻专业的课程体系反复讨论，大家逐步达成共识：我们毫无经验，因而必须虚心学习中国人民大学、复旦大学等老牌新闻系的办学经验，但由于我们的条件所限，照抄照搬人家的做法是不现实的。我们必须根据自己的实际情况，独辟蹊径，走自己的路。河北大学是一所系科齐全、基础比较雄厚的综合性大学，这是刚刚诞生的新闻专业赖以生存的环境和依托，也是我们的优势之所在。为此，大家认为应该适当淡化专业界限，以

“宽口径、厚基础、重实践”为指导思想，谋划出一种全新的课程体系。除安排一些必需的新闻专业课程，如新闻理论、新闻采访与写作、报纸编辑、新闻评论、中国新闻事业史等课程外，还大量安排中文、历史、法学、经济等文化基础课程。专业课与文化基础课的课时大致各占50%。另外，安排一个学期让学生到新闻单位进行业务实习。

当时这样的安排虽然是不得已而为之，但实践证明，这样的安排与后来教育部关于新闻传播学科教学改革的总体思路是相契合的。

第二，走与新闻单位联合办学之路。

要培养出高素质的应用型新闻人才，必须加强新闻业务实践教学，但当时新闻专业这方面的师资严重短缺。怎么办？1985年春天，胡连利老师正带领1982级学生在河北日报社实习，经他与河北日报社领导的沟通和联系，报社同意选派有经验的资深编辑、记者给新闻专业学生开设一些专题讲座。这一信息传到学校，好像一下子点亮了老师们的思想。大家觉得，与河北日报社建立一种联合办学关系不是很好吗？

在校系领导的大力支持下，吴庚振于1985年5月起草了《河北大学、河北日报社联合办好中文系新闻专业协议书》（草案）。协议书共12条，主要内容包括河北日报社每年为河北大学新闻专业学生提供实习基地，选派经验丰富的采编人员对实习生进行指导；双方互派人员兼任职务，进行业务交流与合作，优势互补；河北大学新闻专业可以选派教师到河北日报社出版的四种报纸参加采编业务活动，以丰富实践经验，河北日报社也可以选派年轻采编人员到河北大学新闻专业进行短期学习和进修；在国家政策允许的范围内，河北日报社可以优先从河北大学新闻专业挑选优秀毕业生；共同承担一些面向新闻实践的科研项目等。这个协议草案转交给河北日报社领导后，报社领导原则同意协议内容。经协商，双方决定先按协议草案进行实践探索，待成熟后再正式签订联合办学协议。

1987 年 12 月，河北日报社总编辑、河北大学新闻专业兼职教授叶榛同志到河北大学给学生做报告，并草签了双方联合办好新闻专业协议书。协议的签订和实施，在当时来说，为新闻专业解决了两个教学中的关键问题。

一是打开了办学大门，拓宽了办学途径，优化了师资队伍。河北大学新闻专业建立初期，师资队伍不仅数量少，而且大多缺乏新闻实践经验，这对培养应用型新闻人才是很不利的。协议签订后，新闻专业先后聘请河北日报社 8 名资深编辑、记者任兼职教授或副教授，请他们为学生进行了几十次新闻采编方面的专题讲座，这对培养和提高学生的新闻实践能力起了很大作用。

二是河北日报社作为河北大学新闻专业学生的实习基地，安排好一年一度的学生实习，从而使学生的业务实习走上规范化、制度化的轨道，这对培养学生的新闻实践能力具有十分重要的意义。此后，每届学生第七学期都到新闻单位进行为期半年的业务实习，并取得了十分可观的实习成果。1985—1992 年 7 届（1989 年未招生）共 210 名新闻专业本科生，在新闻实习中共采写发表稿件 8000 余篇，其中 4 篇作品获国家新闻奖，20 篇作品获河北省新闻奖，可以说联合办学硕果累累。

经过五年的探索和实践后，1990 年 10 月 11 日，《河北大学、河北日报社联合办好中文系新闻专业协议书》正式签订。

1992 年广播电视新闻专业、广告学专业建立之后，又与河北省广播电视厅签订了联合办学协议。

河北大学新闻专业的做法得到上级领导和有关部门的高度重视和充分肯定。1988 年 11 月，国家教委在南宁召开的全国新闻教育改革座谈会上，介绍了河北大学中文系新闻专业与新闻单位联合办学的经验。国家教委在一份调查报告中指出：河北大学“在新闻教学中，加强与社会的横向联系，争取新闻部门的支持和帮助，一方面请有经验、有理论的行家来校讲学，另一方面也急社会之需，采取办专修班、委托代培、咨询等形式，为社会多做贡献，这对改善办学条件起了一定作用，增强了办学活力”。1988年《中国高等教育》杂志第4期发表的河北省教委撰写的一篇关于加强大学生社会实践的经验性文章中，也肯定了河北大学新闻专业实行教学、科研、社会实践三结合的办学体制。

1992年，河北大学新闻专业“建立实习基地，深化教学改革”项目，获得河北省普通高校教学成果一等奖（集体项目，吴庚振为项目主持人）。

此外，河北大学新闻系还急社会之所需，于1985年举办了新闻干部专修科，为新闻单位培养了一批业务骨干。

二、好事多磨：建立新闻传播学系

1995年6月8日下午，河北大学中文系召开全系教职工和学生代表大会，校党委领导传达了河北省教委〔1994〕57号文件，并宣布了校党委的决定：经省教委报请国家教委批准，决定在原中文系新闻学专业基础上，组建河北大学新闻传播学系。随后，校党委组织部负责人宣布了党委对新闻传播学系的人事安排：吴庚振同志任系主任兼系党总支书记，主持全面工作；张伟同志任新闻系党总支副书记；颜士义同志任新闻系团委书记。从此，新中国成立后河北省历史上第一个新闻传播学系便正式诞生了！

河北大学新闻传播学系的建立，并非一帆风顺，而是经过了一个漫长曲折的过程。

早在1984年11月，吴庚振在参加中国新闻教育学会成立大会回校后，在向学校领导的汇报提纲中，就提出应尽快将新闻专业改建为新闻系。此后，他于 1987 年、1990 年和 1992 年，先后三次向校党委撰写报告，请求将新闻学专业升格为新闻系，但由于种种原因，未获批准。

1994 年 1 月，吴庚振被任命为河北大学中文系主任，事情才有了转机。虽然吴庚振当时豪情满怀，决心带领全系师生创造中文系的美好未来，但从全局考虑，从新闻传播学科的发展考虑，觉得还是应该将新闻专业分离出去，建立新闻系。所以，他担任中文系主任之后不久，便向校党委提交了第四份关于建立新闻系的报告。好事多磨。这一次终于获得批准，新闻专业师生们多年的愿望得以实现。新闻传播学系刚建立时，共有教职工 29 人，本专科生 350 余人。下辖 3 个专业：新闻学专业、广播电视新闻学专业和广告学专业。

河北大学新闻传播学系建立不容易，建立之后遇到的困难更是难以想象。

首先是没有起码的办公条件——没有一间办公用房，没有一张桌子，甚至连一个板凳都没有。

此时的新闻系还徒有其名，飘在空中。这并不是说学校领导不重视刚刚诞生的新闻系，而是学校当时的条件确实很困难。河北大学于 1970 年从天津搬迁至河北保定之后，占用的是原河北省委大院。大院里没有多少房子，因此学校的校舍一直很紧张。学校领导和党政各部门、各处室，挤在一幢 20 世纪 50 年代建造的破旧的二层小楼上，实在找不出一间多余的房子。

学校党委书记兼校长吴家骧同志在百忙之中亲自解决新闻系的办公用房问题。他对吴庚振和新闻系党总支副书记张伟说："我手里没有房子，你们到校园各处去看看，如发现哪里有可以腾出来的房子，回来告诉我。"于是，吴庚振和同事们一连几天在河北大学大院里到处去寻找闲置的房子，结果一无所获。后来，经过学校领导和有关处室反复协商，才在成人教育处腾出两间各 20 平方米的房子，作为新闻系的办公用房。这两间房子一间对着男厕所，一间对着女厕所，条件很不好，但新闻系的师生们听说后还是高兴得心花怒放！

后来，又从成人教育楼一楼楼梯处找到一间校学生会存放杂物的阴暗潮湿、杂乱不堪、很不规整的库房，作为新闻系办公室；从学校家具库借来一些缺胳膊少腿的废旧桌椅，请人修理了一下，供办公使用。

1995 年 6 月 28 日，办公室安排就绪，正式启用。新闻传播学系这条“船”，就在这样的条件下扬帆起航了！新闻系师生们仔细端详着这虽然简陋但来之不易的办公室，畅想着新闻系的美好未来，激动不已，兴奋至极！

正是在这简陋得不能再简陋的办公室里，他们策划了一系列推动新闻系跨越式发展的重大举措——这是后话，将在后面叙述。

其次是新闻系刚建立时，没有一分钱的办公经费。

新闻系是从中文系分离出来的，按说中文系应该分给新闻系一点经费，但实际情况是根本无法解决。吴庚振当时是中文系主任，对情况十分了解。中文系当时每年的办公经费只有区区 2 万多元，根本不够用，年年都是寅吃卯粮。6 月新闻系建立时，中文系当年的办公经费已基本用完，而下一年度的经费省里还没有拨下来，不可能再分一部分给新闻系。学校方面也无法解决新闻系的经费问题，只拨给一部分办公用品，诸如稿纸、墨水、圆珠笔等，还安装了办公电话。

新闻系建立起来了，但因没有经费，无法运转。怎么办？新闻系党政领导班子经过反复研究，决定向省内各新闻单位求助。

恰在这时，河北省记协于 10 月 14—15 日在邯郸召开全省报纸质量评比工作会议。吴庚振和李广增副主任经省记协同意后列席了这次会议。当时吴庚振正罹患严重的面瘫病，说话很困难，他强忍着病痛，在会上做了激情洋溢的长篇发言，述说河北大学新闻系创办的经过、发展前景和所面临的诸多困难，请求各新闻单位伸出援手。说完，他向大家深深鞠了一躬。与会的全体同志报以长时间热烈的掌声，场面十分震撼！莅临会议的省委宣传部副部长韩丰聚同志，以及省记协领导林放同志、王子英同志等，呼吁全省各新闻单位从自己的实际情况出发，量力而行，给河北大学新闻系以帮助。河北教育报社、邯郸日报社、河北日报社等新闻单位的领导，当场表示要捐款给河北大学新闻系。

后来，《河北教育报》还以《吴教授鞠躬》为题，于 1995 年 12 月 10 日刊发了报道这一激动人心的新闻：

深秋。邯郸梦林大酒店会议厅。全省报纸质量评比会议正在这里进行。当会议进入尾声时，一位年近六旬的老教授缓步走上主席台。他叫吴庚振，是河北大学新闻系主任。他曾多次担任河北省新闻奖评委会副主任，为全省的新闻工作做出了贡献。他向坐在台下的我省几十家报社的总编们通报了新闻系经国家教委批准的喜讯，还打算举行个建系仪式，届时请在座诸位光临。带着实难启齿的神情，他袒露了建系之初经费拮据的苦衷。他都快退休的人了，强烈的事业心和责任感促使他专程赶到邯郸，向老总们求助。他向台下 60 多位老总深鞠一躬，令在场的老总们无不动容。省委宣传部副部长韩丰聚同志动情地说，河大新闻系是为我省培养新闻人才的基地，帮助新闻系发展我们也有一份责任。各报社能力大的多出一点，能力小的少出一点，都要表示个意思……吴老师身体不好，都夜深了，还未回房间休息。为筹措一点经费，他费尽了苦心。新闻系初建，办学条件尚不适应教学需要，这成了他的一块心病。明日一早，他要走了。他得赶快返校，因为那里的学生还等着他上课呢！……（栗纹）

在邯郸会议之后一个多月的时间里，全省30多家新闻单位共向河北大学新闻系捐助办学经费30余万元，极大地缓解了新闻系办学经费的困难，也提振了全系师生办好新闻系的信心和决心。

这笔钱除少量用作日常办公经费外，还建起了一个广播电视实验室，购置了一批图书资料，设立了科研奖励基金，初步改善了办学条件。可以说正是靠着这笔“善款”，靠着领导和方方面面的支持与帮助，新闻传播学系这条“魅力之船”，才向着光辉灿烂的未来扬帆起航！

三、在为经济建设和社会发展服务中实现跨越式发展

新闻系的办公地点确定之后，尽管办公条件极差，但他们决心高举中国特色社会主义旗帜，深化改革，积极探索新的办学模式，在为地方经济建设和社会发展服务中培养高素质新闻人才。为此，他们谋划了几个重大项目。

第一，对河北省“两报两台”进行大规模受众调查。

1996年10月，河大新闻系党政领导班子经过反复研究，拟对《河北日报》、《河北经济日报》、河北人民广播电台、河北电视台这“两报两台”进行大规模受众调查。目的是为河北省的新闻改革提供依据，同时在实践中锻炼提高师生们的采访和群众工作能力，提高新闻系教学和科研为新闻实践服务的水平。

当时全国新闻战线正在认真学习、贯彻党中央关于新闻宣传要“坚持正确舆论导向”重要指示精神，研究如何增强新闻传播的针对性和引导力的途径和方法。从当时的形势看，他们算是抓住了一个时宜性强、“一碰就响”的问题，因而受到上级领导和新闻单位的高度重视。1996年11月

初，吴庚振和新闻系副主任李广增、胡连利赴省委宣传部汇报了他们的想法，立刻得到部领导的肯定和支持，希望河北大学新闻系尽快搞出一个受众调查的实施方案，并表示方案在实施过程中有什么困难，宣传部尽量帮助解决。

1997 年 1 月 8 日，中共河北省委宣传部向各地市委宣传部和全省各新闻单位印发了《关于协助河北大学搞好新闻传播受众调查的通知》(冀宣通〔1997〕2 号)。通知中说：为落实党的十四届六中全会和省委五届三次全会精神，省委宣传部委托河北大学新闻系对《河北日报》、《河北经济日报》、河北人民广播电台、河北电视台进行新闻传播受众调查。调查人员由河北大学新闻系师生员工组成，调查时间为 1997 年 1—3 月。请在调查人员到达后，在调查抽样、食宿、交通等方面提供方便，协助搞好这次调查活动。

省委宣传部还拨了 20 万元专项经费对这个项目予以支持。

为了搞好这次调查，河北大学新闻系还从中国社科院新闻所和北京广播学院聘请专家担任项目顾问，并对师生进行业务培训、对设计调查问卷进行指导。

问卷设计出来之后，分发给全系 200 多名同学，让他们利用寒假时间，将这些问卷投放到全省各个地市，并要求同学们利用走访、召开座谈会等形式，尽可能多掌握一些第一手资料。同学们以极高的热情、十分认真的态度，去完成系里交给的任务，使这次受众调查进行得很顺利。

1997 年 5 月，对收回的问卷进行分析之后，由吴庚振主持撰写出长达 3 万余字的调查报告。

《河北大学学报》《采写编》等多家报刊摘要发表这份受众调查报告之后，产生了广泛影响。同年 8 月 10 日，《河北日报》在一版显著位置刊载吴庚振撰写的消息《开发民意资源，服务新闻改革——河北大学新闻系开展受众调查》。此外,《新闻出版报》等 20 多家报刊也先后报道了这次受众调查的情况。许多报刊对新闻系依托重大项目推动教学改革的做法给予高度评价。《中国记者》1997 年第 7 期刊载《开拓创新，办出特色——河北大学新闻系在探索中前进》一文，介绍了河北大学新闻系的办学经验。

第二，摄制大型电视系列专题片《学苑春潮——河北省高校精神文明建设巡礼》。

1997 年 3 月初，在完成“两报两台”受众调查之后，吴庚振又带领新闻系党政领导班子谋划了一个重大项目——组织师生拍摄大型电视系列专题片《学苑春潮——河北省高校精神文明建设巡礼》。

当时的形势是：党的十四届六中全会刚开过不久，会后发布了《中共中央关于加强精神文明建设若干问题的意见》。为贯彻中央全会精神，国家教委发出要把高等学校建设成为“精神文明示范区”的号召。河北省委五届三次全会也提出要大力加强高校的精神文明建设。因此，他们策划的这个项目可以说又抓在了点子上。

1997 年 3 月 11 日，吴庚振和李广增、胡连利副主任赴石家庄向省教委汇报了策划这个项目的目的、意义和具体设想，立即得到省教委领导的充分肯定和支持。1997 年 3 月 26 日，中共河北省委高校工委和河北省教委联合向全省各高校发出通知。通知中说：“为落实党的十四届六中全会和省委五届三次全会精神，省委高校工委和省教委拟进一步推动全省高校创建文明校园工作，摄制《学苑春潮——河北省高校精神文明建设巡礼》电视系列专题片，目的是把各校在精神文明建设中所取得的新成果、新经验推广开来，带动全省高校和全社会精神文明建设迈上新台阶。”通知要求相关高校做好准备工作，并为参加拍摄的河北大学新闻系师生安排好食宿、交通等。

新闻系负责这项拍摄任务的几位青年教师李亚虹、杜友君、王俊杰等以及部分同学，团结奋战，走访了全省20多所高校，历时四个多月，高质量完成了10集电视系列专题片的拍摄任务。这部电视片从1997年9月8日开始，陆续在河北电视台播出后，受到广泛好评。

1997年8月26—27日，河北省委高校工委副书记、省教委副主任靳宝栓和省委组织部巡视员高希同志等一行4人，在河北大学党委书记吴家骧、校长张留成等陪同下，审视了新闻系拍摄的10集电视系列专题片《学苑春潮——河北省高校精神文明建设巡礼》，给予高度评价，指出新闻系的办学思路"具有开拓性，值得推广"。

在这一背景下，河北大学党委经过讨论，决定向全校推广新闻系的教学改革经验，并由校党委办公室和校长办公室联合发出简报。简报加按语刊发了新闻系的经验。简报中说：

我校新闻专业自1981年创办以来，在办学思想、办学道路上找准了自己的位置，走出了一条开拓创新、服务地方的特色之路，其经验对我校各院系具有普遍的指导意义。请各单位结合河北农大经验，结合本单位实际，认真组织学习。

四、创建新闻传播学硕士点

河北大学新闻传播学系建立之后，其整体实力稳居全国地方高校同类院系的前列，但当时还没有一个硕士学位授权点，每念及此，吴庚振和他的同事们总是心存遗憾，寝食难安。为了促使新闻系快速发展，使新闻系的人才培养迈上一个新台阶，新闻系党政领导班子研究决定：举全系之力，向新闻学硕士授权点发起冲击！为此，他们采取了以下几项措施。

第一，抓科研，集中推出一批高水平科研成果。

从河北大学新闻系当时的情况看，硕士点能否申报成功，关键在科研。因此，号召全系教师在努力搞好教学工作的同时，狠抓科研。与此同时，他们决定压缩一般性行政经费开支，利用创收经费设立申报硕士点临时科研奖励基金。规定本系教师凡在国家中文核心期刊发表的学术论文，每篇奖励 1000 元；每出版一部学术著作，奖励 5000 元。这个奖励数额在今天看来也许不值一提，但在几十年前，还是相当可观的，比当时河北大学设立的科研奖励数额还高。

新诞生的新闻系凝聚力非常强，这些措施极大地激发起老师们搞科研的热情。中老年教师带头写论文，并手把手指导、帮助青年教师搞科研。经过全系教师的发奋努力，撰写出一批高水平科研成果，并陆续在国家级出版社和《新闻与传播研究》《新闻战线》等本专业权威期刊、国家中文核心期刊发表，大大增强了申报硕士授权点的竞争实力。需要说明的是：他们发表和出版的这些论文和著作，没有一项是靠购买版面或书号实现的。

第二，下大力引进高层次人才，加强师资队伍建设。

当时博士是稀缺资源，又是申报学位点的重要筹码，吴庚振带领新闻系领导班子成员，决心想方设法引进博士。恰在这时，时任新闻系副主任胡连利同志从中国社科院新闻所那里得知，一位新闻学博士刚从澳大利亚回国，名叫张威，还没有落实工作单位。我们立即采取措施，将张威博士从北京接到学校来。张威博士被我们的满腔热情所打动，同意来河北大学新闻系工作，并按照河北大学人才引进的相关规定，签订了引进协议。从此结束了河北大学新闻系没有博士的历史，也为硕士点的申报成功创造了重要条件。据说，当时全国新闻学“海归”博士只有 8 名，河北大学新闻系有 1 名，实属不易。

第三，提前动手，精益求精，整理好申报硕士点的相关材料。

在学校正式部署申报学位点工作之前三个月，即1997年4月，他们从学校本学期工作要点中得知要开展学位点的申报工作，便立即着手收集、整理申报硕士点的相关材料。吴庚振在承担大量教学、科研和行政工作任务的情况下，亲自执笔撰写出了3份材料：《河北大学新闻系教学、科研特色和主要优势》《河北大学新闻系学术队伍简介》和《河北大学新闻系1992年以来主要科研成果简目》。这3份材料总计近3万字，为后来正式填写硕士点申报表打下了良好的基础。

1997年10月4日，新闻系将硕士点申报表和上面所述的3份材料作为附件报送给学校，得到学校领导的充分肯定，在学校中层干部大会上予以公开表扬。1998年3月25日，北京广播学院常务副院长、国务院学位委员会新闻学科评议组成员赵玉明教授莅临河北大学新闻系考察调研，他说："来这里之前，我在北京看了你们申报硕士点的材料，觉得很充分、很严谨、很好。"

1998年5月22日深夜11时25分，吴庚振备完第二天要讲的课，刚刚入睡，骤然响起的电话铃声把他惊醒。懵懂中他心生疑虑，心想可能出什么大事了，不然怎么会深更半夜有人来电话呢？他急忙拿起电话筒，万万没有想到，对面传来的是河北大学教务处处长的声音："张留成校长来电话让我马上转告你，刚刚得到消息，你们新闻系申报的硕士点，国务院学位委员会新闻学科评议组经过评审，已获得通过。"这声音如春风、如美乐、如甘霖，一下子在吴庚振心中激起狂喜之情！

也许有人会说："不就是一个硕士点吗？值得这么激动吗？"是的，在今天看来，硕士点多如牛毛，研究生批量生产，区区一个硕士点的确不值一提。但在20世纪90年代，硕士学位授权点由国家统一组织评审，名额很少，一般院校要申报成功，难度是很大的。1998年全国新增新闻传播学硕士点总共才有6个，河北大学新闻系获得一个，实属不易。

2000年5月，新闻系又申报成功传播学硕士点。这样，河北大学新闻系两个二级学科就都具有了硕士学位授予权，成为当时全国地方高校中具有新闻学和传播学两个硕士学位授权点的极少数高校之一。

河北大学新闻系从刚建立时开不出许多必修的专业课，到今天拥有两个硕士点，为国家培养出一大批优秀的新闻传播人才，每念及此，吴庚振和他的同事们都禁不住心潮澎湃，激动不已！

硕士点批准建立之后，吴庚振担任导师组组长，他和有关老师们一起讨论制订了研究生培养方案、课程设置、教学计划等，并编写出包括100部古今中外相关著作的《新闻学硕士研究生必读书目》。

这一切准备就绪之后，新闻系于1999年招收了第一届新闻学硕士研究生。也正是从这时候开始，河北大学新闻传播学系进入一个历史发展的新阶段。

2000年5月，河北大学开始进行管理体制改革，将原来的“校、系”体制改为“校、院、系”体制。校党委提出的基本原则是：按相近学科组建学院，原来的系一般不能单独建立学院。吴庚振带领新闻系领导班子经过艰苦努力，几经周折，校党委终于同意新闻系单独建立学院，院名为“河北大学新闻传播学院”。

当时，吴庚振已年满63岁，便很自然地从新闻系主任的领导岗位上退了下来。他先后主持新闻专业和新闻系的工作长达20个年头，到这里才算画上了句号。

（原载中国新闻史学会新闻传播教育史研究委员会、《中国新闻传播教育年鉴》编撰委员会编：《中国新闻传播教育年鉴（2021）》，武汉大学出版社，2021年）

后　记

马克思说过，人的本质“不是单个的抽象物……而是一切社会关系的总和”（《关于费尔巴哈的提纲》）。这就是说，每个人都处在一定的社会关系中，人的一切活动，衣食住行，都具有社会性，都离不开与其他人的关系，离不开人类创造的文明成果。我们能够用文字表述科研成果，是因为老祖宗为我们创造了文字。我们能够用电脑很方便地打字，是因为当代科学家为我们发明了电脑。这就是说，一个人在工作中做出了成绩，做出了贡献，当然首先应该肯定，但从自己的角度来说，不能骄傲自满，不能把这些成绩完全看作自己的功劳，因为它包含着很多人的辛劳和汗水。正是从这个意义上，在这本书即将付梓之际，我对许多人、许多方面，心存深深的感激。

首先，我要感激我的学生。我们河北大学新闻传播学系（2000年改为“河北大学新闻传播学院”）于1998年获得新闻学硕士学位授予权，由我担任研究生导师组组长，并于1999年开始招收研究生。这样，在我的学术生涯中，也就有了许多好帮手。此后，我的许多研究项目，我的研究生都帮我做了大量具体工作。所以，这本书中有些篇章也渗透着他们的精力和心血。师生之间虽不必说那些客气话，但我对他们还是心存感激的。

其次，我还要感谢河北大学新闻传播学院的领导和许多老师，他们对我这个退休多年的老教师十分惦记和关心，给予我许多关照和勉励，令我十分感动。

另外，这本书的出版也得到了人民日报出版社的领导和相关编辑的大力帮助与支持，我在这里也表示由衷的谢忱。2019 年我在这家出版社出版的《人生如歌》，编校十分认真，十分精细，而且相当规范，展现出很高的职业精神和专业水准，这也正是我这本书争取还在这家出版社出版的原因。

吴庚振

2024 年 12 月于北京寓所